A história não contada do motörhead

CB060251

EDIÇÕES ideal

Título original: *Overkill: The untold story of Motörhead*
Copyright © 2011, Omnibus Press
Copyright desta edição © 2013, Edições Ideal

Editor: Marcelo Viegas
Diagramação: Guilherme Theodoro
Tradução: Renato Puppi Munhoz
Revisão: Fernanda Lisbôa
Diretor de Marketing: Felipe Gasnier
Design da capa: Fresh Lemon
Foto da capa: Estate of Keith Morris/Redfern

CATALOGAÇÃO NA PUBLICAÇÃO
Bibliotecária: Fernanda Pinheiro de S. Landin CRB-7: 6304

M478h

McIver, Joel
   A história não contada do Motörhead / Joel McIver ; tradução Renato Puppi Munhoz. - São Paulo : Edições Ideal, 2013.
   276 p. ; 23 cm.

   Tradução de: Overkill : The untold story of Motörhead
   ISBN 978-85-62885-19-8

   1. Motörhead (Conjunto musical). 2. Grupos de rock - Grã-Bretanha - Biografia. 3. Heavy metal - Grã-Bretanha - Biografia. I. Título.

CDD: 927.8166

18.11.201

EDIÇÕES IDEAL

Rua João Pessoa, 327
São Bernardo do Campo/SP
CEP: 09715-000
Tel: 11 4941-6669
Site: www.edicoesideal.com

A história não contada do motörhead

Joel McIver

Este livro é dedicado ao grande Ronnie James Dio.

Sumário

Prefácio por Glenn Hughes   VII
Introdução   IX

Capítulo 1	Antes de 1971	1
Capítulo 2	1971-1974	21
Capítulo 3	1975-1976	37
Capítulo 4	1977	49
Capítulo 5	1978-1979	63
Capítulo 6	1980	71
Capítulo 7	1981	81
Capítulo 8	1982-1983	91
Capítulo 9	1984-1986	105
Capítulo 10	1987-1989	119
Capítulo 11	1990-1991	127
Capítulo 12	1992-1993	141
Capítulo 13	1994-1995	155
Capítulo 14	1996-1998	169
Capítulo 15	1999-2000	183

Capítulo 16	2001-2003	191
Capítulo 17	2004-2006	201
Capítulo 18	2007-2008	215
Capítulo 19	2009-2010	225
Capítulo 20	2011 e Além	241
Discografia do Motörhead		**255**
Fontes e Agradecimentos		**257**
Caderno de fotos		**259**

Prefácio

POR GLENN HUGHES

Meu primeiro encontro com Lemmy foi em 1984, no Embassy Club, em Londres. Ele estava na dele, pensando na vida, quando eu entrei no bar. Se a memória não me falha, eu estava com o baterista do Motörhead, o "Animal Philthy" Phil Taylor. Eu tinha ouvido todas as histórias e folclore sobre a lenda que é o Lemmy, e sabia que ele tinha muito em comum comigo. Qualquer um que consegue ficar sem dormir por mais de sete dias e noites era o meu tipo de amigo. O que me deixou perplexo naquela sexta-feira à noite foi o quanto ele era eloquente e firme, no seu discurso e na sua postura.

Depois de várias doses de Jack Daniels com Coca-Cola – juntamente com outros produtos químicos que alteram a mente –, fui ao banheiro. Agradeço ao Phil por me salvar de um destino pior que a morte. Eu desmaiei abraçado numa privada. Lição número um: não tente competir com o Lemmy, pois suas chances são mínimas. Eu apaguei já no primeiro obstáculo. Não foi bonito de ver, uma vez que eu estava vestindo uma jaqueta branca naquela noite.

Da mesma forma que ele aguentou firme no bar, é o seu legado musical: rock and roll goela abaixo. Você sabe o que vai encontrar quando vai a um show do Motörhead. Não vai ser nada educado, você não vai sentir cheirinho bom afrescalhado nenhum – mais provavelmente o aroma de bebida e suor. Lemmy é muito amado na comunidade do rock e metal, simplesmente porque ele é o rock'n'roll personificado.

A história não contada do Motörhead

Não existe ninguém como ele, nem perto disso – esse cara de Stoke-on-Trent, na Inglaterra, é único. Seus fãs o amam, porque ele é um deles: ele é um amante da música, ele ama as garotas e vive a sua vida da maneira que bem quiser.

Reine para sempre, meu amigo.

Glenn Hughes
Los Angeles, 2010

Introdução

Eu lembro claramente. Era sete de dezembro de 2001, não muito tempo depois de 11 de setembro, e eu estava na minha sala de estar segurando um fax do Lemmy. Eu tinha enviado para ele a seção de cartas da revista Q daquele mês, que tinha uma carta que eu escrevi. Eu tinha escrito para Q em resposta a algum idiota na edição anterior que tinha chamado Lemmy de nazista por ter uma coleção de *memorabilia* do Terceiro Reich. Foi isso que o Lemmy respondeu:

"Oi, Joel,
Sim, obrigado por me enviar este papel higiênico. Eles ficaram chateados, não ficaram? Afinal, está na moda ficar chateado. Na verdade, eu tenho minha opinião sobre o Holocausto: não foi a única, muito menos a primeira vez, que uma minoria foi assassinada por ser uma minoria, e do jeito que a raça humana é hoje, pessoas conscientes e preocupadas (judeus ou não) deveriam olhar para seus governos agora, e não o da Alemanha na década de 30, caso contrário, vai acontecer tudo de novo. Muitas agressões a descendentes de árabes na América desde 11 de setembro etc. Mesmo assim o que nós fazemos é AHAHAHAHA!
Love & rockets.
Lem"

Isto não é para dizer que eu seja amigo do Lemmy: eu duvido que ele ainda se lembre de mim. Eu era só um dos muitos jornalistas que tinha entrevistado ele naquela época, e no decorrer da entrevista eu tinha mencionado o debate na revista Q. Ele demonstrou interesse em ver as cartas e sugeriu que eu as mandasse por fax, uma vez que ele não tinha e-mail porque "não confiava em computadores". Eu nunca imaginei que uma década mais tarde eu estaria me referindo àquele fax em um livro que eu estaria escrevendo sobre ele. Estou feliz por tê-lo guardado, não apenas pelo seu valor sentimental, mas também porque resume o caráter dele. Ele é um cara que é historicamente educado, muito alfabetizado e sem medo de tirar conclusões sombrias – e depois pegar uma garrafa de Bourbon e esvaziá-la.

A História Não Contada do Motörhead preenche uma lacuna importante. Lemmy escreveu uma excelente e reveladora autobiografia, *White Line Fever*, em 2002, mas não contou a história do Motörhead: contava só a história do Lemmy, como deveria. Apesar de eu ter lido o livro quando ele saiu, eu não o reli nem o citei enquanto pesquisava o que escrevi aqui: este livro sobrepõe-se ao de Lemmy, é claro, mas tem uma perspectiva totalmente diferente sobre a banda, que é muito mais abrangente.

O Motörhead é uma instituição internacional. Os membros da banda sempre lamentam o fato de que têm sido relegados a um *status* de "lenda" ou "ícone" sem competição, cedo demais. Mas um dos pontos que eu ressalto aqui é o de que eles continuam sendo bons como sempre, talvez até melhores, agora que comemoram seu trigésimo sexto ano de carreira. Desde que recrutaram o produtor Cameron Webb, em 2004, a banda ganhou um novo fôlego de inspiração, escrevendo seu melhor material nos últimos anos. Eu não vejo por que eles deveriam parar agora. Na verdade, somente quando o estilo de vida de Lemmy cobrar seu preço, e ele for tocar com seu velho amigo Jimi Hendrix no céu, será a hora de chamá-los de lenda. Hoje, em 2011, o Motörhead é poderoso demais para ser ignorado. Este livro explica o porquê.

Joel McIver, 2011
www.joelmciver.co.uk

Hi, Joel,
Yes, thanks for the bumf;
They do get upset don't they? It is,
after all fashionable to get upset. Actually
I do have a frame of reference for the
Holocaust: It's not the only, let alone
the first time, that a minority has been
murdered for being a minority, and the
way the human race is going, caring
and concerned people (Jewish or not)
should be looking at their govt. now
not Germany's in the 30's, or it
won't be the last. Plenty of attacks on
Arab-Americans since Sept. 11th etc.
Still, here we are AHAHAHAHA!
          Love + rockets. Lem 1st +

Capítulo 1
Antes de 1971

O Natal chegou um dia mais cedo em 1945 – pelo menos em Burslem, uma região da cidade de Stoke-on-Trent, em Staffordshire, na Inglaterra. Em 24 de dezembro daquele ano, apenas alguns meses após o fim da Segunda Guerra Mundial, nasceu o filho de um ex-capelão da Força Aérea Real Britânica e sua esposa, os Kilmisters. O garoto, Ian, nasceu prematuro de quatro semanas, com um tímpano perfurado e coqueluche, deixando os pais com medo de que ele não resistisse, tanto que pediram um batismo de emergência no caso de não se recuperar. Ele se recuperou bem, mas a família estava prestes a experimentar mais turbulência.

Por motivos não revelados, o pai da família Kilmister decidiu que a vida em família não era para ele e deixou sua esposa e seu filho Ian, quando este tinha três meses de idade. Provavelmente nunca saberemos exatamente que motivos eram, embora seu filho tenha mostrado pontos de vista nada agradáveis sobre o assunto mais tarde na vida. Lemmy – vamos chamá-lo pelo apelido que recebeu anos depois – era apenas uma criança e, na ausência de outras testemunhas a não ser a mãe, foi inicialmente sutil sobre a ausência de seu pai, dizendo: "Eles eram jovens quando se casaram, no final da guerra – aquela coisa de romance de guerra. Ela provavelmente ficou fascinada pelo uniforme e jeito todo certinho, ele provavelmente pelas suas pernas e bunda.

Quem sabe o que aconteceu? É preciso de duas pessoas para saber o que aconteceu e eu só ouvi o lado da minha mãe, que, necessariamente, era um pouco tendencioso".

Junto com a avó materna, Lemmy e sua mãe mudaram-se para Newcastle-under-Lyme e depois para Madeley, em Staffordshire. Uma vez que ele viria a conhecer mais de 1.000 mulheres (estimativa dele mesmo) no sentido bíblico da palavra, Lemmy cresceu com uma atitude até que bem saudável em relação ao sexo oposto. Como ele explicou: "Eu gosto de mulheres, entende? Eu não acho que esteja competindo com elas. Eu não acho que tenha que as dominar, na verdade, eu gosto de mulheres. Fui criado por duas delas, sem um pai por perto, então eu não tenho esse problema". Décadas mais tarde, Lemmy atribuiu seu jeito de ser como adulto diretamente às experiências de sua juventude – e, especificamente, ao fato de ser filho único. "Eu sempre tive algo de líder", disse numa entrevista. "A maioria dos filhos únicos são desse jeito. Eles são os líderes em todas as suas fantasias de infância, porque são solitários, então costumam crescer para ser assim... [Minha mãe] não se casou novamente quando eu era criança porque eu valia por dez ou algo assim, então entendo as mulheres muito melhor do que um monte de caras que crescem indo caçar com o pai. Sobretudo, eu gosto de mulheres mais do que de homens".

Em 1955, a família se mudou para uma fazenda na cidade de Benllech, na ilha de Anglesey, no norte do País de Gales. A mãe de Lemmy tinha casado com um homem chamado George Willis, que tinha dois filhos de um casamento anterior. Eles eram alguns anos mais velhos do que Lemmy, e por isso ele preferia ficar sozinho. Sua escola, Ysgol Syr Thomas Jones, era na cidade vizinha de Amlwch (pronuncia-se Am-luc). A experiência de ser a única criança inglesa em uma escola cheia de crianças galesas teve um impacto sobre ele – um impacto físico, pois algumas crianças o provocavam o tempo todo. No final da história, isso acabou tendo uma consequência, foi ele quem acabou virando um *bully* por um tempo. "A gente costumava pegar um menino", ele disse numa entrevista ao jornal Guardian meio século depois, "e o amarrava e depois o queimava com fósforos. Eu não sei por que fazíamos isso, provavelmente porque ele não reagia e voltava". No entanto, o *bullying* perdeu seu apelo quando um amigo da vítima deu um soco na cabeça do Lemmy. "Ele só estava tentando salvar seu colega", ele refletiu. "E eu descobri que tinha mesmo coisa muito melhor para fazer do que fazer *bullying*. Isso me curou desse mal instantaneamente."

Apesar das brigas, Lemmy ia bem na escola: "A professora de Inglês na minha escola me fez ficar interessado na nossa língua, sem isso eu teria sido apenas mais um idiota trabalhando num posto de gasolina. Foi uma coisa muito boa que ela fez por mim, porque viu que eu era bom naquilo e me encorajou. Isso é algo raro entre professores hoje em dia. Ela trabalhava com uma interação direta comigo e me ensinava coisas. Eu ia bem nas provas e passava de ano sem dificuldade, sempre fui bom em inglês. Isso é uma bênção, ler e escrever bem é uma bênção".

A infância de Lemmy foi, segundo ele, feliz, possivelmente porque foi relativamente livre, embora tenha admitido que a vida fosse chata às vezes. A vida rural no País de Gales, ele observou, era "como estar na porra da Bulgária; nada acontece lá. E, se você quiser que algo interessante aconteça, isso pode ser um problema. Se alguma coisa diferente aparece, eles estranham". Lemmy tinha razão: sua condição de forasteiro induziu as outras crianças a darem-lhe o seu apelido famoso, mas ninguém sabe precisamente o porquê. Por décadas os fãs do Motörhead espalharam que o nome Lemmy veio do seu hábito de dizer "me empresta algum dinheiro" (em inglês, "Lend me some money"), mas isso, ele próprio revelou mais tarde, era uma brincadeira que ele mesmo inventou.

Ainda assim, a vida de paz e tranquilidade nas regiões rurais do País de Gales tinha suas vantagens. A fazenda onde a família Kilmister/ Willis vivia ficava numa região alta, uns 1.000 metros acima do nível do mar, e era cercada por terra aberta, o que levou Lemmy ao seu primeiro amor, cavalos. Trabalhando num estábulo, enquanto estava na escola, ele planejou uma carreira como criador de cavalos. "Eu tive dois cavalos reprodutores, comprados por 24 libras que eu mesmo consegui", lembrou. "Eu ajudei a castrar um dos meus cavalos uma vez, algo que me fez sentir mal por muitos anos. Eu segurei uma de suas pernas e vi a coisa toda. Eles fazem um corte no saco e retiram as bolas e cortam. Eu nunca me senti bem com isso. Tirar as bolas de um macho é a pior coisa que se pode fazer, não é? Se alguém fizesse isso comigo, eu nunca iria deixar a pessoa escapar. Eu não sei por que ele não me matou. Eu não conseguia olhar nos olhos dele depois daquilo".

Garotas logo começaram a ser notadas por Lemmy, e uma experiência precoce com uma guitarra o levou a concluir que o sucesso com a música e com as mulheres eram coisas que frequentemente andavam juntas. "Minha mãe tocava guitarra havaiana", disse ele, "mas esse instrumento não era bom de tocar por causa da distância entre as cordas e o braço. Mesmo assim eu coloquei cordas nela e levei para a escola durante a semana após as provas, quando ninguém faz nada. E, de repente, eu estava cercado por garotas. Funcionou como um feitiço, e eu nem sabia tocar a porra da guitarra".

Em 1957, Lemmy tinha 12 anos, e o rock'n'roll (a nova onda musical trazida pelos soldados e marinheiros americanos para cidades do oeste do Reino Unido como Liverpool) já marcava sua presença até no País de Gales. Lemmy ouviu o primeiro grande sucesso de Bill Haley, "Rock Around The Clock", mas não ficou convencido. "A primeira coisa que eu escutei tinha que ser Bill Haley", disse. "Mas eu sabia que aquilo não era realmente o melhor. Era bom, uma espécie de pop-country, na verdade. Em seguida, Little Richard foi o primeiro que realmente me impressionou, e Buddy Holly e Jerry Lee Lewis e todos os outros – Chuck Berry, Fats Domino..."

Ele continuou: "Eu ia ser um criador de cavalos, que era o meu sonho. Mas então eu ouvi Little Richard e literalmente tudo mudou. Eu pensei: 'Isso é fantástico. Ele canta como se estivesse realmente curtindo o que faz'. Daí eu descobri que as mulheres estavam vidradas nisso também. E foi assim, o rock'n'roll mudou tudo que eu tinha planejado. De repente as pessoas escutaram aquilo e disseram 'Que diabos é isso?', e todo mundo mudou... Lembro-me de antes disso: era tudo terrível antes do rock'n'roll".

Como a maioria dos homens, Lemmy entrou para o rock'n'roll por causa das mulheres. Mas, diferente da maioria, ele era honesto sobre isso e dizia: "Eu sempre soube o que eu queria fazer. Eu costumava assistir a um programa de TV chamado *Oh Boy!*, e Cliff Richard era o cantor fixo do programa e ele ficava sempre rodeado de garotas gritando e rasgando suas roupas. Então eu pensei: 'Isso é o que chamo de trabalho!'. E o seu charminho na época era que ele nunca sorria, fazendo o gênero Elvis mal-humorado".

"Garotas sempre tiveram uma grande presença na minha vida", acrescentou. "Todo verão, famílias chegavam de lugares como Manchester para passar as férias. Elas ficavam por uma semana, e suas filhas estavam sempre loucas para aproveitar e me mantinham bem ocupado."

Os dias de escola de Lemmy estavam prestes a chegar ao fim. Tendo acidentalmente cortado a palma da mão com um canivete, Lemmy perguntou ao seu professor – que estava prestes a bater com uma palmatória duas vezes em cada mão por ter matado aula – se ele poderia bater quatro vezes na sua mão que não estava machucada. O professor se recusou e bateu na mão ferida de Lemmy, que começou a sangrar. Enfurecido com essa tortura inútil, Lemmy pegou a vara usada para a palmatória e bateu na cabeça do professor. Acabou sendo sumariamente expulso.

Depois da escola, Lemmy viu-se seguindo o plano de carreira deprimente de uma família de classe trabalhadora da época – numa sucessão de empregos miseráveis. Trabalhar numa fábrica era inevitável, primeiro como torneiro mecânico. "Isso teve um lado positivo para mim: ser um torneiro mecânico me convenceu de que seria melhor morrer de fome que voltar a trabalhar naquilo. Alguns dos meus colegas ainda estão lá, porque eles não tinham para onde ir". Em seguida, numa fábrica de máquina de lavar roupa da empresa Hotpoint. Nesse tempo todo, Lemmy manteve os olhos fixos no rock'n'roll. "Eu comprei meu primeiro disco em 1958", ele disse. "'Knee Deep In The Blues' de Tommy Steele. Era uma música antiga do Guy Mitchell. Pensei 'Isso é o que eu quero para mim. Nem parece trabalho'. Descobri mais tarde que rock'n'roll era trabalho, mas que tinha suas vantagens em relação a trabalhar em uma fábrica de máquina de lavar." Em comparação com tantas outras crianças cujo contato com a música limitou-se a escutar orquestras e cantores, os ritmos primitivos e agressivos do rock'n'roll foram muito mais atraentes para Lemmy. "Eu me lembro da época antes do rock'n'roll, antes mesmo dele existir", relembrou mais tarde. "Eu lembro quando Elvis apareceu, e Bill Haley. Muito do rock no início era misturado com country, e as pessoas não sabiam disso. Carl Perkins era country, com certeza. Tudo, a batida deles, os vocais, era country um pouco mais rápido. Logo em seguida, apareceu o blues, que realmente transformou o rock numa coisa real. Aí, sim, apareceu a música de verdade, um bom country misturado com blues. Era bom pra caralho, é a melhor fusão que já existiu."

Em 1961, Lemmy tinha 16 anos e fazia a viagem tortuosa de Anglesey para Liverpool para ver os Beatles tocarem no Cavern Club. Sempre reconhecida como uma das suas maiores influências musicais, os Beatles deixaram uma marca sobre ele que nunca seria apagada. "Eles fizeram muitas pessoas começarem a tocar rock, é inacreditável, porque eles foram a primeira banda proletária de verdade. Eles eram da classe trabalhadora, mostraram que qualquer um poderia tocar", disse. "Nunca vai aparecer algo como eles de novo, porque eles estavam no auge e apareceram para detonar com tudo que existia na época." Parte de seu respeito pela banda, sem dúvida, veio de suas raízes em uma das cidades mais barra-pesada da Inglaterra. Ele explicou: "Os Beatles eram de Liverpool. É uma cidade difícil. Os Stones não eram durões. Eles só faziam pose. Os Beatles eram de Liverpool, cara. Os Stones são dos subúrbios de Londres. Ringo era de Dingle, que é a pior área que já vi na minha vida, próximo a Glasgow. O que foi feito nestes lugares foi que, uma vez que eles não podiam reformar estas cidades, eles simplesmente destruíram tudo. Eles se mudaram, todo mundo, para fora, detonaram a cidade e construíram projetos habitacionais novos. Não era a maneira de tornar tudo civilizado, entende? Era uma terra sem lei. Nem a polícia ia para lá". Após a ascensão dos Rolling Stones, uns anos mais tarde, Lemmy comentou: "Os Stones eram de segunda linha perto dos Beatles. Foi só quando os Beatles sumiram que eles puderam começar a chamar-se a maior banda de rock'n'roll do mundo, algo que nunca foram. Eles sempre foram uma porcaria no palco. Sem toda essa produção que eles têm hoje, ainda seriam uma porcaria, porque o Keith Richards é muito ruim, não é? Ele é um grande guitarrista, mas ele não é um líder. Ele era mais animadinho no começo, mas o Brian Jones era o líder da banda. Era a banda dele. Foi ele quem chamou Jagger e Keith para tocar, mas eles só seguiam os seus passos".

Outras bandas tiveram um impacto menor sobre o adolescente Kilmister. "Eu vi Buddy Holly pouco antes de morrer", disse numa entrevista. "Ele estava em turnê pela Inglaterra com... quem era mesmo? Umas bandas inglesas da época. Era tudo novo em 1958. A coisa só vinha acontecendo por uns três anos. Meu pai [o padrasto George Willis] me levou. Mas eu realmente não me lembro direito. E eu não sabia nada de música e ainda não tocava. Acho que esta experiência me mostrou que lá em cima, sob as luzes do palco, é melhor do que estar lá em baixo assistindo." Como em qualquer época, o início dos anos sessenta teve música boa e ruim, apesar daquela ser descrita pelos jornalistas nos dias de hoje como uma era dourada, perfeita. Lemmy teve visão boa o suficiente para separar o joio do trigo e também para perceber que o epicentro em que grandes bandas como os Beatles estavam deixaria de ser tão bom depois de certo ponto. "O que deve ter sido estar nos Beatles ou nos Stones, cara? Eu não posso imaginar, deve ter sido uma tortura. George Harrison disse que foi o pior e o melhor momento de sua vida. Tudo o que eles faziam era visto sob um microscópio. Um tabloide britânico tinha uma página todo dia sobre o que os Beatles tinham feito no dia anterior. Era um jornal de grande circulação – o *Daily Mirror* – que era o mais vendido na Grã-Bretanha na época."

Escondido no escuro País de Gales e sendo um forasteiro permanente, na sua própria família e na comunidade, Lemmy apegou-se ao rock'n'roll com uma paixão que era unicamente dele porque o rock lhe ofereceu um veículo para a rebeldia. A música que ele ouvia em casa apenas ampliou tudo isso, como ele disse: "O primeiro disco que eu ouvi foi, provavelmente, *The Pirates of Penzance*, a ópera de Gilbert e Sullivan, porque a minha mãe sempre tocava ele em casa... Eram cinco discos em 78 RPM. Eu odiava aquilo, de verdade".

Tudo indicava que a música iria virar mais do que apenas um hobby para Lemmy. Tendo tocado de vez em quando com o violão de sua mãe desde a idade de 12 anos, Lemmy decidiu aprender a tocar de verdade e começou a praticar. Uma música que ele aprendeu logo foi "Hit and Miss", de John Barry Seven. "Essa foi uma das primeiras músicas que aprendi a tocar no violão. Era o tema musical de um programa da BBC chamado *Jukebox Jury*. Eu era muito jovem quando comecei a tocar, apesar de que eu não chamaria aquilo de tocar, eu realmente não sabia o que fazer com uma guitarra, só levava para a escola para me exibir para as garotas." Ele mesmo admite que nunca foi um guitarrista melhor que a média, apesar de ele ter trabalhado duro. "Você tem que passar pela fase dos dedos sangrando, se você realmente quer tocar. Eu realmente queria. Eu não desisti. É a vocação, o sacerdócio. É parecido. Se é a sua vocação, você tem que fazer. Você ouve o chamado, e esse chamado é bom, e é isso." Claro que as condições absurdas de trabalho na fábrica foram um incentivo forte para Lemmy. Mesmo naquela época, ele já era um jovem revoltado típico, cansado da perspectiva de ter uma vida moldada pelo modelo da geração de seus pais. E em nenhum lugar isso era mais evidente do que na fábrica. "Eu trabalhei para esta fábrica quando eu tinha 16 anos e um cara me disse 'Eu estou aqui desde 1953', e eu disse 'Sério?'. E respondeu: 'Sim, e eu nunca perdi um dia de trabalho', e ele estava orgulhoso disso. Ele nunca tinha perdido um dia de seu trabalho de merda. Por que não?"

Além disso, ele acrescentou que as relações de trabalho industrial nunca foram seu ponto forte: "Sempre haverá um Hitler no seu ambiente de trabalho, e eu sempre tive o azar de ficar no mesmo ambiente que ele. Eles tentam fazer você se conformar, eles tentam fazer você ser mais um como eles. Eu não deixava isso acontecer. Daí o que acontece é que eles começam a te odiar. Você passa a representar tudo o que ameaça o mundinho confortável deles". Outro emprego terrível foi o de pintor, com um patrão inesquecível. "Eu e um colega estávamos trabalhando na casa de um velhote gay. Você não vai acreditar qual era o nome dele: Sr. Brownsword [espada marrom]. Acredita nisso? Isso foi incrível. A vida imita a arte."

Viajando pela região na única moto que ele já teve – uma Matchless que foi do exército nos anos 40, que ele descreveu como "uma velha fumacenta" – e já tendo habilidades básicas de guitarra, Lemmy juntou-se à sua primeira banda, The Sundowners, sobre a qual existe muito pouca informação. Ele rotulou a banda como "verdadeiramente terrível". Sua próxima banda, The DJs, durou um pouco mais, mas também não teve nenhum impacto local. Lemmy, rindo, lembrou sua tentativa de imitar a performance do The Shadows, que fazia sucesso

Antes de 1971

na Inglaterra na época: "Nós achávamos que estávamos com tudo imitando o The Shadows", gargalhou.

Bons tempos, mas um passo inesperado para um mundo mais sério veio em 1962, quando Lemmy engravidou uma namorada. Cathy, uma adolescente de Stockport, tinha chegado a Anglesey de férias: um romance de verão floresceu. Ao voltar para casa acompanhada por Lemmy, ela teve seu bebê, que foi dado para adoção. Lemmy ocasionalmente lembra-se de seu primeiro filho e de Cathy ao longo dos anos, mas não existem mais informações exceto que a criança, que hoje deve estar perto dos 50 anos de idade, se chama Sean. Como Lemmy explicou em 1983: "Ele deve ter 19 anos agora. Sua mãe na época teve que fazer provas da escola na maternidade! Muito vergonhoso. Eu quase fui processado por isso, porque ela era menor de idade".

Depois de Stockport, Lemmy mudou-se para Manchester, onde formou a banda, The Rainmakers, que novamente não deu em nada. Seu próximo grupo, The Motown Sect, durou mais. "A Motown estava em alta, daí achamos que, se nós tivéssemos esse nome, iríamos conseguir fazer mais shows. Conseguimos shows em bares de Soul apenas por causa do nosso nome", disse ele. "A gente chegava para tocar com camisas listradas e cabelos longos e o pessoal do bar tentava cancelar, mas era tarde demais. É óbvio que a banda afundou como um paraquedas de concreto. Tocávamos 'Smokestack Lightning' e 'Baby What's Wrong' dos Downliners Sect. Ficamos um ano tocando assim, dizíamos que íamos tocar um cover de James Brown e tocávamos Chuck Berry. Hahaha!"

Apesar de ter tido um pequeno impacto local, Lemmy continuava sem dinheiro. Felizmente, sua mãe ajudava a continuar buscando uma vida no rock'n'roll. "Minha mãe adorava de verdade", disse ele mais tarde. "Ela não estava nem aí, não dava a mínima. Achava maravilhoso. Quando todos nós vivíamos em Manchester num quarto com 18 pessoas, ela nos enviava algum dinheiro. Ela era uma rebelde, sempre quis fazer algo assim escondida, mas no tempo dela isso era muito mais difícil. Então ela adorava que eu vivesse essa vida."

Um sucesso mais sólido e duradouro – na verdade, um nível de realização pessoal que Lemmy mais tarde lembrou como o melhor momento de sua vida – veio com o Rockin' Vickers, uma banda de rock'n'roll de Burnley, que havia se mudado para Blackpool, perto de Manchester, e com quem ele tocou por dois anos. Esta banda, estranhamente mesmo para os padrões da época, subia no palco em traje tradicional da Finlândia, sem motivo aparente. "A gente só tocava no Norte", ele disse a Matt Snow em 1991. "Éramos uma banda de sucesso, conseguíamos encher uma casa de shows como o Bolton Locarno sozinhos. Nós usávamos coleiras de cachorro e o traje finlandês com uma calça jeans branca justa e botas de pele de rena. Parecia uma boa ideia na época." Com um repertório de covers de músicas de Bill Haley, Beach Boys e Huey "Piano" Smith, a banda tocou em todas as casas de show, pequenas e médias, que a região de Midlands podia oferecer, o que na época incluía uma variedade de Odeons, Imperials, Locarnos e salões paroquiais. "Nós não sabíamos se a banda ia durar até a próxima semana", gargalhou Lemmy, mas mesmo ele ficou surpreso com quanto dinheiro a banda conseguiu ganhar. "Nós não tínhamos músicas de sucesso, mas não precisava disso. Na época, a gente estava ganhando um monte de dinheiro. Tínhamos uma casa bem grande, três Jaguares na garagem e uma lancha no Lago Windermere. Fazíamos até esqui aquático. Se você me perguntar, respondo que isso foi o auge."

Enquanto estava no Rockin' Vickers, Lemmy tocava guitarra base e solo. Sua guitarra base era boa, mas os solos nem tanto: "Acho bem fácil tocar acordes e é isso que sempre fiz. Eu nunca quis ser o guitarrista solo. Eu nem sabia da existência do baixo até uns anos depois. Eu era um bom guitarrista-base, mas era muito ruim nos solos, realmente medíocre, cara... Eu só enganava, você sabe como é? Eu colocava um monte de distorção e movia os dedos para cima e para baixo bem rápido, e as pessoas achavam que era um solo. E eu não dizia isso para ninguém da banda". Os Rockin' Vickers assinaram um contrato de curta duração com a CBS, lançaram *singles* e excursionaram pela Europa, sendo a primeira banda britânica a passar pela Iugoslávia. Como Lemmy lembrou: "Fomos a primeira banda britânica a fazer uma turnê por trás da Cortina de Ferro. Tiramos muitas fotos ao lado daqueles tonéis de leite. Jantamos – algum tipo horrível de sopa eslava – com o Presidente Tito [da Iugoslávia], eu fui para baixo da mesa e acho que ele não ficou muito feliz com a brincadeira".

Antes de 1971

Lemmy continuou levando a vida, sem se preocupar com a Receita Federal e o quanto de imposto iria ter que pagar depois de 40 anos: "Nós não pagávamos imposto, ganhávamos umas 200 libras por semana, claro. Éramos uma banda de primeira linha, tínhamos a primeira bateria com dois bumbos vista na Inglaterra". Mesmo assim, a banda não iria durar para sempre. Em 1966, Lemmy mudou-se para Londres. Questionado sobre o porquê, ele desdenhou: "Todo mundo faz isso. Até mesmo os Beatles fizeram isso, porque é lá onde está tudo. Todas as ruas parecem iguais quando você chega a Londres, todas aquelas fileiras de casas com pilares nas portas. O tamanho da cidade também era um problema, especialmente se você é Colwyn Bay. Mas foi ótimo, lá era o centro dos Swinging Sixties, um movimento de música e estilo bem peculiar a Londres".

Na verdade, Lemmy tinha um bom motivo para mudar-se para o sul da Inglaterra: encontrar o tecladista Jon Lord, que já era um músico em ascensão (cinco anos mais tarde, ele estava em uma das maiores bandas de rock do mundo, Deep Purple). Na verdade, Lemmy foi morar no apartamento dele, em Londres, enquanto ele estava à procura de sua próxima banda. "É por culpa do Jon Lord que eu estou aqui hoje", explicou. "Quando ele tocava com o Artwoods, ele fez o terrível erro de me dar seu endereço em Londres e disse: 'Venha ver-me quando der'. Nunca imaginando que eu realmente iria... Daí eu peguei carona com alguém e cheguei a West Drayton, que é nas redondezas de Londres. Na época, o Jon Lord morava na casa da mãe do líder do Artwoods (o vocalista Arthur "Art" Wood), e eu apareci lá às três da madrugada: 'O Jon Lord está?'. Ela respondeu 'Não, querido. Ele está em turnê na Dinamarca'. Daí disse: 'De onde você é, querido? Você é do norte, não é?' 'Sim, só vim para cá para encontrar ele, tinha me dado seu endereço'. Ela disse: 'Entre, pode dormir no sofá'. Imagine, eu poderia ser um assassino ou algo assim."

Outro membro famoso dessa banda era o guitarrista do Artwoods, Ronnie Wood, irmão do Arthur, que – assim como o Jon Lord – tocou em bandas conhecidas como o Small Faces e Rolling Stones. Naquela época, em 1966, o Ronnie Wood estava tocando com os Birds, e foi pego de surpresa quando ele entrou na sala de estar da casa de sua mãe e encontrou um hippie sujo cochilando no sofá. "Eu acordei com toda a banda ao meu redor e Ronnie dizendo 'Quem é esse idiota? O que você está fazendo deitado aí?'. Com esse encontro, eu tive a oportunidade de sair com os Birds por alguns dias. Foi demais. Nós seguíamos os Birds por aí. Dormimos na van deles uma vez e fiquei muito impressionado. Isso foi antes de Ford Transits e tudo isso, então foi muito opulento."

Depois disso, Lemmy ficou em vários squats, incluindo um em Bromley [um subúrbio de Londres] com um amigo chamado Murph, e formou mais uma banda que "não deu em nada, o nosso baterista nem tinha bateria – ele tocava em almofadas. Por incrível que pareça, elas têm um som melhor do que você pode imaginar, mas eu continuava esperando que ele conseguisse uma bateria de verdade, mas foi ingenuidade minha. Então voltei para casa". Depois da tentativa frustrada de encontrar um lugar fixo para ficar em Londres, Lemmy foi para Manchester por um tempo, onde começou um relacionamento com uma garota chamada Tracy, e – mais uma vez – a engravidou. Um filho nasceu, mas Lemmy não teve contato com ele por anos. Enquanto isso, ele deu uma segunda chance a Londres, em 1967 – o ano perfeito para mudar-se para a capital – e desta vez as coisas correram melhor. Lemmy tinha um amigo, Neville Chesters, que dividia um apartamento com o baixista do Cream, Noel Redding. Chesters permitiu que Lemmy ficasse lá, dormindo no chão, e quando ele, que era *roadie* do Jimi Hendrix Experience, foi intimado para achar um *roadie* extra para ajudar na próxima turnê, Lemmy estava por perto. "De repente eu estava trabalhando nessa turnê por dez libras por semana. A turnê era com o Hendrix, The Move, Pink Floyd com Syd Barrett, Amen Corner, The Nice com Davy O'List, e o Heir Aparent, que depois virou The Grease Band. Tudo isso por uns centavos. Foi muito divertido ver o Hendrix no auge."

Ele continuou: "Eles precisavam de ajuda na turnê, foi assim que eu me tornei um *roadie*. Não foi nada técnico, realmente só sentava e assistia ele tocar. Éramos só dois de nós cuidando das coisas dele!". Com o tempo Lemmy passou a conhecer Hendrix melhor, alternando entre momentos em que aprovava seus costumes antiquados e outros de descrença em sua retórica. "Ele era muito bem-educado", disse ele ao autor em 1999. "Se uma garota chegasse, ele ficava aos seus pés na hora, abria as portas, puxava cadeiras etc. As feministas chamariam aquilo de fazer papel de cafetão. Eu não – eu chamo de boas maneiras. As feministas são umas barangas de qualquer jeito. Ninguém nunca abriu a porta para elas em suas vidas, exceto para jogá-las para fora."

Ele acrescentou: "Uma vez, quando estávamos no escritório da gravadora, lembro-me do Hendrix chegar andando de costas com uma máquina de escrever nas mãos dizendo 'Yeah, eu sou o cara que vem de trás!' E saía de costas pela outra porta. Quando estava tocando, eu ficava vendo ele no palco, sentado nos bastidores, não dava nem para entender como ele tocava daquele jeito. Ele gostava de provocar os guitarristas da plateia. Graham Nash [de The Hollies] costumava sentar-se nos bastidores com o ouvido grudado nos amplificadores a noite toda – nada desses puxa-sacos que a gente vê hoje; naquele tempo as pessoas queriam aprender e melhorar... Eu vi Jimi tocar muito. Duas vezes por noite por cerca de três meses. Eu já tinha o visto tocar nos camarins também. Ele tinha uma guitarra Epiphone velha – uma de 12 cordas, montada como se fosse de seis cordas – e costumava ficar em pé numa cadeira no *backstage* e tocar".

Trabalhar para o Jimi Hendrix também deu a Lemmy alguns pontos de vista inspirados, sobre raça e preconceito racial. Discutindo os problemas que Hendrix, como um homem negro, teve com as gravadoras da época, Lemmy disse a um entrevistador americano: "É uma coisa engraçada, todo esse racismo idiota, que ainda existe hoje de certo modo. Parece ser uma coisa americana, esse tipo específico de racismo. Quero dizer, os britânicos iniciaram o comércio de escravos, mas nós não os rebaixamos tanto quanto vocês. Você ainda ouvem toda essa merda sobre Jesse Owens enfrentando Hitler, e quando ele voltou para os Estados Unidos não podia comer um bife, porque eles não permitiam que comesse num restaurante". Ele disse ainda: "Eu nunca entendi por que, quando Hendrix tocava, nunca tinha negros na plateia, e os negros todos o odiavam por que pensavam que tinha se vendido para os branquelos – mas não era isso o que acontecia, ele só queria tocar". Um dos deveres de Lemmy era conseguir LSD para Hendrix.

Essa droga era legal no Reino Unido até 1971, o ácido era popular na época da psicodelia e, como seu chefe, Lemmy a usava avidamente, acostumado com o hábito de Hendrix de compartilhar seu estoque. "Eu conseguia dez cartelas de ácido para ele, ele ficava com sete e me dava três." Ele também se lembra do gosto de Hendrix pelas *groupies* ("Se você queria ver uma foda atlética, Jimi era o cara. Eu nunca tinha visto nada parecido – sempre havia filas de garotas enlouquecendo na porta de seu camarim. Ele era como 'Pegue uma senha e espere'") e de suas habilidades incríveis na guitarra. "Ele tocava guitarra-base e solo, ao mesmo tempo, de todo jeito, em cima da perna, nas costas, destro, canhoto, de cabeça para baixo...", disse ele. "Deus abençoe Eddie Van Halen, mas ele nem chega perto. Hendrix fazia de tudo, e isso acabou quando ele morreu. Quando ele tocava, era mágico. Quando ele tocava, o tempo e o mundo paravam. Depois que acabava, tínhamos que consertar os pedais porque ele tropeçava e pisava em cima deles. E eles ficavam quebrados com pedaços espalhados pelo palco todo."

No entanto a lembrança mais forte de Lemmy sobre Hendrix era de ele ser um cara legal. "Hendrix era um cara doce e, de certa forma, foi assassinado pelas pessoas ao seu redor, porque ninguém cuidava dele. Eles simplesmente não o protegiam... Ele era uma pessoa boa, mas era apedrejado violentamente o tempo todo! Ele era muito bem-educado. As pessoas agora estão dizendo que ele costumava bater nas mulheres, mas eu nunca vi nenhum sinal disso. O que eu pude ver era ele se desdobrar para agradar qualquer garota que aparecesse, de um jeito até antiquado, com boas maneiras, abrindo portas... Eu faço isso também, e as pessoas riem de mim, quem me ensinou foi minha mãe, e não há nada de errado com isso. Bons costumes não custam nada." A época do "verão do amor hippie" em 1967 deve ter sido um momento excelente para o Lemmy que tinha 21 anos de idade. Convivendo com um monte de garotas no Swinging Sixties, seja em consequência da posição conveniente de *roadie* de Hendrix, seja pelos próprios méritos, tomando ácido e escutando o melhor rock já feito, Lemmy estava numa boa fase.

Anos mais tarde, ele escolheu a versão do The Byrds de "Mr. Tambourine Man", um cover de Bob Dylan lançado em 1965 como a música que o fazia lembrar melhor desse período: "'Mr. Tambourine Man' é típica de verão. Eu me lembro dela no verão de 67, dessa música e do disco *Forever Changes* do Love, lançado em 1968 também. Por que ela era tão boa para mim? Bem, eu era jovem e, quando você é jovem, a vida é livre, você não tem com o que se preocupar, todo verão é um ótimo verão".

Nem mesmo a mudança de Hendrix para Nova York em 1968 estragou as coisas. "Eu me tornei um traficante de drogas no Kensington Market", Lemmy comentou. "Era um ótimo lugar para vender drogas, conseguir garotas, comprar roupas que você não encontra em nenhum outro lugar, muito legal. Hendrix me deu umas jaquetas de camurça, mas como elas não eram do meu tamanho, eu dei não sei para quem. Nunca imaginei que ele iria morrer."

"Traficar droga era como vender vinho", acrescentou. "Tinha toda a questão da safra e essas coisas. Naquela época existiam drogas boas, melhores que hoje, como a metanfetamina – metilanfetamina BP cloreto, com uma ampola com rótulo com o desenho de crânio e ossos cruzados. Era para injetar na veia, mas eu nunca quis, colocava em suco de laranja e bebia. As drogas eram muito baratas, dava para se matar de overdose fácil com dez libras."

Lemmy foi perguntado uma vez se foi Hendrix quem o introduziu às drogas, ele riu: "Não, não, não, fui eu mesmo quem me levou às drogas, porque eu era curioso. É assim que todo mundo entra nesse mundo, eu acho". Como ele explicou mais tarde, seus primeiros anos em Londres eram basicamente uma enorme viagem de ácido. "Tive umas 1.000 viagens entre 1966 e 69. Aqueles foram dias incríveis, antes de descobrir o que poderia acontecer depois, todos os casos de gente que pirou para sempre. Desde que começaram a misturar estricnina no ácido, eu passei a preferir *speed*, que acho que é o que a cocaína deve ser. Eu acho que a cocaína tem um efeito ruim, custando muito mais, ela faz menos efeito do que o *speed*, e por um tempo mais curto... Sei que as pessoas não conseguem se acostumar com *speed* – vi alguns pirarem completamente em uma semana. Mas o sistema nervoso central não foi feito para aguentar a poluição urbana também".

Mil viagens de ácido em três anos é equivalente a uma cartela de LSD a cada dez dias, e dada à força dessa droga naqueles dias, é bastante, uma grande quantidade de combustível para estimulação mental. Qualquer um que tenha experimentado a montanha-russa lisérgica, que pode variar de uma viagem suave até um holocausto psíquico genuíno, vai perceber que Lemmy ressurgiu dessa época um homem mudado. Alguns de seus contemporâneos não conseguiram voltar à realidade, ele disse: "Eu me lembro de Peter Green [do Fleetwood Mac] antes que ele ficasse louco – e ele realmente ficou doido, quero dizer, loucão mesmo. Ele ficou lesado. Eu tinha uma namorada que trabalhava no lendário Speakeasy de Londres, e ela vivia cercada de pessoas assim o tempo todo. Eu fui lá uma noite e ele estava sentado, todo vestido de branco e sandálias, barbudo, e ficava respirando fundo o tempo todo, não falava nada com nada. Tomando um Valium atrás do outro para tentar baixar a bola. Um caso trágico".

Mesmo assim, naqueles dias ingênuos, ninguém poderia imaginar que o ácido deixaria alguns dos seus usuários lesados mentalmente de forma permanente, e Lemmy recordou um episódio com Hendrix: as sessões de gravação de *Bold as Love* foram movidas por essa droga, mesmo para aqueles de fora da banda. "Eles convidaram a imprensa para escutar as gravações e entupiam eles com ácido", disse ele. "Você sabe, o pessoal da imprensa ficava doido, todos os sanduíches, os biscoitos de queijo estavam cheios de ácido. Foi bem engraçado... Eles iam para o estacionamento depois, se escondiam debaixo de seus carros... Era muito engraçado mesmo! Não vi nada tão engraçado até hoje. Era totalmente irresponsável da nossa parte, mas nós achávamos que o LSD era a nova água benta. Na verdade, quase mudamos o mundo, quase conseguimos."

Talvez Lemmy possuísse uma força mental que os outros não tinham ou talvez ele apenas tivesse sorte – a julgar pelo modo errático que se usavam drogas naquela época. Como ele lembrou: "A gente costumava usar uma folha de jornal. Você pega uma quantidade de cristal suficiente para umas 100 viagens, mistura com água em uma tigela de vidro, seca tudo e coloca em um jornal. Então você deixa secar, corta o jornal e vende os pedacinhos. Às vezes fazia efeito, às vezes não, a gente ficava chupando pedacinhos de jornal o dia todo e nada, às vezes um pedacinho fazia quatro viagens. Era um tipo de roleta russa cerebral. Não é tão prejudicial como as pessoas dizem que é – só amplifica o que você já é". De qualquer forma, o ácido foi em geral uma experiência agradável para Lemmy. "É, te dá uma nova perspectiva sobre as coisas. Vários novos ângulos", disse ele. "Eu não voltaria atrás nisso. Essa experiência me fez ficar mais analítico. Ele me fez mais tolerante. E isso me fez perceber que tudo é possível. É tudo aleatório, nós gostamos de colocar nossos padrões nas coisas, mas a natureza nunca escreveu por linhas retas. Onde estão os romanos agora e suas construções fabulosas? Viraram ruínas cobertas de mato."

Ele continuou: "O ácido é uma coisa ótima, só que hoje é difícil de conseguir. O ácido de hoje é feito de *speed* e tem estricnina, é muito ruim. A última vez que eu usei, fui direto para a lua! [O experimentalista californiano em drogas] Owsley Stanley III inventou o ácido, junto com Timothy Leary... Ele foi um trouxa, sabe? 'Olá! Meu nome é Owsley Stanley III, eu queria saber se você gostaria de tentar um LSD?'. Hendrix disse 'Claro', e trouxe umas 100 mil cartelas em um saco. O LSD nem era ilegal ainda... Havia apenas uns três ou quatro de nós no grupo, e uma noite um cara, que era o *roadie* principal disse 'Quer experimentar um pouco de ácido?'. E eu pensei 'Por que não? Eu sou um especialista em maconha, e isso não pode ser muito diferente'. Era só um comprimidinho branco, e a história terminou como um daqueles filmes do Cheech & Chong dos anos 70. Eles me perguntaram se eu estava bem, eu estava tentando dirigir uma *van* e disse 'Não deveriam existir mais quatro ruas na nossa frente?'. Então, tomei mais uma dose e achei que fosse suficiente. E tive que dirigir a *van* com os Marshalls do Hendrix por mais 40 milhas nos arredores de Londres, usando óculos de prisma! Eu nem pensei em tirar os óculos. 'Eu estou em apuros aqui. É melhor eu ficar na faixa do meio da estrada'... Por umas 18 horas eu não conseguia enxergar, apenas as cores e espectros de cor e essas coisas. Hoje se você tomar LSD, não rola nem uma hora desse tipo de viagem, e tudo passa, não tem a menor graça. Eu tive que parar em 1975 porque a coisa já estava ruim nessa época".

A droga só falhou uma vez, lembrou-se: "Eu tive uma *bad trip*, um ácido que ganhei de um imbecil. Mas isso passa. Você bebe suco de laranja aos montes, eu via pessoas como se fossem animais, eram como ratos e cães. Anéis enormes em volta dos olhos. Faça o que fizer, não olhe no espelho. Toda a carne da sua cara derrete e você tem a sensação de que ficará mal para sempre. Mas eu tomei mais um no dia seguinte, só para firmar o pulso".

Em 1968, Lemmy juntou-se a Sam Gopal's Dream, uma banda psicodélica com uma formação incomum, com guitarra, baixo e tabla (instrumento de percussão indiano). Gopal era um músico nascido na Malásia, tocava tabla em vez da bateria, dando uma característica etérea ao som, enquanto Lemmy cantava com uma voz clara em tenor, bem distante do rosnar que mais tarde o tornou famoso. Os destaques da carreira curta dessa banda antes da chegada do Lemmy tinham incluído uma performance no 14 Hour Technicolor Dream, um evento famoso que aconteceu no Alexandra Palace, em abril de 1967, e uma *jam* com Hendrix no Speakeasy de Londres. A banda gravou um único álbum, *Escalator*, que foi lançado em 1969 e virou um clássico ao longo das décadas seguintes. "Eu achei o disco meio bom", Lemmy disse ao autor, o que significa dizer que "não era ruim", em vez de literalmente que metade era bom. "Eu escrevi todas as músicas em uma noite, tomando metedrina. Bons tempos, hein?" Em outras entrevistas ele disse: "Eu escrevi todas aquelas músicas em uma noite. Isso foi em 1968. Tudo muito rápido, obviamente o *speed* naquela época era muito bom. Sentei e escrevi tudo numa noite, foram 11 músicas eu acho...". Ele continuou: "Era difícil tocar com o Sam. Hoje em dia, talvez seja diferente, porque você pode amplificar tudo, amplificar o som da tabla era um maldito pesadelo... Fizemos um show no Speakeasy e fomos aplaudidos de pé, nós pensamos, é isso aí, agora somos astros do rock. Tocamos uns três outros shows em Londres e arredores, que foram horríveis, depois fomos para Munique e tocamos num lugar chamado Blow Up, que foi ainda pior, e depois voltamos para casa e a banda acabou!". Lemmy parece não ter ficado muito preocupado com o fim de mais outra banda, por mais que tenha sido uma banda que gravou e excursionou. Ele tinha outras ideias em mente em 1968. "Havia muita sacanagem rolando, mas era tudo muito inocente, muito", ele disse em 1991. "É por isso que hoje há um monte de guitarristas de 23 anos de idade, sem pais por perto, hahaha! Mas havia muito mais zona acontecendo em Blackpool [cidade perto de Manchester em que

Antes de 1971

Lemmy morou na época do Rockin' Vickers], eu me lembro dos caras do Tremeloes [banda inglesa dos anos 60] jogando a Lulu [cantora escocesa da mesma época] num tonel usado para cavalos beberem água, às quatro da manhã... A primeira vez que fui preso foi em 68, eu estava morando em uma casa um pouco para baixo da delegacia de Earls Court, em Londres, onde rolava muito tráfico pesado. Cheguei em casa um dia e estava cheio de policiais com pás. Eu disse 'Eu só estava indo...', e um policial disse 'Não coloque as mãos nos bolsos, vamos para dentro para ver o que podemos encontrar...'."

Ele lembra muito bem também das alunas da escola de balé daquela região. "A Escola de Artes, Dança e Educação em Tring, Hertfordshire, mmmmm", ele lembrou. "Eu e um amigo escocês íamos à boate Electric Garden, foi uma putaria atrás da outra no ano de 1968 todo, hahaha! Maravilhoso. Maravilhoso. Todas as bailarinas iam lá, mulheres bonitas, gostosas, de pernas compridas – belas mulheres nuas fazendo piruetas pelo quarto, com xales pendurados no teto... Coisas boas... Hoje em dia não rola esse tipo de coisa."

Em 1969, Lemmy passou boa parte das noites jogando caça-níqueis na Wardour Street, no Soho, em Londres. Sendo uma criatura que gostava de rotinas ao longo da vida, ele tinha criado raízes em Londres que pareciam inabaláveis: até parecia que ele nunca sairia de lá. Uma breve passagem por outra banda, a Opal Butterfly, não deu em nada, assim como um encontro rápido com seu pai biológico no ano seguinte. O Kilmister pai marcou um encontro com Lemmy numa pizzaria, mas a comida nem tinha chegado quando ambos descobriram que suas diferenças mútuas eram muito profundas para serem deixadas de lado. "Ele não entrou em contato até quando eu tinha 25 anos, aí ele começou a ter consciência da situação", Lemmy lembrou. "Ele começou a escrever cartas para minha mãe dizendo: 'Eu me sinto mal pelo menino'. Ele provavelmente nem sequer lembra o meu nome, 'o menino'. Ele também me descreveu como 'um babaquinha nojento'. Ele era um pianista clássico, mas desistiu porque ganhava muito pouco... Eu não sou como ele." Ele continuou: "Eu o conheci numa pizzaria em Earls Court Road, e ele se ofereceu para pagar um curso para que eu virasse um caixeiro viajante. Eu disse 'Ainda bem que a pizza ainda não chegou, ela ia virar o seu novo chapéu' e eu saí. Eu nunca mais o vi. Ele está morto agora. Ele e meu padrasto [George Willis] morreram com seis meses de intervalo um do outro. Tenho certeza de que tiveram muito a conversar lá em cima ou lá embaixo. Eu vou lá para baixo, porque é onde todas as mesas de sinuca ficam. Fica difícil imaginar as mesas de sinuca lá em cima, não é?".

E assim a vida hippie de Lemmy continuou. Lemmy seguiu fazendo um pouco de tráfico de drogas e tomando sua dose regular de *speed* para manter o gosto pela vida. A cena musical, viva e vibrante mesmo sem drogas, continuou a florescer, e ele continuou a ser parte dela. Uma presença particularmente extravagante ao vivo, ativa em Londres, era o Hawkwind, uma banda de space rock (leia-se psicodelia ativada eletronicamente) que estava perdendo a sua estabilidade devido ao entra e sai constante de membros. Os integrantes – o guitarrista e vocalista Dave Brock, o saxofonista Nik Turner, o baterista Terry Ollis, os artistas experimentais eletrônicos Del Dettmar e Michael "Dik Mik" Davies e a dançarina Stacia – estavam prestes a perder o seu baixista Dave Anderson, que – apesar do sucesso razoável de seu mais recente álbum *In Search Of Space* – estava farto da banda.

Lemmy ficou amigo de Dik Mik em 1970. Ele tinha acabado de deixar o Hawkwind e acabou indo morar na casa com Lemmy. Como ele lembrou: "Eu estava cansado de lidar com drogas, estava procurando uma banda. Continuava tomando cada vez mais *speed*, ficava ligadão o tempo todo. Dik Mik de repente chegou, fora de si, lá no meu apartamento, no meio da noite. Começamos a conversar e logo percebemos que ambos queriam saber por quanto tempo o corpo humano consegue ficar pilhado sem parar. Fizemos isso durante alguns meses, até que ele ficou sem dinheiro e queria reformar o Hawkwind. Mas ele queria levar seu novo amigo (eu) com ele...".

Capítulo 2

1971-1974

Phil Taylor nasceu em 21 de setembro de 1954, em Chesterfield, na Inglaterra, e tinha 12 anos quando conheceu Lemmy. Como ele lembrou: "Foi logo depois de Space Ritual Live [série de shows do Hawkwind que acabaram virando um disco ao vivo lançado em 1973], e isso mudou minha vida. Eu ainda tenho o autógrafo do Lemmy. Ele é o único que saiu do camarim, provavelmente à procura de garotas".

Lemmy acrescentou: "Eu estava à procura de garotas. Eu fui ver o Hawkwind tocar ao vivo uma vez antes de me juntar a eles. Todo mundo estava num transe coletivo – toda a plateia, 600 pessoas. Eu pensei 'Porra, eu tenho que tocar com esses caras...'".

Taylor ficou maravilhado: "Isso deveria inspirar os mais jovens. Se alguém me dissesse que alguns anos depois eu estaria tocando numa grande banda [Motörhead] com esse cara [Lemmy], viajando ao redor do mundo por anos, eu teria dito 'Você está brincando!'".

Imagine a cena. Em 1971, Dik Mik e seu amigo guitarrista Lemmy chegam para um ensaio do Hawkwind. Dik queria seu emprego de volta como técnico de som e luz experimental; Lemmy queria ser o guitarrista. "'O que você quer?', o resto da banda disse", lembrou Lemmy. "'Guitarrista solo está bom para mim', eu disse. O guitarrista antigo deles, Huw Lloyd-Langton, tinha tomado um ácido no festival da Isle Of Wight e disse 'Vou dar uma volta, caras' – e essa foi a última vez em que eles o viram em cinco anos!"

Ele continuou: "Eu fui tentar o posto de guitarrista, mas acabou que eles não precisavam, porque o guitarrista-base já estava dando conta, mas o baixista tinha sumido! E o idiota esqueceu o baixo na van, quase implorando para que eu roubasse o lugar dele. Foi o que eu fiz! Eu devolvi o baixo para ele. Justo é justo. E comprei o meu primeiro baixo do Del Dettmar, que tocava sintetizador no Hawkwind na época. Ele tinha conseguido num leilão do Aeroporto de Heathrow. Você sabe como as pessoas esquecem coisas em aviões? Ele pegou de um desses leilões. Eu ainda devo para ele, três libras eu acho. Era um Hopf, alemão".

Tocar baixo, da forma mecânica e hipnótica que o Hawkwind precisava, foi um ajuste natural para Lemmy, especialmente porque suas habilidades nesse instrumento nunca haviam sido testadas de verdade. Batendo com força uma nota no baixo, ele descobriu o efeito hipnotizante das suas linhas musicais. "E fiquei pensando 'Como eu não pensei nisso antes. Eu fui feito para tocar baixo – eu quero agora só tocar baixo, isso é o que eu devo fazer', ele ruminou depois. Assim que o Hawkwind embarcou numa turnê em 1971, com seu novo baixista no reboque, Lemmy começou a ver que o *speed* era mais útil que o ácido ou outras drogas que tinha usado na sua vida até o momento. As anfetaminas são drogas muito mais práticas do que o ácido, especialmente depois de uma longa e desgastante viagem, como ele explicou. "Eu comecei a usar *speed* porque era uma droga 'utilitária' e me mantinha acordado quando precisava estar acordado. Se você viajar até Glasgow por nove horas na parte de trás de uma *van* suada, você realmente não terá disposição para subir no palco se sentindo radiante e animado. É a única droga com que eu consigo conviver, e eu tentei todas – exceto heroína e morfina. É a única droga que me permite trabalhar, me ajuda a me sentir bem. Não faz bem – isso ela não faz – mas ela me ajudou a me sentir bem quando normalmente eu estaria exausto e acabado." Ele acrescentou: "Você não fica viciado em *speed*. Com heroína ou morfina, se você não consegue uma dose, está em apuros. Se eu não consigo *speed*, eu fico um pouco lento, e fico

1971-1974

meio para baixo por uns três ou quatro dias, mas, depois disso, então eu estou bem. Acho que tenho sorte – tenho um sistema nervoso que devora o *speed* e parece que diz 'Wa-aa-ahhh, me dê mais um pouco!'. Até o momento, tenho uma constituição física e mental de ferro – e felizmente o *speed* é barato, tem em todo lugar e me faz bem. A única coisa parecida com isso é a maconha, mas eu passei dessa fase. Eu fiquei de saco cheio com a onda da maconha nos anos 60 – maconheiros são insuportáveis, eles realmente são, sentados por aí, vomitando ideias políticas meia-boca o dia todo."

É justo dizer que o Hawkwind foi uma experiência incrível para Lemmy nos cinco anos em que ele foi um membro da banda. O grupo quebrava barreiras e testava limites de tudo que tinha sido feito até aquele momento de sua carreira, fazendo shows que literalmente deixavam o público exaurido, no limite absoluto do que era possível. Nos anos posteriores, a evolução cultural da época os ultrapassou, e eles foram relegados a uma espécie de submundo hippie fora de moda, onde ainda residem hoje. Mas, no início dos anos setenta, a performance da banda, sem contar sua música, não tinha precedente. Stacia, a dançarina *plus-size* da banda – que deixou muitos adolescentes confusos nos anos 70 quando dançava nua –, resumiu o apelo da banda perfeitamente quando disse: "Para mim, a música do Hawkwind foi extraordinária. Ela me inspirou. Eu não teria feito o que fiz se eu não pensasse dessa forma. Eles eram muito talentosos. Todo mundo que passou pela banda, em determinado momento, foi importante. Lemmy e eu nos dávamos muito bem. Com ele, o que você vê é o que ele é, não tem fingimento. Não tem enganação".

Ela acrescentou: "Meus materiais de trabalho naquela época eram meu corpo e pintura. Eu nunca tive medo de subir no palco. Eu sempre senti uma grande conexão com as pessoas. Ninguém jamais foi agressivo. Eu digo sinceramente que, exceto pelo incidente em St. Louis, eu nunca me senti ameaçada. Naquela ocasião, alguém subiu no palco e tentou me estrangular, mas eu imagino que talvez ele estivesse meio fora de si e estava tentando me abraçar. Além disso, todo mundo me tratou com respeito". (E não, Stacia e Lemmy nunca estiveram juntos, nem mesmo por uma noite. Ele negou essa possibilidade sempre que foi perguntado.)

Os shows eram a maior força do Hawkwind, embora parte do público não concordasse com isso na época. Como Lemmy explicou: "Dik Mik usava um modulador de sinal em linha com um pedal de distorção e um wah-wah. O som sai do alcance da percepção do ouvido humano tanto para altas quanto para baixas frequências, a gente usava isso para identificar os epilépticos da plateia. O modulador de sinal, que chamamos de gerador de áudio... é o que tem esse efeito extremo em ambos os sentidos, alto e baixo. Ele pode ir a uma frequência tão alta que danifica seu ouvido interno e você começa a vomitar. Se você é um epiléptico, você tem uma convulsão. Na frequência baixa, seus esfíncteres se abrem e você fica com merda escorrendo pelas pernas. Então, nós aprendemos muito com isso... a gente entrava no palco, com todo tipo de confusão, e colocávamos ácido na comida e na bebida servida no The Roundhouse [legendária casa de shows em Londres]. Éramos muito irresponsáveis... Nós bloqueávamos as portas para impedir que as pessoas saíssem e ligávamos as luzes de emergência neles na altura dos olhos – não eram as músicas mais rápidas que te deixavam louco, eram as lentas. A primeira vez que vi o Hawkwind foi no The Roundhouse, eles ficaram tocando uma música superlenta por uma hora, e o público ficou extasiado, preso na mesma posição o tempo todo".

Lemmy e Dik Mik eram os doidões da banda, usando quantidades de drogas que poderiam deixar os indivíduos mais sensíveis com danos cerebrais ou mortos. "Houve um show no The Roundhouse com o Hawkwind", Lemmy disse numa entrevista com Chris Salewicz. "Havia eu e o Dik Mik – éramos como o monstro de duas cabeças na época: sempre estávamos juntos, era impossível nos separar. Nós nunca dormíamos. Alguém dava para a gente um grama de sulfato de anfetamina cada, dez *black bombers* [combinação de speed com dextroanfetamina] cada, mais ácido – e a gente tomava, e depois alguém nos dava mais dois, e nós tomávamos também, depois mais cocaína e Mandrax [tipo de barbitúrico usado para balancear o efeito das anfetaminas e cocaína]."

Com doses de calmantes para elefante, anfetaminas e alucinógenos em seus organismos, ambos ficaram com um bloqueio muscular total.

1971-1974

"Nós ficamos duros como tábuas", lembrou Lemmy, "e eles tinham que esticar nossas pernas nos camarins e nos empurrar para cima do palco. Eu pensava 'Cadê a plateia?'. Doug, nosso empresário, dizia: 'Desse lado'. 'Onde?'. 'Uns cinco, seis metros.' 'Ah, é mesmo.' Nós tocamos, foram bons shows. Completamente bizarro. É divertido, sabe?". Um aviso: não tente fazer isso em casa...

Apesar de sua inexperiência no instrumento e de seu aprendizado num ambiente saturado psicodelicamente, Lemmy estava levando jeito e aprendendo a tocar baixo muito rapidamente, desenvolvendo seu próprio estilo em questão de meses. Uma combinação de acordes simples e escalas de blues preenchidos por um pouco de distorção, um recipiente perfeito para os *riffs* do guitarrista Dave Brock.

"Eu descobri sobre o lance de tocar com marcação com cordas abertas, que eu gostei", ele disse ao autor. "Desse jeito, você deixa a corda Lá ou o Ré soar e toca a melodia em Sol. Fica muito bom por trás da guitarra. Eu usava um monte de acordes também. Era muito bom, eu estava doidão, não estava?"

O baixo que o Lemmy escolheu, a partir do momento em que ele conseguiu comprar um, foi um Rickenbacker 4001, usado por vários baixistas de rock na época, desde Chris Squire do Yes e Geddy Lee do Rush até Glenn Hughes do Deep Purple, e pelos mod/punks como Bruce Foxton do The Jam. Até Paul McCartney tinha um como uma alternativa ao seu famoso Hofner. "Foi porque eu era um guitarrista que virou baixista. Eu gostei do braço fino do baixo. E eu gostei da forma estranha que ele tem. Quero dizer, a escolha não teve nada a ver com o som dele, porque na verdade ele soa horrível. Então eu decidi arrumar os captadores. Achei que seria bom usar uns captadores Gibson Thunderbird ao invés do original de fábrica, o som ficou monstruoso. Ele é inteiro, um pedaço de madeira sem emendas, ligado direto no corpo do baixo. E eu gostei disso também. É resistente. Assim, você pode deixá-lo cair no chão e ele quica, não quebra... Foi o mesmo motivo pelo qual eu comprei o Gibson Thunderbird. Mas o braço dele é tão comprido que você tem que ser um gigante para tocá-lo. Vendi esse baixo para o guitarrista do Pantera Dimebag Darrell, que tinha braços ainda mais curtos que os meus. Então eu não sei o que ele vai fazer com ele. Provavelmente, usá-lo para prender as portas de casa. Ou vendê-lo em um leilão."

Ele acrescentou: "O que eu gostava do Hawkwind é que era a primeira vez que eu tocava baixo e descobri que eu poderia ser um bom baixista. Isso foi muito bom para mim – abriu meus olhos – e, além disso, havia muita liberdade dentro da banda para tocar baixo. Eu fiz um monte de detalhes e coisas inteligentes no baixo por trás da guitarra do Dave. Eu estava me exibindo como de costume. Para que serve tudo isso se você não puder se exibir? É rock'n'roll, então você pode".

Apesar do fato de Lemmy ter-se encaixado bem no Hawkwind no sentido musical e fazer o vocal principal no *single* de "Silver Machine", que foi o terceiro mais vendido no Reino Unido em 1972, mais tarde ele admitiu que nunca se sentiu totalmente bem-vindo na banda. Questionado sobre o que lhe deixava desconfortável em relação aos seus colegas de banda, ele respondeu: "A atitude deles. Quero dizer, eles nunca me disseram que eu fazia parte da banda. Cinco anos... Também eles nunca me perdoaram por ter sido o vocalista no único *single* de sucesso da banda. Eles tentaram todo mundo como vocalista nessa música antes de mim, e nenhum deles conseguiu. Eu consegui depois de duas ou três tentativas. Isso os deixou com inveja. Depois a *New Musical Express* [principal revista musical da Inglaterra] publicou minha foto sozinho na capa. 'Hawkwind chega ao número um' era a manchete com a minha foto ao lado. Isso também os deixou muito aborrecidos. Era banda de caras esquisitos. Estávamos todos cataclismicamente chapados o tempo todo. Nós não tínhamos nem um ônibus para fazer turnê, ficávamos na parte de trás de uma *van* com dois colchões e cobertores. Era assim que costumávamos viajar nos tempos dos festivais. Tinha um cobertor que não foi lavado por dois anos. A porra ficava dura, dava para encostar sozinha na parede, como uma tábua". Viver um estilo de vida desses, movido a drogas, obviamente significava fazer coisas contra a lei naqueles tempos não iluminados, e Lemmy já tinha sido preso pelo menos três vezes. Como disse ao escritor Kris Needs, "Uma vez por drogas, outra vez me pegaram com três Mandrax, no Ano Novo de 1971. Acredita nisso? Prenderam-me e em seguida me deram uma caneca da delegacia com Brandy dentro. Eu disse 'Vocês são loucos, seus desgraçados. Por que vocês não me deixam em paz, e nós todos passamos um Feliz Ano Novo?'. Eu também fui detido por porte de arma branca, que era uma faca, escrito 'Lembrança da Noruega' no cabo. Você sabe, coisas pesadas de verdade...".

Lemmy também estava constantemente com os Hells Angels, algo inevitável dado o tipo de música que o Hawkwind fazia e a presença frequente nos festivais. "É algo muito rígido e organizado. É uma ocupação *full time*, na verdade", observou. "Pode ser uma vida muito violenta para um jovem. Claro, pode ser muito negativa em alguns aspectos, mas pode ser positiva em outros. Eles são caras bons, sabe. Eu me dou bem com todos eles. Como uma alternativa para a música de discoteca, você tem que admitir que eles tenham seus méritos... Eu nunca tive uma motocicleta. Eu bebo demais para conseguir dirigir uma. Prefiro usar o táxi, você entra num e 'Me leva para casa!'. Eu não tenho que procurar uma vaga para estacionar, é muito mais divertido entrar num táxi e ir 'Tchau!'. E a chuva – estar na chuva em uma motocicleta é a pior experiência que Deus já inventou."

Ele até dividiu um apartamento com um membro dos Hells Angels por um tempo, que não demorou a perceber as prioridades de Lemmy na vida. "Quando eu estava saindo com uma vadia dos Hells Angels, esse cara disse que fui a única pessoa que ele já tinha visto que levava uma garota para o quarto, trancava a porta e colocava um vídeo do *Monty Python*!"

Lemmy também explorou a atividade clássica dos chapados – brincar com tabuleiros ouija, magia negra e ocultismo, além de ter se ligado um pouco até em astrologia. "Todas essas coisas relacionadas à magia são muito atraentes para quem é capricorniano", ele insistiu. "Mas eu tenho muito de Sagitário em mim, felizmente, o que me livra dessa coisa de magia e me deixa um pouco cínico. Eu costumava me ligar nisso quando eu usava muito ácido. Eu e um amigo costumávamos limpar o chão e desenhar pentagramas nele, estávamos chapados com ácido o tempo todo, então eu realmente não posso garantir que o que acontecia depois eram alucinações ou realmente algo relacionado com magia. Mas eu fiz um monte disso. Você sabe, uma coisa, característica de Capricórnio é acreditar que há muito mais aqui na terra que acima dela."

Apesar de estar construindo a reputação de um hippie de que os Hells Angels gostavam, de um homem culto escondendo seu amor pelas palavras por trás de um exterior meio escroto e de um guitarrista que tocava baixo, Lemmy teve um sucesso genuíno com "Silver Machine", o hino clássico dos motoqueiros da época. Apesar de o Hawkwind ter se autoposicionado num plano lisérgico e contemplativo em vez de ter uma ligação direta com coisas mais terrenas e velozes, "Silver Machine" tem um vocal limpo, muito distante da voz seca e suja que Lemmy usa no Motörhead. Não é de admirar que ele viesse no auge comercial do Hawkwind, juntamente com o fantástico disco *Space Ritual Live*, que documentou a experimentação perigosa da banda ao vivo.

Em 1973 a banda lançou um *single*, "Urban Guerilla", que poderia ter replicado o sucesso de "Silver Machine" se não tivesse coincidido com a mais recente onda de bombardeios do IRA em Londres. A BBC se recusou a tocar o *single*, e as vendas foram posteriormente canceladas, embora já estivesse no caminho de chegar ao topo das paradas. Ainda assim, a banda continuou a fazer turnês implacavelmente, levando sua mensagem ostensiva de paz e tolerância para as massas, enquanto um ar de desconforto persistia dentro da banda. Lemmy fez sua primeira tatuagem naquele ano, como ele recorda: "Estávamos em Dayton, Ohio, num domingo, e o estúdio de tatuagens era o único lugar aberto. Estávamos totalmente entediados, então fomos todos lá e fizemos uma tatuagem hippie horrorosa. A minha era uma folha de maconha, que atualmente está coberta por outra, porque parecia mais uma pizza com asas".

Entre uma e outra turnê, Lemmy continuava mais popular com as mulheres do que nunca. A verruga em sua bochecha esquerda – que mais tarde tornou-se parte de sua imagem característica – ainda não era algo enorme. Assim, como um belo e jovem astro do rock, ele não sentia falta de parceiras bem-dispostas. Porém, nessa época, ele iniciou um relacionamento com uma mulher, Susan Bennett, que poderia ter ido longe se ela não tivesse sucumbido, vítima do vício em heroína com apenas 19 anos. Lemmy dedicaria sua autobiografia a ela três décadas mais tarde, e sua morte marcou o início de sua aversão a essa droga pela vida inteira. "As pessoas usam coisas que não são boas para elas, e essas coisas matam", disse ele. "Eu nunca usei heroína, nunca. O que os policiais deveriam fazer é usar toda a força contra os traficantes de heroína. A heroína é a única droga que já vi matar. Eu nunca vi ninguém morrer por cocaína ou *speed* ou maconha ou ácido... É uma terrível ideia, não importa o quão romântico e trágico você possa pensar que isso pareça. Não é. Ela só faz de você um cão, e então você morre."

Existem detalhes em relação a Lemmy e as drogas. Ele raramente, ou melhor nunca, defendeu o uso delas, embora ele sempre tenha falado graficamente sobre suas próprias experiências. Ele também sempre se manteve firme em seu apoio a outras drogas, exceto a heroína e o *crack*, no entanto, isso sempre ocorreu a partir de um ponto de vista sensível e educado, baseado em fatos históricos. Isso faz com que a opinião dele seja racional, e eu comecei a pensar assim desde que ele se enfureceu comigo em 1999: "Deveríamos ter legalizado a maconha em 1967, pelo amor de Deus! Quero dizer, o que é isso? É uma coisa que cresce no seu jardim, porra! Que história é essa? Ela era considerada legal até meados dos anos 30. Todo o resto também. A heroína foi inventada como uma cura para o vício em morfina e, em seguida, depois de 20 anos, descobriu-se que ela também viciava – que surpresa! Qualquer antídoto para uma droga que vicia deve ser viciante também, certo?".

Em outra ocasião, ele comentou: "Mesmo nos anos 20 e no século 18, as pessoas ficavam chapadas em alguma coisa". Quero dizer, a cocaína era legal até os anos vinte. E heroína era uma cura para o vício na morfina. Parece um efeito bumerangue, não é? E então apareceu a metadona, que agora também é considerada viciante, como uma cura para a heroína. Portanto, a cura é pior do que a porra da doença na maioria dos casos, e ainda assim continuamos confiando nesses cientistas."

"Na Inglaterra, tínhamos a talidomida nos anos sessenta, usada na época como sedativo, graças a isso, nasceram crianças com malformações, sem braços e pernas, apenas as mãos rudimentares sobre os ombros. Toda uma geração de crianças que nasceram sem braços e pernas, apenas nadadeiras, como focas. Porra, horrível! Você não os vê pela rua porque eles são bem escondidos da sociedade."

Perguntado por que a heroína é pior do que outras drogas, ele explicou: "Porque ela rouba seu amigo ou uma garota que você conhece e substitui por um desastre ambulante, de queixo caído, babando, que vai ficar vagando ao seu redor e roubar dinheiro de seus bolsos. Eles estão todos cobertos de feridas enormes em seus braços, por todo o corpo, porque eles ficam se injetando entre os dedos do pé e da mão... Eu vi até um cara preparando uma veia do seu olho uma vez. Era a única veia que ele tinha deixado inteira, todas as outras tinham virado feridas. Eu vi amigos cortando os braços de outros amigos tentando encontrar uma veia. É foda, horrível, cara. Degrada, faz de você um animal babando. Também faz de você uma presa fácil e te mata. Ela te tira tudo, a sua dignidade, o seu trabalho, é algo nojento, uma coisa horrível do caralho. Se eu visse traficante de heroína na rua, eu atiraria no rabo dele... Eu nunca usei heroína em qualquer forma, mas eu já fumei ópio". Ele explicou que a morte de Susan Bennett não foi a primeira tragédia pessoal relacionada à heroína que ele tenha testemunhado. "Você se lembra de toda aquela história em 69 e nos anos 70 sobre como o *speed* mata? A heroína mata. Quero dizer, a heroína realmente pode te matar – morto como uma pedra!"

"Tenho muitos amigos que não estão ao meu redor por causa da heroína. Dois amigos que eu tinha compraram veneno de rato na Piccadilly. Veneno de rato! Alguém se aproximou deles, sorriu, levou o dinheiro e deu-lhes a morte certa! Por que veneno de rato? Eles poderiam ter vendido qualquer coisa branca em pó. Mas era veneno de rato. Um deles morreu em meus braços. Seu rosto ficou azul, a língua ficou preta, saindo da boca, ele disse: 'Cara, estou morrendo'. E morreu. Eu disse que ia chamar uma ambulância. Ele disse: 'É tarde demais, cara. Eu estou morto. Eu vou embora'. E foi. Ele foi antes da ambulância chegar. O outro morreu no Bar Wimpy, na Earls Court. Ele foi ao banheiro e de repente escutamos um estrondo. Arrombamos a porta e lá está ele. Veneno de rato. Isso é a morte. *Speed* não me matou, mesmo depois de muitos anos. Eu estou bem. Acredite em mim."

Depois de algumas décadas com esse tipo de protesto e com o uso de heroína crescendo a cada ano, Lemmy parece ter caído em uma espécie de desgosto resignado quando o assunto é esse. Lemmy recentemente disse ainda: "Eu gostaria de poder voltar atrás na morte da minha namorada pela heroína. Isso seria uma coisa que eu gostaria de desfazer, mas não dá. Não tem volta de qualquer maneira... Você só pode dar uma risadinha e suportar a situação, vida miserável". E depois da overdose fatal em heroína do tecladista do Smashing Pumpkins Jonathan Melvoin, em 1996, ele disse: "Isso foi uma vergonha. É sempre uma pena. As pessoas não te escutam quando dizemos que a heroína é uma vergonha. Odeio ficar fazendo discursos sobre isso, porque, quando eu falo disso, acaba mesmo virando um discurso, você sabe? Eu vi gente morrer por essa droga, inclusive a minha namorada e um monte de meus melhores amigos. Você tenta dizer às pessoas, e eles não entendem. Eles acham que são os primeiros a descobrir a droga pela primeira vez".

Desde a morte de Susan Bennett, Lemmy nunca encontrou nenhuma mulher com quem ele queira se comprometer e, na verdade, parece que ele tem evitado ativamente qualquer tipo de compromisso. Isso não quer dizer que ele não tenha um coração batendo sob o seu exterior impassível, como ele explicou uma vez: "Apaixonar-se é terrível. Você vira um idiota. Você entrega sua vida quando se apaixona, e é horrível, uma tortura. Você fica melancólico, acaba saindo pela rua e passando pela casa de sua amada e fica olhando a janela procurando por ela... Quem quer viver assim?... As mulheres sempre me deixam porque eu não me comprometo e nada muda tanto uma relação quanto a necessidade de comprometimento. Se você morar com alguém, você perde todo o respeito pela pessoa. Essa coisa de calcinhas sujas, roncos e peidos. Isso parece legal para você? Porque não parece para mim. Quando você começa a namorar alguém, acaba mudando seu comportamento, e aquela magia inicial... eu nunca queria que essa magia acabasse. É engraçado, não é? Você se apaixona por alguém e em seguida elas tentam transformá-lo em outra pessoa. Por que elas fazem isso?".

Ainda assim, uma luz no túnel de desamor de Lemmy apareceu em 1973 quando, para sua surpresa, ele se encontrou com o filho, Paul Inder, na época com seis anos de idade. "Eu sempre achei que ele fosse um bom garoto", ele lembrou mais tarde, "desde que ele tinha seis ou algo assim, quando eu o conheci. Eu o conheci quando fui comprar maconha. Eu estava na cozinha esperando o traficante chegar, daí chegou uma criança e disse 'Você é o papai, certo? Minha mãe está na sala ao lado'. E lá estava ela! O assunto da conversa. A mãe dele costumava trancá-lo na porra da casa, quando ela saía. Ela era muito possessiva. Ela o vestia como um astro do rock desde a idade de cinco anos. Jaqueta e calça jeans e essas coisas. Fazia-o tocar guitarra na rua por dinheiro com um amplificador Pignose desde que ele tinha sete anos... É muito doido. E ela tentou até fazê-lo casar com uma pessoa que ela tinha escolhido. Tentando controlar a vida dele o tempo todo, você sabe. E eu suponho que você acaba ficando assim se for criado por alguém sozinho. Minha mãe era um pouco assim. Ela me criou sozinha. Acabou tudo bem... Eu notei que ele era melhor guitarrista do que eu quando ele tinha dez anos! Ele é um excelente guitarrista. Ele realmente é. Ele toca como o Hendrix".

A vida continuou para Lemmy, agora com visitas ocasionais a seu filho, assim como antes. Com uma turnê pela Europa, em 1974, em particular, abrindo seus olhos. Para uma noção melhor de toda a história da carreira pré-Motörhead de Lemmy, leia o livro *The saga of Hawkwind* (lançado pela editora Omnibus), escrito pelo grande Clerk Carol, já falecido. Mas, por agora, basta dizer que Lemmy ficou um pouco surpreso quando conseguiu voltar para casa depois dessa tour específica. "Essa foi uma turnê enorme. Tocamos cinco shows na Dinamarca. Tocamos em Kolding, Århus, Espberg e Odense. Em ginásios e outros lugares. A Dinamarca realmente não entende de rock'n'roll. Nós tocávamos sem palco, no chão, não tinha palco nenhum nos ginásios. Isso foi em Odense. Incrível... E isso foi com o Hawkwind. Já teria sido ruim o suficiente com o Motörhead, mas pelo menos você reconheceria as músicas se já as tivesse escutado, mas Hawkwind deve ter sido uma merda para eles. Eu me pergunto como conseguimos sair do país vivos. Poderíamos ter sido queimados como bruxas..."

Olhando para trás, para seu tempo com o Hawkwind, Lemmy sabia que ninguém poderia dizer com convicção de verdade se a banda tinha tocado bem ou não, exceto seus fãs. Como ele disse: "Com o Hawkwind, nós às vezes fazíamos um show terrível. A gente saía do palco sabendo que fez um show terrível. Mesmo nos dias em que tocávamos os quatro acordes mágicos... Bem, nós só sabíamos quatro acordes mas fazíamos uns arranjos muito bons com eles. Não importa, todos os melhores discos de rock'n'roll foram feitos com quatro acordes, tudo de bom que o Little Richard fez foi com apenas quatro acordes. Mesmo assim, às vezes, nós fazíamos os quatro acordes realmente mal. Saíamos do palco pensando 'Meu Deus, eu não vou voltar lá para o bis'. Mas a galera ficava doida e começava a quebrar os assentos, 'Aaggh... Mais um, mais um!'. E você pensa: 'O que eles estão fazendo? Foi tudo uma porcaria!'. Mas eles não pensam assim, e esse é o critério: é para eles que você está tocando". Por outro lado, você pode pensar que estamos enganando o público. Mas não é enganação se eles gostam... A gente não está lá na plateia vendo o que está acontecendo, vemos o nosso show com outra perspectiva e, por isso, não dá para julgar. Você pode pensar 'Que merda, isso está tudo desafinado. Isso é terrível...'. Mas o público está curtindo e achando o máximo".

Em 1975, Lemmy afastou-se de alguns dos membros do Hawkwind por várias razões, uma das quais ele descreve como simples esnobismo por parte daqueles que preferiam ácido, uma droga de "pensadores", ao *speed*, o estimulante de escolha das pessoas desequilibradas. Como diz uma história conhecida, no meio da turnê canadense, a banda acidentalmente separou-se de seu baixista.

"Vivíamos na *van* juntos. Transávamos com a mesma garota juntos", lembrou. "Fazíamos tudo muito juntos até que certas pessoas da banda começaram a ser elitistas. O resto de nós estava tornando-se 'uns otários, com um astral ruim, cara. O clima cósmico está deixando a banda e é sua culpa...' Nós ficamos uma banda dividida – uma vergonha, porque quando as coisas estavam bem, nós chegávamos para tocar e arrebentávamos", ele riu. "Eles achavam que o fato de eu estar ligado no *speed* o tempo todo era uma vergonha, aparentemente. Eles achavam que eu deveria sossegar."

Ele continuou: "De qualquer forma, estávamos em turnê nos Estados Unidos, indo para Detroit, em seguida, Canadá. Paramos em Niles, Michigan, mas eu não queria comer, porque eu estava ligadaço em *speed* o tempo todo, então eu saí com a minha nova câmera Spotmatic. Mas alguém me deu uma pancada na cabeça e roubou minha câmera – eu nunca vi o assaltante. Levantei-me e voltei para o hotel, e eles tinham se mandado sem mim! Assim, com apenas 20 dólares, eu tive que pegar carona por Michigan – com caminhoneiros homossexuais, kombis cheias de hippies de merda – e, finalmente, cheguei às sete da manhã, fiz o *check-in* no hotel, dormi por quatro horas, fiz a passagem de som e o show, dormi, acordei novamente três horas depois, entrei no carro, esqueci-me de esconder meu *speed* e atravessei a fronteira, onde fui revistado e preso".

Um saco de *speed* é muito parecido com um saco de cocaína, e no Canadá, cocaína era considerada a droga do diabo. *Speed*, no entanto, era legal, e depois de Lemmy ficar preso por vários dias enquanto eles testavam a droga, os guardas de fronteira do Canadá foram obrigados a libertar o descontente – e presumivelmente malcheiroso – baixista. "Eu fiquei acorrentado numa cadeia de Cook County por dez dias", lembrou Lemmy, "e estava pronto para colocar o pó de matar piolho e o macacão de presidiário quando a voz mais maravilhosa que eu já ouvi disse atrás de mim: 'Kilmister, você está afiançado'. Eu embarquei num avião para Toronto. Todo mundo disse: 'Bom te ver de novo...'. Nós tocamos e às quatro horas da manhã eu fui mandado embora da banda porque eles achavam que poderia haver futuros problemas legais com a turnê pela América do Norte. O pior é que eles ainda faziam sua publicidade dizendo que eles eram a banda mais cósmica do planeta...".

Como ele disse ao *New Musical Express*: "Me chamaram no quarto do Dave Brock. Eles estavam todos sentados lá. Disseram-me que eu estava sendo demitido. Eu disse 'Muito obrigado' e saí. Tenho que admitir que eu estava desapontado. Até lágrimas rolaram. De qualquer forma, eu me declarei inocente, e as acusações foram dispensadas... Eles queriam que eu saísse. Disseram-me depois que Turner havia dito que, se eu voltasse para a banda, ele sairia, não sei se é verdade ou não. Mas depois Dave Bruce me ligou, me convidou para voltar. Eu gostei disso. Quero deixar isso registrado. Foi a única coisa boa que aconteceu. Na verdade, eles já tinham chamado [o baixista da banda Pink Fairies] Paul Rudolph para o Canadá para tomar o meu lugar – e eles nem sequer me disseram!".

Ele continuou: "Ser demitido do Hawkwind por drogas é como ser empurrado do Empire State Building por gostar de alturas, sabe? Eu estava, na verdade, usando as drogas erradas. Eu estava usando *speed*, e eles eram todos uns doidões de ácido. Eu também usei ácido, mas foi só um período mais elitista. Nik Turner, na verdade, me pediu desculpas [em 1999]. Levou 25 anos, mas ele finalmente me pediu desculpas. Eu disse 'Obrigado, Nik – realmente ajudou muito'".

A ferida foi finalmente curada (até certo ponto). Bob Calvert comentou: "Lemmy era muito criativo, ele tocava baixo como uma guitarra – e seu impacto carismático foi imenso. Sabotar o Lemmy do jeito que eles fizeram foi totalmente imperdoável. Foi a pior coisa que já aconteceu na história do Hawkwind, uma jogada pouco inteligente. A banda perdeu uma presença muito importante e uma grande quantidade de sua força".

O próprio Lemmy minimizou sua demissão depois: "Eu ainda vejo o Dave Brock do Hawkwind de vez em quando. O baterista, que foi a principal influência para me mandar embora, agora é o chefe executivo encarregado de eliminação de resíduos em Reading, na Inglaterra. Então eu não tinha necessidade de me vingar dele!".

Olhando retrospectivamente para a era hippie, que terminou mais ou menos no momento em que ele e a banda hippie por excelência se separaram, Lemmy disse: "Foi um grande momento. A droga foi o que fez e desfez a banda. Todo mundo estava tomando ácido. Você ainda podia confiar nos comprimidos, e as drogas eram mais baratas. Mas é uma cena morta hoje em dia. As pessoas dizem 'Oooh, nós temos o ecstasy agora'. Eu digo 'Você, pobre idiota, você não tem a menor ideia...'. Muito tempo atrás, no movimento hippie, costumava existir camaradagem. Mas em seguida, tudo foi distorcido e voltou ao Haight-Ashbury [região de San Francisco, semente do movimento], onde tudo começou, e eu estou falando do que eu lembro, não estou dando minha opinião baseada no que eu ouvi. Eu estava lá, trabalhava para o Hendrix como *roadie*, então eu vi muitas das pessoas mais importantes da época".

Ele continuou: "A maioria dos hippies estavam chapados. Eles não tinham uma ideologia, eles estavam apenas doidões, se divertindo. Que é o que estamos fazendo hoje. A diferença é que nos dias de hoje para se divertir você pega uma arma e sai dando tiros nos seus colegas na sala de aula. Algo que não parece muito produtivo sob meu ponto de vista. Então sempre haverá idiotas por aí. Não tem como evitá-los. Tem mais desse tipo de gente nascendo todo dia do que pessoas boas. Certo? Quero dizer que você nunca vai ter qualquer dificuldade em encontrar um maldito idiota por aí, não é? Basta dar uns cinco passos ao seu redor. Basta sair de manhã com o seu bloco de notas e uma caneta para anotar os nomes dos idiotas que você encontrar e, quando você voltar, você vai ter um livro inteiro cheio. Mas achar pessoas boas é como encontrar dentes na boca de uma galinha, você não consegue. Se você encontrar uma pessoa do bem ou um bom amigo, você encontrou um tesouro, porque não importa o tipo de corte de cabelo, um babaca é sempre um babaca – preto, branco, cabelo comprido ou cabelo curto, um babaca é um babaca. Existem os babacas negros, brancos, vermelhos, indianos, japoneses, você não pode confiar em ninguém... Bons caras são bons, e idiotas são idiotas. É a coisa mais verdadeira que eu já disse".

É evidente que a era da paz e do amor não deixou Lemmy muito otimista sobre nenhuma das duas coisas. Assim, seu próximo passo foi formar uma banda que fosse o oposto da geração hippie.

Capítulo 3
1975-1976

Desde os seus primórdios, o Motörhead foi uma reação contra tudo. E isso não torna a vida deles nem um pouco mais fácil.

Nascido e criado no meio do nada, abandonado por um pai inútil, educado como um estrangeiro solitário no meio de gente estranha e encantado com música alta, rápida e garotas, não seria nada provável que Lemmy fosse se contentar com qualquer coisa menos que uma rebelião total. Oito anos antes, essa rebelião poderia vir na forma de um protesto pacífico, um posicionamento intelectual contra o estado das coisas – mas agora eram os anos setenta, a década mais suja, sombria e miserável desde a guerra, quando todo mundo estava com uma enorme ressaca cultural por causa do otimismo da década anterior. Com a Guerra Fria sempre presente como uma ameaça e os noticiários dominados por greves, escassez e pobreza, não é de admirar que um estilo de vida baseado em drogas, guitarras, motos, sexo casual e misantropia fosse atrativo. Extraia o máximo dessas coisas, combine-as e você tem o Motörhead.

Ou, pelo menos, um prenúncio do que eles viriam a se tornar. Em 1975, Lemmy estava sem dinheiro nenhum, e a ideia de deixar uma marca musical para rivalizar com a do então poderoso Hawkwind parecia impossível. Ainda assim, ele tinha um objetivo em mente e estava preparado para tomar as medidas necessárias para alcançá-lo.

A história não contada do Motörhead

Tudo começou com o nome da banda, espetacular, mas inútil: Bastard. Que símbolo de rebeldia seria: quão irritadas ficariam as donas de casa leitoras do *Daily Mail*, o jornal mais lido da Inglaterra. "Eu só queria ofender os pais de todo mundo", riu Lemmy, "e ser a banda que todos temeriam, com medo que suas filhas estivessem ajoelhadas no nosso ônibus de turnê. Eu só queria irritar todo mundo – e nós certamente conseguimos isso".

Sabiamente, o empresário de Lemmy – Doug Smith, que também cuidava do Hawkwind – deu o conselho de mudar de nome, pois uma banda chamada Bastard dificilmente apareceria num programa de auditório como o *Top Of The Pops*, que na época era o carro-chefe em matéria de programa musical de TV, e assim Lemmy relutantemente mudou o nome para Motörhead. A última música que ele tinha escrito no Hawkwind chamava-se "Motörhead", uma gíria que queria dizer usuário de *speed*: Lemmy acrescentou um trema ao segundo "o" por um capricho, para a frustração de quem cuidava de direitos autorais (e biógrafos) por muitos anos que se seguiriam. "O trema está lá para fazer o nome parecer algo do mal", ele disse. "Nenhuma outra razão. Como quando o Paul Newman, no filme *Slap Shot* de 1977, pergunta ao motorista do ônibus por que ele está batendo no ônibus com um taco de hóquei, e ele responde: 'Para fazer com que pareça maldoso'."

Em 1975, Lemmy tinha 30 anos e pouca probabilidade de entrar na lista dos astros do rock mais bonitinhos. Suas verrugas no rosto (sim, "verrugas", como a imprensa sempre as classificou), sua pele maltratada, sua barba e bigode estranhos e seus dentes podres por causa do *speed* inspiravam uma repugnância sem fim na imprensa da época. Quando ele recrutou um baterista relativamente desconhecido, Lucas Fox, e o guitarrista Larry Wallis do Pink Fairies para sua nova banda, as chances eram pequenas, para dizer o mínimo, de alguém levá-los a sério.

A formação inicial com Kilmister/Wallis/Fox estava condenada desde o início. Apesar de Wallis, em particular, ter um histórico razoável – ele tinha tocado com o Shagrat de Steve Took, Blodwyn Pig, Bomber de Lancaster e UFO, além do Pink Fairies – ele era uma figura nervosa (de acordo com Lemmy: "Larry preocupa. Assim que ele pega qualquer coisa, deixa cair no pé") e, desta forma, nada adequado

1975-1976

para um convívio previsível na banda. Quanto a Fox, o consumo de *speed* tornou-o difícil de trabalhar (de novo, de acordo com Lemmy), e assim a banda estava num terreno inseguro em relação a tudo que podia acontecer desde seus primeiros dias.

Mesmo assim, o Motörhead estreou com alguns shows ao vivo, essencialmente tocando *covers*, que eles tinham ensaiado num galpão chamado The Forniture Cave no Chelsea, em Londres. A estreia foi em 20 de julho, abrindo para uma banda de rock progressivo chamada Greenslade no Roundhouse, em Londres. De acordo com Lemmy foi "Horrível... A formação comigo, Larry Wallis e Lucas Fox era muito ruim. Tocávamos um monte de *covers*. Eu tinha uma caveira azul no meu amplificador. Não ajudou em nada. Foi terrível". Ainda assim, a apresentação deu à nova banda publicidade suficiente para conseguir mais uns shows no interior, em que foram anunciados como "Motörhead, a banda de Lemmy". Foram nove shows em Twickenham, Plymouth, Yeovil, Torquay, Birmingham, Croydon, St. Albans, Bournemouth e Bedworth antes de abrirem para o Blue Öyster Cult no Hammersmith Odeon. Tudo o que as duas bandas tinham em comum era um trema gratuito: como Lemmy depois disse, "Fora do palco eles usam blusões ridículos, uns baixinhos. O Eric Bloom até que não era tão ridículo. Mas os outros, eu não podia acreditar. Estes eram uns velhotes!".

Isso revela pelo menos um pouco da missão do Motörhead neste momento. Embora os membros do Blue Öyster Cult fossem aproximadamente da mesma idade que Lemmy (Bloom era apenas um ano mais velho), a ideia por trás da nova banda não podia passar em branco. A turnê pelo interior, com o transporte, alojamento e alimentação terríveis, além do pagamento magro no final (Lemmy deve ter sentido saudades do tempo de vacas gordas com o Rockin' Vickers), foi suficiente para forçar o fim de qualquer banda nova, até mesmo bandas com membros com uma década a menos que Lemmy.

Felizmente, ele sabia o que estava fazendo. O Motörhead era uma banda rude, um *power trio* que tocava um rock'n'roll pesado e com muita energia. No fundo, isso era o que ele fazia no Hawkwind, e ele sabia como fazê-lo bem. Como ele argumentou, "Se você tirar os sintetizadores, show de luzes e outras coisas estranhas da música do Hawkwind, o que sobra é vocal, guitarra, baixo e bateria – nem mais, nem menos do que os ingredientes essenciais de uma banda de rock. Na essência do Hawkwind, na essência daquele barulho, estava um *power trio* também", explicou ele, "e nosso som era básico. Nós não dávamos a mínima para os sintetizadores e o som do sax... Nós não nos importávamos com isso. Tocávamos a nossa parte e deixávamos o resto rolando, sabe? Então, no fundo, o Hawkwind era uma espécie de banda de rock pesado... Eu e Dave Brock e Simon King, nós éramos um bom *power trio* dentro do Hawkwind. Só que tinha toda aquela bobagem ao redor. Mas não foi uma forma de transição, o Motörhead é muito mais intenso".

Um golpe de sorte veio quando o antigo empresário do Hawkwind na gravadora A & R, Andrew Lauder, ofereceu ao Motörhead um contrato para gravar um disco pelo selo United Artists. Depois de ensaiar algumas músicas próprias, incluindo versões de músicas que Lemmy havia escrito no tempo do Hawkwind, o Motörhead começou as gravações no Rockfield Studios, em Monmouth, País de Gales, com o produtor Dave Edmunds. Circularam rumores, tempos depois, de que a relação entre banda e produtor era ruim, mas Lemmy negou, dizendo ao escritor da revista *Sounds*, Geoff Barton: "Estava realmente tudo bem. Nós e o Dave Edmunds nos demos bem, era só que naquele momento ele estava negociando um contrato de gravação pessoal, para ele mesmo, e estava meio tenso. Apareciam uns caras lá dirigindo uns carrões, para falar com ele – na maioria das vezes sua mente parecia em outro lugar. Mas não foi assim tão mau, apenas confuso".

No entanto, ficou claro, assim que as gravações aproximavam-se de sua conclusão, que o baterista Lucas Fox não inspirava confiança suficiente para permanecer na banda, e Lemmy planejava substituí-lo, mesmo que não houvesse muitos substitutos adequados disponíveis. "Nós demitimos Lucas porque ele estava tentando competir comigo em relação ao uso de drogas", disse Lemmy. "Ele estava usando muito *speed*, ficava com as veias da cabeça saltadas, ficava sempre sozinho, de pé encostado na parede, parecendo supertenso e me dizendo coisas estranhas... Então eu tive que o deixar ir embora, se é que você me entende."

O único substituto óbvio, ou quase isso, era um garoto de 21 anos de idade chamado Phil Taylor, que Lemmy conhecia casualmente.

1975-1976

"Phil ficava me seguindo nessa época – ele ia até minha casa", Lemmy disse. "Um dia ele foi preso em frente à porta da entrada. Ele estava com uns tuinols [barbitúrico usado como calmante], acho que nove comprimidos, e engoliu todos. Dormiu na hora! A próxima coisa que ele viu foi quando acordou em Brixton [subúrbio ao sul de Londres]. Ele já estava lá há três dias. Então ele saiu, deu umas voltas pela região até conseguir um pouco de *speed* para ficar mais perto do normal, e eu o convenci a me dar uma carona para Rockfield."

Phil Taylor tinha um carro e, ao descobrir que o Motörhead estava prestes a despachar seu baterista, insistiu para que ele fosse o substituto. Como Lemmy lembrou: "Phil havia me oferecido uma carona para o estúdio, e nós pensamos que poderíamos tentar com ele, uma vez que estávamos nos livrando de Lucas de qualquer jeito. Nós colocamos a bateria no porta-malas do Ford Cortina dele. Ele não tinha para-brisa – isso era o meio do inverno em janeiro –, daí eu coloquei uma garota com um grande casaco de pele sentada no meu colo, todo o caminho até lá".

Ele acrescentou: "O carro quebrou no caminho". Daí eles conseguiram consertar e o trouxeram para o estúdio, começamos a dirigir de volta e, exatamente em frente a um posto de gasolina, estragou de novo! Devíamos tanto dinheiro a ele naquela altura que a única saída foi o deixar ficar na banda para tentar ganhar a grana de volta..."

Ao dar uma chance a Phil Taylor e dispensar Lucas Fox, Lemmy percebeu que não havia tempo suficiente no estúdio para o novo baterista regravar partes de bateria já existentes. Porém Taylor – imediatamente apelidado de "Philthy" ou "animal Philthy", graças ao seu cabelo espetado e comportamento maníaco – conseguiu cumprir a missão, regravando todas, exceto uma. A música restante, "Lost Johnny", manteve partes de bateria do Fox e só escapou porque o tempo de estúdio acabou enquanto Philthy estava preso sob a acusação de "embriaguez e desordem".

Taylor, apesar de seu comportamento um pouco desequilibrado, foi um grande trunfo para o Motörhead, tanto em termos musicais quanto pela sua imagem. Ele também trouxe muito entusiasmo, um fator que não pode ser subestimado quando se é jovem, sem dinheiro e você é motivo de piada. Ele estava procurando a banda ideal há algum tempo, ele disse: "As únicas pessoas com quem eu poderia começar a tocar eram estudantes que não levavam a sério a ideia de serem músicos. Eles sumiam quando as férias começavam".

Philthy também tinha passado um tempo entre os jovens dos anos sessenta e entendia a mentalidade do rock'n'roll, como disse ao escritor Garry Bushell. "Originalmente, eu era um mod quando tinha 13 anos, usava sapatos listrados e Sta-Prest [calça da Levi's nos anos 60, usada pelos mods] coladas na pele. Eu adorava roupas bem justas, e nós todos íamos numa casa de shows em Leeds, o Lulu's Coffee Bar. Era só reggae e bluebeat. Mas, quando eu comecei a tocar bateria, comecei a escutar outras coisas e a deixar meu cabelo crescer, pois todos os grandes músicos tinham cabelo comprido como o Ian Paice do Deep Purple. Eu ainda acho que ele é ótimo... Eu era bem pequeno quando eu raspei todo o meu cabelo. O programa dos Monkees na TV era muito popular, e eu tinha um corte de cabelo curto estilo Beatles. Meu pai disse que se eu quisesse ter um corte de cabelo como aquele, era melhor que eu raspasse tudo fora, e obrigou-me a fazer um corte militar."

Em fevereiro de 1976, Lemmy decidiu que a banda precisava de um segundo guitarrista, e Philthy apresentou a ele um amigo, Eddie Clarke, com quem ele estava trabalhando na reforma de uma casa na época. Clarke, nascido em cinco de outubro de 1950, em Isleworth, em Middlesex, na Inglaterra, tinha tocado com Philthy antes e, apesar de o projeto não ter funcionado bem, estava disposto a tentar novamente. No dia do ensaio, Clarke chegou com a intenção de tocar ao lado de Larry Wallis na nova formação com duas guitarras. No entanto, este último teria se ofendido com a ideia de ter de compartilhar seu território e deixou a banda, retornando ao Pink Fairies. Clarke era agora parte de um trio – a formação clássica do Motörhead, como milhares de fãs insistem em dizer até hoje, para grande e óbvia irritação de Lemmy. O vocalista também ficou surpreso com a saída de Wallis, dizendo: "O engraçado foi que ele quem teve a ideia de que nós chamássemos outro guitarrista".

Talvez Larry nunca tenha-se encaixado na banda. Pete Makowski, que na época escrevia para a revista *Sounds*, lembra: "Minha última lembrança da formação de estreia foi ver o guitarrista Larry Wallis sofrendo as consequências do desgaste de uma turnê pela França. Ele cometera o erro fatal de tentar acompanhar Lemmy. Mesmo sendo um cara grande, Larry conseguiu manter seu peso corporal, mas, não sei como, a sua cabeça tinha encolhido ao tamanho de uma ervilha, com os olhos fundos, o fazendo parecer um dos monstros daquele filme *Os Fantasmas se Divertem*".

Como Lemmy disse ao jornalista Kris Needs, "Larry ficou com ciúmes quando Eddie chegou. Ele não quis que eu chamasse mais um guitarrista, daí eu chamei um, e ele ficou pendurado. Ele é um cara muito engraçado, o Larry... Uma vez, ele caiu da escada onde a gente estava morando, foi muito engraçado. Caiu seco da escada, e era um longo lance de escadas... Sid Vicious ficou lá por um tempo. Enfim, Larry estava tentando descer as escadas, estava escuro, e ele estava bêbado, eu estava vindo do quintal e ouço um *crash*! – e depois um silêncio. Então, uma voz 'Cara, eu não acredito que cai da escada'. Em seguida, ele fez isso mais três vezes para impressionar as pessoas que não tinham visto acontecer na primeira vez".

O novo trio funcionou perfeitamente. Clarke era um cara quieto, preso entre as duas personalidades extremas de Lemmy e Philthy; se ele fosse um extrovertido teimoso, o trio certamente não duraria muito. Felizmente, Clarke tinha alguma experiência de convívio com bandas, tendo formado seu primeiro grupo aos 15 anos de idade. Sua banda mais conhecida havia sido a Zeus, com o músico americano Curtis Knight, na qual ele escreveu as músicas para acompanhar as letras de Knight. Ele saiu do Zeus para formar outra banda, Blue Goose (supostamente deixando Curtis Knight furioso), e depois tocou no Continuous Performance, com o baixista Charlie Tumahai. Nenhuma dessas bandas durou mais tempo do que o necessário para gravar um único disco e sumir na obscuridade, e Clarke decidiu parar de tocar – daí veio a fase em que trabalhou com reformas.

Como ele lembrou: "Foi uma mudança total. Eu não tinha nada naquele tempo, e Lemmy tinha uma reputação, por isso foi uma chance para eu entrar numa banda que já tinha certo espaço. Você acaba pensando desse jeito quando não está fazendo porra nenhuma. Então eu agarrei a oportunidade sem realmente considerar o lado musical. Eu sabia que era uma espécie de hard rock ou heavy metal, porque tinha escutado o disco que tinha acabado de ser gravado e ainda não tinha sido lançado".

Clarke atribuiu parte do sucesso do início do Motörhead à boa interação que tinha com Lemmy quando se tratava de música. "Eu fui assistir ao Yardbirds, John Mayall, Cream e Jimi Hendrix quando era bem jovem", ele disse, "e isso te deixa bem acostumado com este tipo de rock. Eu acho que isso foi bom para a química do Motörhead, o fato de Lemmy e eu termos crescido escutando o mesmo tipo de música foi provavelmente um fator importante para o sucesso do que nós estávamos fazendo."

Clarke admitiu que não esperava muito quando entrou para a banda: "Eu ia ser o guitarrista-base, por isso na época... Pensei 'Vai ser bom, só pelo fato de eu estar tocando!'. Quando finalmente cheguei lá e nós acabamos ficando como um trio, o som que o Lemmy fez foi o que mudou tudo. Ele tocava com um amplificador Marshall com todos os agudos no talo e sem nenhum grave, com um baixo Rickenbacker, então se você pode imaginar o som que sai disso, parece mais uma guitarra que um baixo".

Com a parede de distorção de Lemmy preenchendo frequências médias e graves, Clarke encontrou uma considerável liberdade para tocar um hibrido de guitarra solo e base, embora este território fosse relativamente novo e precisasse de algumas adaptações. Como ele explicou: "Quando eu toquei com o Motörhead, tudo o que eu sabia foi atirado pela janela. É como um novo conjunto de regras, e Phil encontrou a mesma situação porque cada um tocava de forma independente... Era tudo meio desajeitado, difícil no início, tentar ajustar o som e encaixar um com o outro. Várias bandas passaram por isso, como The Police ou mesmo U2, que tinha um som estranho no início, mas depois eles conseguiram encaixar tudo e soar realmente bom... É como tocar sem o baixo, então, quando eu estou tocando um solo, é como se eu estivesse tocando no bumbo e, em vez do som da caixa, houvesse um ruído rítmico".

Chamar a técnica de baixo de Lemmy de "ruído rítmico" não é tanta falta de consideração como parece. Na verdade, este termo resume bem a combinação de distorção melódica e de base com notas graves. O próprio Lemmy admite que sua técnica deixou pouco espaço para os outros músicos, especialmente para um segundo guitarrista. "Não há espaço para mais ninguém", disse ele. "Eu faço muito barulho. Phil acabou de comprar uma bateria nova, então ele também faz barulho demais."

A bateria de Philthy em 1976 era um show à parte – um conjunto de

1975-1976

aço cromado que transformaria qualquer baterista mais baixinho num anão. "Não é realmente tão grande, só parece por causa do aço cromado", explicou. "Os rotontons [tom-tons sem corpo, com uma cabeça rotativa para ajuste de altura] ficam altos porque eu não tenho outro lugar para colocá-los, e eu me sento muito baixo, atrás do pedal do bumbo. Eu não sou uma pessoa alta de qualquer forma, por isso, mesmo antes de ter os rotontons, ninguém conseguia me ver, a menos que você estivesse assistindo de um lugar alto. De vez em quando eu tento lembrar-me de ficar em pé, mas prefiro tocar com estes rotontons e ter o som que eles produzem do que realmente ser visto. Quero dizer, as pessoas sabem que eu estou lá."

Philthy também tinha uma visão sobre o estilo de tocar baseado nos acordes de Lemmy: "O som não é exatamente claro como no caso de um monte de outras bandas por causa da maneira que Lemmy toca baixo. Ele toca como uma guitarra-base e ele também gosta de deixar aquele som meio agudo estalado do baixo. O som grave que você escuta, mais parecido com o do baixo tradicional, são os tom-tons e os bumbos, porque o som do Lemmy é mais como se fosse um tipo horrível de guitarra-base distorcida com muito grave, ao invés de um baixo".

Talvez por causa do som incomum da banda, a gravadora United Artists pareceu perder a fé no Motörhead logo que o primeiro álbum foi gravado – e descartou-o. Procurando outras opções, a banda assinou um contrato com a Stiff – que na época era muito respeitada junto ao público de pub-rock e protopunk – para lançar o *single* "Leavin' Here"/"White Line Fever". No entanto essas músicas também ficaram no limbo, com as alegações a respeito do porquê tinham sido rejeitadas variando de questões organizacionais ligadas à parceria da Stiff com a grande gravadora Island a um rumor de que o proprietário da Stiff, Jake Riviera, simplesmente não gostava deles. Ele também alegou que a United Artists bloqueou a liberação. Apesar de "White Line Fever" ter aparecido mais tarde numa coletânea intitulada *A Bunch Of Stiffs*, na época, a situação parecia estar perdida.

Frustrado não por uma, mas por duas gravadoras, o Motörhead decidiu tocar seu último show no Marquee, em Londres e depois se separarem. Afinal, Lemmy tinha tocado em meia dúzia de bandas na década anterior: mais uma adição à sua lista de bandas que não deram certo não faria mal. Para capturar o momento, ele pediu ao dono da gravadora Chiswick, Ted Carroll, para gravar o show de despedida com um estúdio móvel para a posteridade – uma vez que era no palco que o Motörhead brilhava com mais intensidade afinal de contas.

Mais uma vez, o destino conspirou para sacanear as coisas para o Motörhead, e Carroll não apareceu no show. Mas talvez a sorte estivesse finalmente sorrindo para a banda naquele momento, porque Carroll, em seguida, ofereceu-lhe dois dias no Escape Studios para gravar um single com o produtor John "Speedy" Keen; "Um maníaco qualquer", é como Lemmy descreveu o ex-motorista de Pete Townshend. Esse cara também tocava guitarra e bateria na banda Thunderclap Newman, que gravou seu único *hit* "Something in the Air" em 1969. Como diz a lenda, até o momento em que Carroll chegou ao estúdio para ouvir os resultados, a banda havia gravado nada mais nada menos que 11 faixas. Impressionado, ele pagou mais tempo de estúdio para permitir que eles completassem um disco.

Tendo assegurado o contrato com a Chiswick, eles voltaram para a estrada, abastecidos pela possibilidade de lançar seu disco de estreia, finalmente. O estilo vocal de Lemmy – com a cabeça inclinada para trás, uma cara de concentração em seu rosto – atraiu muitos comentários dos entrevistadores, para os quais ele respondeu: "Eu só olho para cima, sabe? Dessa forma, se o show está vazio, eu não tenho que ver, e se ele está cheio, eu não tenho que olhar para todas aquelas caras feias. Eu simplesmente espanco o baixo com força e grito com tudo. Mas fazemos boas músicas e não tivemos nenhum problema com isso. Eu toco como o inferno sobre rodas e eu sou bom no que faço".

Os primeiros *motörheadbangers* devotos estavam começando a sair do forno, atraídos pela sonoridade violenta da banda ao vivo e pelo fato de que o trio sempre acabava misturando-se com o público após os shows. "Eles são maníacos!", disse Philthy. "Na aparência, eles são fãs dedicados, adoram você, te seguem e essas coisas. Parece estranho para mim. Quero dizer, eu posso entender um garoto ser fã de uma banda, mas ser real e fanaticamente dedicado... Parece muito estranho para mim, o fato de que eles não têm mais nada em sua vida além de, no nosso caso, o Motörhead."

1975-1976

Lemmy completou: "O Philthy deve estar pensando em um cara que conhecemos recentemente. Um verdadeiro maluco, ele realmente parecia com o Charles Manson! São pessoas assim que atiraram no John Lennon. Os caras que ficam na frente do espelho com suas guitarras como loucos são os que gostam de nós."

A turnê foi outro giro por universidades e casas de show há muito esquecidas na Inglaterra, com a banda tocando as datas previstas em cidades como Hull, Manchester, Londres e Glasgow, mas também em lugares como Rochdale, Aylesbury, Plymouth, Maidstone, Bath, Paisley, Guildford, Salford, Birkenhead, St. Albans, Bolton, Dudley, Leighton Buzzard, Welwyn Garden City e Scarborough. Claro que foi um trabalho duro, pouco apreciado pela imprensa: no final de 76 o Motörhead ganhou o prêmio de "Melhor Pior Banda" na *New Musical Express*, embora Lemmy tenha desconsiderado isso dizendo que "era só o NME, que é um jornalzinho de merda mesmo".

No entanto, para os fãs, era diferente. A ascensão da cena punk, em sua forma incipiente no final do ano, fez com que todo um novo público – tão cansado de música experimental do estilo Hawkwind quanto Lemmy – estivesse procurando algo novo para ouvir. Isso levou um público misto na maioria dos shows, Lemmy disse: "Nós temos todo mundo nos shows – fãs desiludidos do Hawkwind usando sapatilhas e sobretudos, alguns punks... É bom, você sabe. Se alguém está ligado no seu som, eu não me importo se ele tem uma cabeça raspada e um parafuso atravessando ela. É tudo a mesma coisa para mim".

"Nós não fomos incluídos no punk", disse Lemmy à jornalista Valerie Potter, "mas atraímos o mesmo público. Atraímos punks e cabeludos – que foram os únicos que conseguimos atrair na verdade. Nós sempre fizemos shows com bandas punks. Como o Damned e o Adverts em um show no Roundhouse – o que é muito estranho, porque na época era tudo 'Dump our flares/Cut my hair/It's not fair/I don't care!'. Nós éramos os únicos que toleravam e que tinham cabelo comprido, porque soávamos como eles. Se tivéssemos o cabelo curto, teríamos entrado na lista das bandas punks. Mas todo mundo sabe que se você tiver cabelo comprido, você tem que ser do metal pesado, não é? Espertos eles, não? Nós somos apenas uma banda de rock, como muitos deles eram. The

Damned é uma banda de rock, mas eles também são a banda punk típica. Eu os achava muito mais punks do que os Sex Pistols – que tiveram uma carreira rápida e sumiram."

A disputa sobre se o Motörhead era uma banda de heavy metal, punk ou até mesmo – após o surgimento do Metallica e Slayer – uma banda de speed metal (para desgosto de Lemmy) durou anos, mas tais discussões foram confinadas aos jornalistas de publicações musicais. O público real não estava nem aí e ia aos shows do Motörhead numa mostra ampla de vestimentas. Juntamente com os punks, havia geralmente motoqueiros, especialmente fora das cidades, lembrou Clarke. "Nós sempre fomos muito aceitos pelos punks aqui", observou ele, "e eu acho que, quando nós íamos para o interior, eram mais motoqueiros, uma vez que os punks estavam em desvantagem numérica – mas tudo ficava muito calmo. Eu sempre achei que, se você der um motivo para os motoqueiros, eles vão ficar violentos, mas eles não necessariamente provocam, enquanto os punks costumavam cuspir nas pessoas e causar problemas. Isso aconteceu uma vez quando estavam tocando com o The Damned, então você pode imaginar que tipo de punk estava lá".

Clarke continuou: "Nós subimos no palco – eu acho que foi o nosso terceiro show, então eu ainda estava me cagando de medo – e estávamos tocando, e um garoto cuspiu no Lemmy! Era só um garoto, e, em seguida, só vi um monte de cotovelos voando no meio da multidão, porque, obviamente, Lemmy tinha um monte de fãs. Então, quando o Damned veio, eles estavam escorregando pelo palco todo por causa da saliva. Esse era o tipo de fãs que tínhamos, muito próximos de nós. Nós sempre conversávamos com os nossos fãs, a gente saía e bebia com eles. Sem eles, não haveria nada de qualquer maneira, porque, como negócio, era uma porcaria, não ganhávamos dinheiro nenhum. Tudo o que tínhamos eram nossos fãs e nossa música, que são grandes coisas para se ter. Eu preferiria ter essas duas coisas a ter todo o chá da China, porque, sem isso, você não tem nada".

Lentamente, muito lentamente, as coisas estavam começando a melhorar para o Motörhead. Um disco estava a caminho, e uma pequena legião de fãs estava se formando, mas só é necessário um deslize para destruir qualquer banda nova de rock – e o destino tinha muitas surpresas.

Capítulo 4
1977

Desde o início, a imprensa estava querendo pegar o Motörhead, rotulando Lemmy, Philthy e Eddie implacavelmente como um bando de incapazes e sem talento. Enquanto a banda não cooperava muito com seu visual surrado, alguns dos críticos da época sem dúvida achavam que eles fossem uma piada sem graça. Tudo isso, somado a uma campanha jornalística incansável de gozação, deixou aos poucos os três membros do Motörhead de saco cheio.

Lemmy, com suas verrugas, dedos amarelados de nicotina, cabelos lisos, dentes malcuidados e pele cheia de espinhas, foi o combustível para os ataques, mas não dava a mínima, dizendo: "Isso nos dá publicidade. Para nós é bom porque nosso público adora. Eles acham que é divertido". Mais tarde, porém, ele mesmo começou a achar isso cada vez menos divertido.

Philthy, mais jovem e menos flexível do que seu patrão, achou tudo, menos fácil de ignorar. "O editor da revista *Record Mirror*, Alf Martin, mandou um fotógrafo especialmente para fazer uma sessão de imagens para a capa. Numa outra situação parecida, a revista *Sounds* fez uma matéria de capa também, tiraram fotos que nos custaram Deus sabe quantas centenas de libras, e na hora saiu só uma foto do Lemmy. Ele ficou mais chateado do que nós. Então, quando o cara da *Record Mirror* chegou, fui sincero dizendo que não queríamos que isso acontecesse de novo. Ele foi até a França para as fotos e adivinhe o que aconteceu? Eles colocaram uma foto antiga do Lemmy!"

Nada disso foi amenizado pelo lançamento em 24 de setembro de 1977 de *Motörhead*, o disco de estreia da banda, e, poucas semanas antes, do *single* com o mesmo nome. Nem um dos dois é um registro desqualificado, de modo algum, mas, hoje, olhando para trás, é muito óbvio que nem um chegou perto de capturar o som hipnotizante da banda ao vivo. Nem mesmo a própria banda apoiou, com Eddie comentando: "Esse primeiro álbum foi terrível, as músicas eram boas, mas o som ficou horrível... Não foi suficientemente bom, realmente. Eu não pagaria nem quatro libras por ele".

Como muitos álbuns dessa era, as músicas do Motörhead devem ser consideradas pelo jeito que elas são ao vivo, não nas gravações. Mesmo nesses primeiros dias, um show do Motörhead era um evento genuinamente perigoso, no qual os caras que mergulhavam do palco arriscavam lesões físicas graves, graças à política de Lemmy de manter o palco exclusivo para a banda. "Eu vou chutar seu rabo se você subir e pular no meu palco, não estou nem aí. É uma pena, seu filho da puta! Sai fora do meu palco! Como isso pode ajudar o show de uma banda, subir no palco, cair em cima de todos os pedais de efeitos de guitarra, bater no microfone e, em seguida, pular. Uma vez tocando em Colorado Springs, eu estava usando umas calças de estimação que tinham um pequeno buraco no joelho. Um garoto coloca o dedo no buraco e, com a mão em que eu tenho todos os anéis, dei uma pancada na parte de trás da cabeça daquele idiota, e ele bateu com a cara no palco. Ele não subiu novamente depois disso! Eles o levaram para fora."

Na época áurea do punk, os artistas eram muitas vezes regados com saliva e catarro da plateia, um hábito que Lemmy achava particularmente nojento. Lembrou-se: "Na festa de aniversário do Captain Sensible, guitarrista do Damned, no Roundhouse, em Londres, estavam tocando o Damned, Adverts e nós, eu nunca tinha visto isso de ficarem escarrando daquele jeito na minha vida. Eles estavam escorregando sobre um lodo verde. Eu sempre achei isso horrível".

No entanto o seu verdadeiro ódio foi reservado às pessoas que atiravam mísseis maiores no palco. Uma vez ele esbravejou: "Em festivais na Europa eles dão aquelas garrafas de plástico. Eles urinavam nelas para que ficassem mais pesadas e jogavam no palco! O vocalista de uma banda levou uma dessas no nariz e teve duas fraturas – sangue escorrendo no seu rosto e tudo mais. Ele saiu do palco, e o cara que jogou a garrafa gritou: 'Viadinho!'. Eu não pude acreditar numa merda dessas! Dei um soco nele e disse: 'Gostou disso? Você é um viadinho? Que porra você está falando, seu desgraçado? Desgraçado miserável!'. Eles nunca vão ser famosos por nada decente na vida, então eles têm que fazer alguma coisa para aparecer no seu mundinho medíocre. Não suba no meu palco ou eu vou te deixar aleijado. Se você subir, o risco é todo seu".

Muito tempo depois, Lemmy contou que a violência frequentemente continuava fora do palco. Lembrou-se: "Uma vez, eu persegui 150 rockabillies numa rua em Hamburgo, Alemanha. Eles estavam batendo no sonoplasta da nossa turnê. Esses rockabillies usam bandeiras confederadas americanas e falam alemão, é muito estranho. Nós todos descemos do palco, pegamos os pedestais dos microfones e corremos pela rua atrás deles. Oito de nós com pedestais nas mãos. 'Tomem isso, seus idiotas! Escolham alguém do seu tamanho!'. Algo semelhante aconteceu em Los Angeles. Eu estava caminhando para o Rainbow, um bar clássico da cidade, e umas garotas que eu conhecia vagamente foram estacionar sua *van*, e nós caminhamos até a esquina esperando abrir o semáforo para atravessar a rua, quando uma outra *van* parou com dois otários e eles disseram: 'E aí, garotas'. Uma delas respondeu: 'Coma merda!'. A *van* encostou, um dos caras saiu com uma enorme pistola .45 prateada, automática, agarrou ela pela camisa e tentou levá-la para a *van*. Eu disse: 'Cai fora!'. E empurrei a arma, mas o tempo todo eu estava pensando: 'Ele é quem vai estourar meus miolos porra...'."

A luta do Motörhead por credibilidade não foi menos difícil do que a luta física real que acontecia em alguns de seus shows. Aos poucos, porém, coisas começaram a mudar, em primeiro lugar, porque o Motörhead divulgou sua música num cronograma implacável de shows, ganhando algumas migalhas de respeito dos meios de comunicação por sua determinação obstinada. Em 1977, a banda entrou fundo nas cidades do interior mais uma vez, tocando em Plymouth, Penzance, Birkenhead, Dudley, Newport, Colwyn

Bay, Swansea, Burton On Trent, Middlesbrough, Shrewsbury, Bishop's Stortford, Scunthorpe, Preston, Bradford, Stoke, Slough, Bridlington, Hastings, Dunstable e Bolton, com os únicos shows em cidades grandes em Birmingham e Londres. Isso é uma quantidade extenuante de viagens para uma banda sem dinheiro, especialmente nos dias em que as estradas eram mais precárias.

Outra razão para o lento – muito lento – descongelamento da atitude fria da imprensa em relação ao Motörhead foi a sua imagem realmente intimidante. Embora as gravações não parecessem particularmente devastadoras, ao vivo era uma história diferente, com os ouvidos dos jornalistas sofrendo com a explosão absurda do volume. A combinação do baixo pesado, carregado de médios de Lemmy, com sua voz poderosa era marcante, levando os jornalistas a recorrerem a clichês sem sentido como "um acidente mortal de três minutos", uma frase realmente usada por um crítico sobre o *single* de estreia, sendo que esse disco era na verdade relativamente tímido em comparação com o som verdadeiro da banda. Mais uma vez, nos dias em que o metal extremo ainda não existia, os jornalistas ainda não tinham a experiência ou o vocabulário para descrever ou definir a presença violenta e alta do Motörhead e misturaram sua música com o punk ou heavy metal da década de setenta, do tipo Black Sabbath/Judas Priest, quando na verdade eles não eram nada disso.

O disco *Motörhead* também veio com um *design* de capa único, baseada na cara assustadora do Warpig, uma criatura concebida pelo artista Joe Petagno. O animal, um javali babando, deixava claro que o Motörhead não estava brincando – mas isso já era de se esperar, dado o prestígio histórico de Petagno, que começou sua carreira em 1966 e rapidamente estabeleceu-se como um dos principais artistas *underground* americanos trabalhando em Los Angeles para a *Rolling Stone, Free Press, Oracle*, LA Comics, One Stop Posters, Saladin Posters, Gawdawful Graphics e uma série de outros. Ele diz: "a revista *Time* me rotulou como um desmistificador das fantasias da infância no verão de 1971, por causa de um cartaz que eu fiz com alguns personagens da Disney fumando um cachimbo narguilé, intitulado 'não vou mais trabalhar na fazenda do Dizzie'".

1977

Com sua credencial antissistema, Petagno foi um ajuste perfeito para a agência Hipgnosis Design, criadores de algumas das mais clássicas capas de disco já concebidas. "Eu estava passando o verão na Inglaterra, trabalhando com agências *underground* de Londres – Times Internacional, Big O Posters, Time Out, Oz e Cozmic Comix, com Felix Dennis", continuou ele. "Em 1973 eu me mudei de LA com uma quantidade grande de gravuras com luz ultravioleta, histórias em quadrinhos e capas de disco desenhadas por mim, incluindo as do Alice Cooper, Captain Beyond, West Bruce & Lang entre elas. Eu liguei para o Storm [Thorgerson, fundador da Hipgnosis] e perguntei se ele estaria interessado em trabalhar comigo. Ele disse que a minha reputação era conhecida e que eu seria mais do que bem-vindo."

"Nós fizemos vários trabalhos em conjunto – para o Led Zeppelin, Roy Harper, Rosa Floyd, Nazareth e outros – além de continuar trabalhando com meus próprios clientes fazendo dezenas de capas de livros de ficção científica e de discos. Storm Po [Aubrey Powell, cofundador da Hipgnosis] e seu sócio Peter Christopherson eram realmente demais, tenho as melhores lembranças e respeito por eles – caras muito talentosos e criativos, com uma ótima química. O pequeno estúdio na Denmark Street, em Londres, estava sempre cheio de ideias dinâmicas, sempre bombando dia e noite."

Dois anos antes, em 1975, ocorreu um encontro fortuito de gênios. "Eu tinha acabado de terminar o logotipo da Swan Song, a gravadora do Led Zeppelin", lembrou Petagno, "e estava trabalhando em algumas ilustrações em tamanho real de guerreiros espaciais do Hawkwind para exibição em lojas de disco. Lemmy tinha acabado de ser dispensado da banda e ele perguntou se eu poderia lhe dar uma mão com a capa para sua nova banda, Bastard. Ele era uma cara humilde, e eu senti que as pessoas falavam mal dele injustamente. Quero dizer, todo mundo estava chapado naqueles dias, sei lá em que tipo de droga, de qualquer maneira, nós nos demos bem desde o início. Ambos tínhamos a mesma mentalidade: se as pessoas não conseguem aceitar uma piada, fodam-se. Fomos num bar para discutir sobre o que fazer sobre a capa do disco, ele não tinha muita certeza sobre o que queria, mas isso era o meu trabalho – embora eu lembre que ele disse que queria algo como um cavaleiro ou um robô enferrujado, num *patch* daqueles que os motociclistas colocam na parte de trás de suas jaquetas jeans. Eu achei que precisava ser algo um pouco mais sinistro."

Ele continuou: "No caminho de casa, parei na biblioteca de Chelmsford – eu morava em Braintree, Essex na época. Eu pesquisei sobre crânios, pensando em algo relacionado com as caveiras dos Hells Angels, quando me deparei com um livro de crânios de animais. Então tive a ideia – um crânio animal iria funcionar melhor do que um crânio humano. Quando cheguei em casa, comecei a pensar: 'Por que não inventar um novo tipo de crânio – um híbrido', e eu comecei a brincar com misturas de esboços de cães, leões, lobos e assim por diante. No final, fiquei com um cão ou lobo misturado com um gorila. Em seguida, coloquei uns dentes enormes de javalis. Deixei também um dente quebrado, inspirados pelos dentes de Lemmy que estavam em péssimo estado naqueles dias. Eu coloquei uma corrente entre os chifres – além de um pequeno crânio humano para dar uma noção do tamanho, e um brinco com um dente de tigre que eu usava naquela época. Eu fiz ainda uma cruz de ferro – não como um símbolo nazista, mas como um símbolo de bravura – e, finalmente, terminei com alguns espinhos no topo da cabeça."

O Warpig – ou Snaggletooth, como é mais conhecido – foi uma ideia arriscada, uma vez que o Motörhead era uma banda nova precisando de uma imagem vendável. Hoje em dia, apenas uma banda de metal extremo usaria uma imagem semelhante na capa de um disco. No entanto a banda aceitou, como Petagno disse: "Quando eles viram, ficaram alucinados", lembra ele. "Eddie – o mais conservador dos três – estava um pouco preocupado. Eu acho que ele ficou com medo que o símbolo causasse mais estragos do que ajuda. Phil e Lemmy estavam mais seguros de que era exatamente o que eles precisavam. Lemmy me perguntou se eu poderia colocar uma baba saindo pela boca, além de um capacete, uma corrente extra no lado direito e um pouco de sujeira. Eu disse: 'OK, sem problemas'. Uns dias depois eu encontrei ele de novo com tudo acabado, e o Snag nasceu para o mundo!".

Equipado com uma imagem assustadora, um talento especial para letras com mensagens curtas – que a imprensa explorou sem piedade

– e um show ao vivo matador, o Motörhead teria iniciado bem o seu caminho para o que eles são hoje se eles tivessem um disco com a mesma postura para mostrar na época. Ainda assim, o Snaggletooth era uma representação decente do que eles realmente eram pelo menos. Petagno recorda que a imagem não foi muito bem recebida na sociedade mais civilizada: "Acredite se quiser, mas a maioria das pessoas ficou realmente assustada – eles ficaram impressionados. Você não poderia entrar num hotel decente ou numa boate usando uma camiseta com o logo do Motörhead – acredite, eu tentei. A gravadora também não gostou muito".

Mas a imagem não era apenas uma cara feia para assustar sua avó: ela simbolizou algo muito mais sério que isso. "Quando terminamos", diz o artista, "e eu vi como ela foi recebida, então eu sabia que ali estava uma criação única. Ele sinalizou o fim da era paz e amor e o início de uma nova era de ódio e guerra. O Snaggletooth literalmente destruiu aquela ideia, como uma praga – e a banda fez o mesmo com os seus cintos de bala e o som que eles tocavam... Era a fusão perfeita".

A imagem tornou-se tão onipresente – e não apenas em associação com o Motörhead, mas também no punk e metal do fim dos anos setenta – que vários artistas tentaram sequestrá-la. Como Petagno firmemente declarou: "Eu gostaria de ser direto numa coisa. Houve alguns traidores falando por aí que tiveram alguma participação na criação do Snaggletooth, ou fazendo acusações de posse de minhas obras – pessoas medíocres que querem me desacreditar ou viver do meu talento e trabalho duro. Uma dessas pessoas afirmou que eu coloquei os dentes de javali no topo da cabeça e pendurei as correntes como luzes de Natal entre eles, até que ele me disse para colocá-los na boca. Isso seria como dizer que eu escrevi a música 'Ace Of Spades', porque eu disse uma vez que era a minha carta da sorte. Acredite em mim, ninguém criou o Snag exceto eu, e tenho todos os direitos autorais para prová-lo – '*Design* da capa, logotipos, ilustrações e desenhos do encarte © Joe Petagno' no *box set* do *Protect The Innocent*, página 57 – e ninguém pode argumentar com este tipo de fato".

Confusa e um pouco assustada com o Motörhead e com a sua agressiva arte na capa do disco, a imprensa começou a mudar de tom ligeiramente. Respeito propriamente dito talvez ainda estivesse um pouco distante, mas, até o final de 1977 – graças à rápida evolução da banda e sua missão de mostrar seu som em qualquer lugar onde fosse possível –, jornalistas e entrevistadores começaram a se preparar para dar uma chance ao Motörhead. Um pouco disso pode ter sido devido à história de Lemmy com o Hawkwind, cuja importância – apesar de estar ficando cada vez menor com a era punk – continuava significativa entre certos críticos mais velhos. Como o próprio Lemmy explicou: "Eu era o único com um pedigree. Não que valesse muita coisa: um pedigree carcomido por vermes. Mas funcionou em relação à imprensa – nós fomos chamados de 'o Motörhead de Lemmy' pelos primeiros seis meses... Eles podem dizer o que quiserem sobre nós, mas a gente realmente lutou em meio a muito preconceito para chegar até aquele ponto. E ainda existe muito preconceito. Um monte de jornais e revistas de música ainda dá risada da nossa cara".

É claro que o Motörhead fazia questão de cutucar a imprensa às vezes, lançando na mídia frases como o famoso "Se o Motörhead se mudasse para o lado da sua casa, seu gramado iria morrer". Citada inúmeras vezes, Lemmy revelou depois que essa frase tinha sido reciclada do Dr. Hook & The Medicine Show... Eles podiam se dar ao luxo desse tipo de brincadeira, em parte porque tinham alguns aliados do outro lado. O veterano jornalista Chris Salewicz era um deles, que escreveu: "A pior banda do ano de 75/76? Como todas as bandas que são boas perdedoras – Thin Lizzy sendo um exemplo clássico – e são inicialmente mal recebidas pela imprensa, o Motörhead saiu e fez shows para os fãs mais radicais de rock deste país – e, quando, quase por um acaso do destino, eles conseguiram no final de 1977 lançar um álbum e um *single* pela gravadora Chiswick, o disco chegou a ser o número 44 entre os mais vendidos, e o *single* quase ficou entre os top 50, levando o trio a uma apresentação no programa *Top Of The Pops* local... Meus colegas olham para mim como se eu fosse completamente louco – e eu quero dizer realmente muito doido – quando eu lhes digo às vezes que eu genuinamente curto o Motörhead".

Como Salewicz observou, o primeiro disco do Motörhead foi recebido calorosamente pelos fãs, apesar de sua qualidade de som meio grudenta. Seu sucesso foi diretamente relacionado com a quantidade de energia e trabalho que a banda colocava nos shows ao vivo, com o primeiro *single* autointitulado supostamente vendendo antecipadamente 14.000 discos. O novo empresário da banda, Tony Secunda, que já tinha trabalhado com o The Move e o T-Rex, assumiu o lugar de Doug Smith, e a banda passou o resto do ano na estrada fazendo shows.

Morar em *squats* continuava não sendo divertido, apesar de que depois de certo tempo a banda caiu na real em grande estilo. Como Salewicz escreveu: "Um amigo e eu fomos ver uma amiga que vivia num *squat* em Kensington. Não era um *squat* qualquer. Ela tinha conseguido instalar-se, não sei como, na residência suntuosa de Barbara Hulanicki, fundadora da Biba [loja famosa de roupas sediada em Kensington] enquanto ela estava fora abrindo uma nova loja no Brasil. Lemmy morou lá por um tempo naquele inverno. No final, é claro, os vizinhos reclamaram, os jornalistas do *Daily Mail* foram ver o que estava acontecendo, e Lemmy teve sua foto publicada na primeira página. Isso, é claro, foi durante os tempos de vacas magras do Motörhead".

Estranhamente, uma chance salvou a vida da banda quando o Motörhead recebeu o convite para abrir os shows de nada mais nada menos que o Hawkwind, possivelmente a última banda que, nesta altura, poderia ter salvado o seu ex-baixista. No entanto, os shows foram um sucesso, como disse Kris Needs: "A chance na nova turnê do Hawkwind foi excelente, porque colocou o Motörhead em casas de shows grandes. Eles estavam passando por um período particularmente ruim até então, dormindo numa van, sem dinheiro... Com um monte de fãs doidos que viajavam de Blackpool até Hastings e voltavam para casa na mesma noite, só para ver o Motörhead. 'Pode até ser que nossos fãs não sejam muitos, mas eles são explosivos', disse Eddie".

A turnê teve a sua cota prevista de aberrações e catástrofes, é claro. Lemmy se lembrou de um cara que não conseguia deixar ele em paz ["Tinha uma cara que dizia 'Cara, eu toco harpa...'. Eu realmente queria quebrar a cara dele. Em seguida, umas garotas começaram a dar em cima dele e o levaram".], e do momento em que ele quase fez um passo fatal no palco. "Eu quase caí do palco uma noite, dei um passo para frente para fazer minha pose de *superstar* e acabei pisando numa daquelas caixas com rodinhas que eu usava para guardar instrumentos, que era da mesma altura do palco. Minha perna deslizou para frente, e a perna de trás estava no palco. Pensei 'chegou a hora, eu vou morrer uma morte terrível e cair no chão', mas não sei como, consegui fazer como se tudo fosse parte do show."

A antipatia que se esperava que acontecesse entre as duas bandas não se materializou, em grande parte porque cada uma das bandas precisava igualmente da outra. O Motörhead estava desesperado por algum tipo de exposição, enquanto o Hawkwind queria uma fatia do público de rock mais jovem que seguiu Lemmy e seu bando. O resultado disso foi um público que era a mistura de hippies velhos e punks jovens, todos parecendo infectados pelo vírus do Motörhead no final de cada noite. Como Philthy observou: "Eles estavam sentados no início, mas no final de cada show estavam em pé, alucinados, era isso o que nós queríamos". Clarke acrescentou: "Era uma grande vantagem para o Hawkwind tocar com o Motörhead. Eles não tinham certeza se iriam sobreviver ou não. Nossa presença deu uma atração a mais para os shows e ajudou para que o público voltasse. Eles tentaram ser muito gente boa na turnê. Na verdade, estavam até amigáveis demais no início". O próprio Lemmy descreveu a turnê como "algo bem divertido, na verdade... E muito útil para a banda. Eles foram muito legais com a gente... Eu realmente gosto de Bob Calvert, porque ele é um maníaco total, e eu gosto de um bom maníaco".

Ainda assim, a experiência lembrou Lemmy da expulsão de sua antiga banda, e ele disse a Needs: "Nos últimos dois anos em que eu estava na banda, eu realmente não me dava bem com eles. Eu costumava ir às turnês sozinho, eu andava pela região do hotel onde estávamos e os via sentados num restaurante de comida natural e acenava. Eu e Dik Mik éramos doidos. E usávamos speed, que eles consideravam uma droga ruim porque usavam ácido... caaara!". Ele acrescentou numa entrevista a Pete Silverton: "Quando o Hawkwind me mandou embora, eu não podia acreditar. Aquilo me arrasou. Durante dois dias eu fiquei desnorteado, não sabia o que estava acontecendo. Mas você tem que se recuperar".

A parte mais surreal da turnê Hawkwind/Motörhead foi, talvez, o fato de que Philthy tocou com uma mão quebrada, com uma baqueta presa no gesso com fita adesiva. Ele se quebrou dando um soco num visitante drogado que apareceu no squat – um belo soco. Lemmy lembrou: "Eu não sei se você já conheceu esse tipo de gente. Ele chegou dizendo 'eu quero comprar um pouco de speed', e eu respondi: 'Eu não tenho nada', então ele ficou lá por quatro horas e meia no meio da sua sala de estar sem dizer nada, apenas murmurando comigo. Depois de algum tempo eu disse: 'Escute, cara, por que você não vai embora?', e ele respondeu: 'De jeito nenhum, cara, você não entende as coisas cósmicas', e eu não aguentei mais: 'Nada disso, você tem que ir embora! Isso mesmo, S-A-I-A!'. E ele respondeu: 'Cara, não fique tenso', daí chamei o Phil, e ele agarrou o cara e arrastou para a porta, atirou ele para fora... Mas o cara derrubou a porta abaixo!".

A banda toda ficou enfurecida. "Phil chegou antes de mim", riu Lemmy. "Corremos para a porta, chutamos ele até cair numa poça d'água. Ele voltou duas semanas depois e pediu desculpas por ferir a mão de Phil... 'Phil, foi um bom soco mesmo.' Foi algo como 'Obrigado por me bater!'"

A solução encontrada pelo Motörhead foi levar um segundo baterista que ajudaria o Philthy. Infelizmente, o cara escolhido era Alan Powell, que estava envolvido em processos judiciais contra o Hawkwind na época. A ideia foi prontamente negada pelo Hawkwind, sendo que um de seus membros ainda disse: "Por causa desse cara quase a gente não fez esta turnê. Ele está nos processando, pedindo uma quantidade absurda de dinheiro. Como você pode esperar que a gente permitisse que ele tocasse?".

Assim como essa semirreconciliação com sua antiga banda, Lemmy também fez alguns novos amigos, incluindo os Ramones e o Damned, precursores – nos EUA e Reino Unido, respectivamente – do movimento punk. Do primeiro, Lemmy lembrou: "Eu os conheci em 1977, quando eles vieram para a Inglaterra. Eu só me dei bem com Joey e Dee Dee, você sabe. Johnny não era tão amigável, ele nunca foi. Com os outros dois eu me dei muito bem. Você nem pode esperar muito do Dee Dee, porque ele tem uma cabeça muito ocupada. Ele ficou muito lesado da cabeça, entende? Ele estava sempre meio perturbado, você sabe. Eu realmente nunca achei que ele fosse feliz com a vida que levava".

O Damned e o Motörhead tinham vários amigos em comum, Lemmy observou, incluindo os membros do Sex Pistols. Lemmy lembrou: "Eu fui até o Roxy para saber mais sobre a cena punk, e os punks estavam sentados lá com alfinetes espetados pelo corpo. Fui para o bar e escutei uma voz atrás de mim dizendo: 'Hawkwind. Eu costumava vender ácido em seus shows', e era Johnny Rotten. Ele costumava vender ácido no Kings Cross Cinema, ele tinha cabelo comprido e usava um casaco militar. Senti que eu tinha credibilidade com eles... Os punks nos amavam. A única razão pela qual não éramos parte daquele gênero de música era porque tínhamos cabelo comprido, então, obviamente, tinha que ser heavy metal. Essa era a mentalidade, mas um monte daqueles punks escutava a nossa banda sem ver nossa imagem e pensavam que fôssemos uma banda punk. Sei lá. Eu sempre achei que tínhamos muito mais em comum com o Damned do que com o Judas Priest".

Ele acrescentou que, embora os primeiros dias fossem de uma constante luta por dinheiro, pelo menos a luta era acompanhada por alguns músicos que tinham o mesmo tipo de pensamento: "Sid Vicious costumava aparecer no nosso squat junto com uma das garotas do Slits. E eu estava fazendo o arranjo de bateria de uma música com a baterista delas, Palmolive. Nós não tínhamos um tostão. Nós pegávamos os legumes dos restos de feira da Portobello Road, cortávamos as partes podres fora e fazíamos sopa. E havia uma garota que entrava numa loja usando umas calças bem justas e uma blusa colante e roubava um pacote de flocos de milho – eu nunca soube como ela fazia aquilo".

Seu amigo Sid, a quem ele tentou – e falhou – ensinar a tocar baixo, Lemmy relembrou: "Ele costumava aparecer por lá com a Viv do Slits... que eram umas garotas horríveis, eu não sei como elas são hoje, mas na época eram uma piada. Eu costumava transar com a baterista, Palmolive. Uma menina espanhola, ela mal conseguia falar inglês. E a Viv estava com Sid de vez em quando".

Ele continuou: "Eu sempre senti mais afinidade com as bandas punks do que com as bandas de metal, porque tínhamos muito mais em comum com o Damned do que com o Black Sabbath. Quero dizer, nós não temos absolutamente nada em comum com o Judas Priest. Por outro lado, o Damned, os Pistols, Johnny Thunders & The Heartbreakers, eles eram muito bons. Quando os Heartbreakers vieram pela primeira vez a Londres, e o Johnny Thunders estava relativamente limpo de drogas, eles eram supercoesos. Mas depois eles caíram muito pesado na heroína...".

Lemmy chegou até a tocar numa encarnação do Damned: "Foi apenas uma noite, quando o Captain Sensible tocava a guitarra principal. Eu toquei baixo naquele show. The Doomed foi o nome que nós demos à banda improvisada. Foi ótimo, eu sempre gostei do Damned. Eu achava que 'Neat Neat Neat' era a melhor música deles. Foi bom não ter que ser o vocalista ao mesmo tempo. Quero dizer, eu gosto de cantar, mas não conseguiria aguentar ver alguém cantando as nossas músicas".

A possível colaboração Damned/Motörhead foi ainda discutida algumas vezes, mas no fim da história não deu em nada. Clarke disse: "Eles queriam que a gente tocasse 'Ballroom Blitz' para ser incluído num *single* do Damned. Eu não estava interessado porque é uma música muito complicada. Mas, de qualquer maneira, o cara da gravadora Chiswick não parava de chatear a gente por causa de dinheiro: 'Isso está custando 50 libras por hora'. Então a gente começou a quebrar tudo, o Lemmy destruiu alguma coisa no banheiro, e eles nos enviaram uma conta de 100 libras... Eu achei que poderia ter sido muito bom. Pelo menos poderíamos ter mostrado para as gravadoras um tipo de som diferente, uma mistura de Motörhead com Damned, outras possibilidades".

Detonando tudo no caminho, incluindo estúdios e gravadoras, o Motörhead estava começando a ganhar a reputação de ser uma banda difícil de lidar. "Originalmente era uma questão de atitude", disse Clarke, "algo como 'Se você não gosta, foda-se!'. Isto nos causou um monte de problemas com as gravadoras e contratos, uma vez que nós os assustamos muito, mas os fãs realmente curtiram nossa honestidade e se identificavam com a nossa atitude. Nós éramos como eles, e sem eles não teríamos chegado a lugar nenhum. Os anos setenta foram difíceis para todo mundo no Reino Unido. Todas as bandas tinham ido para os EUA e só sobraram o punk e o Motörhead, por isso a gente se destacou, e as pessoas de todo o país ficaram muito gratas por ter algo com que pudessem se identificar. Quanto à química entre os membros da banda, quando você entra nessa de detonar com tudo, você acaba entrando em sintonia, funcionou bem. Os astros estavam a nosso favor, e finalmente nós tivemos um pouco de sorte, mas na verdade você acaba construindo a sua própria sorte, e nós fizemos a nossa ficando unidos nos bons e maus momentos, e, acredite em mim, houve um monte de maus momentos..."

Apesar da postura declaradamente antitudo do Motörhead, no fundo havia um grupo de músicos com algum cérebro. Lemmy em particular era sempre muito justo com todos, como ele explicou: "A única coisa que me interessa é 'Trate-me com respeito e eu vou tratá-lo bem'. Eu não me importo se você é judeu, negro, árabe, italiano. Se forem legais comigo, eu serei legal com eles. É a única maneira de fazer a coisa realmente funcionar, não é? A única coisa com a qual eu sou preconceituoso é a indústria fonográfica. E a polícia, claro. Confiança nesses bastardos? Eu não posso me imaginar fazendo isso... Eu os odeio totalmente".

Capítulo 5
1978-1979

Empresários. Não se pode viver com eles, nem matá-los – uma frase que mais ou menos resume a atitude do Motörhead em relação a empresários nas últimas quatro décadas.

As raízes desse mal-estar geral em relação a esses vorazes membros da cadeia alimentar do rock'n'roll parecem estar nas primeiras experiências da banda com essa raça. Como Phil Taylor lembrou, eles testaram alguns poucos mais ou menos inúteis candidatos antes de ficar mais uma vez com seu empresário original Doug Smith, em 1978. "Tentamos vários empresários para ver quem faria mais por nós", disse ele. "No fim da história, ficamos com o cara original. Parece que o melhor para nós é ficar o maior tempo possível na estrada. Empresários e esse tipo de gente aparecem com contas e pedaços de papel – eu não consigo entender que tipos de coisas sejam essas..."

Doug Smith imediatamente deu uma boa ajuda ao Motörhead, conseguindo um contrato com o selo Bronze, uma gravadora independente dirigida pelo empresário e produtor da banda Uriah Heep, Gerry Bron, irmão da atriz Eleanor Bron. Apesar de o contrato ser para apenas um *single*, um pequeno passo à frente, felizmente o Motörhead fez o máximo da oportunidade, gravando um excelente *cover* do clássico de 1955 de Richard Berry, "Louie Louie". Quinze anos antes, um *cover* dessa música do The Kingsmen foi brevemente investigado por obscenidade pelo FBI, mas a investigação foi abandonada depois que os agentes chegaram à brilhante conclusão de que os vocais eram "ininteligíveis em qualquer velocidade". Apesar disso, o vocal de Lemmy, mesmo que tingido com a crueza de costume, deixou tudo perfeitamente compreensível, com a ajuda inesperada dos *backing vocals* da banda.

Acomodada em algum lugar entre uma versão cover inédita e uma verdadeira homenagem ao rock'n'roll, "Louie Louie" foi lançada em setembro de 1978 e subiu ao número 68 na parada de *singles* do Reino Unido, algo inédito para o Motörhead. A gravadora Bronze ficou suficientemente impressionada com o desempenho da banda a ponto de prorrogar o contrato para um álbum, com sessões de gravação agendadas para dezembro.

Antes disso, a rotina habitual extenuante de shows pelas quebradas da Inglaterra teve que continuar. Entre os locais de costume, o Motörhead também tocou – incluindo no set sua versão de alta octanagem de "Louie Louie" – em Cleethorpes, High Wycombe, West Runton, Poole, Cambridge e Northampton. Entre os shows eles também gravaram uma sessão na rádio BBC 1, com o produtor John Peel, há muito tempo um campeão entre uma legião de músicos inusitados, impopulares e pouco sociáveis que estavam às margens da cultura popular.

Em retrospecto, a ascensão do Motörhead ao centro das atenções no final dos anos setenta nunca poderia ter sido prevista. Sorte era algo que simplesmente não acontecia com bandas como eles. Não tinha acontecido com o Rockin' Vickers nem com o Hawkwind, as bandas que – apesar das roupas exageradas e afetação relacionada às drogas – eram basicamente como o Motörhead no sentido de que eles tinham como base um núcleo de guitarra/baixo/bateria fazendo *riffs* em altíssimo volume. Uma vez que John Peel tinha dado ao Motörhead um sinal de aprovação e a gravadora Bronze tinha lhes dados um lar, o último passo do acolhimento da música pop da época aconteceu com um convite para aparecer no *Top Of The Pops*, o balizador televisual dos gostos musicais da Grã-Bretanha desde a década anterior. A gravadora Chiswick também reconheceu que o Motörhead estava enfim chegando a algum lugar e relançou o álbum de estreia autointitulado em vinil branco para colecionadores.

1978-1979

Com tanto apoio da indústria, depois de três anos na selva, não é de admirar que o Motörhead entrasse num estúdio para gravar seu segundo álbum determinado a oferecer uma verdadeira declaração de intenções. "O material nasceu da nossa determinação em continuar", disse Clarke. "Nós tivemos tantos começos em falso e decepções que, até o momento em que o *Overkill* apareceu em 1978, nós já tínhamos uma boa quantidade de energia e ideias armazenadas – e estávamos apenas esperando pela oportunidade de mostrar o que podíamos fazer. Também tínhamos uma legião de seguidores e sempre senti que devíamos algo aos fãs que estiveram conosco desde o início. Se há um ponto em que nós três concordamos, é o quão importante eram os nossos fãs."

A banda continuava sem dinheiro, é claro, mas depois de todo esse tempo, eles pareciam que praticamente tinham renunciado a ele. Lemmy, agora numa idade madura de 33 anos – relativamente velho para sua primeira grande aparição de impacto – era tolerante quando se tratava do maior sucesso de bandas menores que estava acontecendo mais recentemente: "Se você ficar incomodado com isso, você desiste, não é? Você pensa, bem, quando é que vai ser a minha vez? Realmente não importa. Há espaço para todos. Se eles têm sorte, eu não tenho nada contra. Boa sorte a eles. Se eles podem fazer um dinheirinho, eu não me importo. Eu só gostaria de ganhar um também. Mas não me incomoda que eles estejam conseguindo algo e eu não. Não é culpa deles que eu não esteja me dando bem".

O culto de Lemmy como um *rock'n'roller* – algo que ia além da música que ele fazia – estava começando a criar raízes. Entre os muitos fãs fiéis que apoiavam a banda em seus shows, sempre houve um monte de garotas ansiosas para ter alguma intimidade a mais com ele – um desejo que ele devidamente agradecia, embora uma ou duas delas desafiassem seus desejos no setor da aparência. Quando bêbado, explicou, ele às vezes se viu envolvido com algumas admiradoras de aparência estranha: "É nessa hora que todo mundo se torna bonito, ou pelo menos aceitável. Mas, às vezes, é como se fosse a última galinha no galinheiro e você não parecesse ser capaz de encarar mesmo assim. É como ter uma experiência extracorpórea. Você se vê conversando com um dragão, tem consciência do que está fazendo, e mesmo assim o faz... Lembro-me de um dos caras que trabalhavam com a gente numa turnê, Paulie, e duas garotas que iam conosco em todos os nossos shows na Alemanha. Nós costumávamos chamá-las de 'Monsters of Rock', entendeu? Uma delas tinha um dente só! Uma desgraça terrível, mas elas eram realmente grandes fãs, sabe? Então o Paulie pegou uma delas uma noite, e eles estavam dividindo um quarto com o cara que cuidava do som, Dave Chamberlain. Quando o Paulie acordou, ele sentiu que estava ao lado de alguém, mas não tinha ideia de quem fosse. Em seguida, ele olhou para o Dave, ele estava fazendo uma cara de nojo... Paulie foi para o banheiro e esperou até que ela fosse embora".

A conclusão dele foi que: "As melhores mulheres são as que querem transar com você, e as piores são as que não querem. Existem apenas dois tipos de mulher no mundo – mulheres com quem você quer transar e consegue, e mulheres com quem você não quer. É fácil, realmente. Não importa de onde são. Eu não me importo com o sotaque. Há sempre a linguagem corporal, mesmo se você não falar a mesma língua, embora isso fique meio confuso se você estiver muito bêbado. Elas muitas vezes entendem a ideia errada. Muitos caras já acordaram casados e com tatuagens no peito".

Como os contos das aventuras do Lemmy com *groupies* começaram a se espalhar, um fascínio pela sua aparência – às vezes ao ponto de se perguntarem como ele tinha coragem de sair em público com um visual daqueles – se espalhou entre a imprensa. Suas manchas no rosto ainda estavam sendo rotuladas de "verrugas", e os jornalistas se divertiam – aliás, como fazem até hoje – quando tentavam descrevê-las. "Elas não são verrugas. Eles são manchas", disse ele, irritado, a um entrevistador. "Eu tinha verrugas, 19 delas, em minhas mãos, uma delas era tão grande que cobria esse dedo inteiro como uma cobra. E eu estava na banheira um dia e elas desapareceram... Simplesmente desapareceram. Nenhuma cicatriz nem nada. E elas não estavam na água. Estranho, não é?"

Apesar de toda essa atenção, o Motörhead não progrediu muito sem lançar algo verdadeiramente surpreendente para impulsionar sua carreira depois de um álbum de estreia considerado medíocre. Porém, felizmente, esta hora chegou na forma de *Overkill*, em 24 de março de 1979. Gravado com o lendário produtor Jimmy Miller do Rolling Stones, o álbum foi precedido por outra aparição no *Top Of The Pops*, desta vez para promover o lançamento da faixa título do LP que saiu como *single*.

1978-1979

Overkill foi uma revelação. Até hoje ele contém pelo menos seis das músicas mais clássicas da banda de todos os tempos, o que pode ser algo bem significativo para uma banda cuja carreira dura mais de 35 anos. "Overkill" em si é, provavelmente, a segunda música mais conhecida do Motörhead e engloba mais ou menos tudo o que um fã de música de modo geral precisa saber sobre a banda nesta fase da sua carreira. O LP começa com a linha de baixo sinuosa dessa música, enquanto "Overkill" ao vivo é transformada em algo muito mais pesado e prolongado, com Lemmy reiniciando a música duas ou três vezes no fim dos shows. "Damage Case" é outra música clássica, com a sua base rock'n'roll limpa para que todos sintam sua batida seca: coescrita por Mick Farren do Deviants, é uma das músicas mais conhecidas da banda. *Overkill* tem ainda "Stay Clean", "Capricorn", "No Class" e "Metropolis", porém o disco inteiro está no mesmo nível. Nada estranho o LP ter chegado inesperadamente ao número 24 entre os mais vendidos no Reino Unido. O impacto desse disco contribuiu para a decisão do Motörhead de voltar para o estúdio no verão daquele ano. Na sequência do lançamento de *Overkill*, a banda fez uma série de shows, incluindo uma aparição no *Reading Festival* daquele ano, mas, logo em seguida, já estavam reclusos num estúdio escrevendo as músicas que formariam o novo disco, *Bomber*. Assim como várias das bandas mais pesadas, como o Black Sabbath, o Motörhead estava prestes a lançar dois álbuns consecutivos no mesmo ano.

Em retrospecto, será que essa foi a decisão certa? A opinião dos fãs é dividida até hoje. A banda foi meio que deixada de lado pelo produtor Jimmy Miller, que ajudou muito no *Overkill*, mas estava gradualmente sucumbindo ao vício em heroína. Lemmy estava decepcionado por mais de uma razão: "Jimmy Miller foi bem no *Overkill*, mas ele realmente não estava em sua melhor forma no *Bomber*, ele estava sempre acabado. A gente ficava escutando os playbacks e de repente percebia que ele estava dormindo... Foi uma merda, você sabe – este era o cara que produziu *Exile On Main Street* dos Rolling Stones".

Algumas pessoas acham que o esforço para compor dois álbuns matadores no espaço de um ano foi demais para o Motörhead nessa fase inicial, e que *Bomber* – lançado em 27 de outubro, sete meses depois de seu antecessor – não poderia chegar perto do *Overkill*. Não há como medir o gosto de cada um, mas hoje em dia não se pode negar que o *Bomber* tivesse várias músicas incríveis, como "Lawman" (em que Lemmy descreve seus sentimentos em relação à polícia), "Stone Dead Forever" e a faixa-título. Alguns sinais de uma sensação de falta de tempo partiram de Lemmy, que disse a Kris Needs: "Eu gostaria que tivéssemos tocado essas músicas ao vivo antes de gravar, como fizemos com o *Overkill*, se pudéssemos ter tocado elas por umas três semanas nos shows, teria sido melhor. Ouça como as tocamos ao vivo e compare com o álbum". No entanto *Bomber* chegou ao número 12, silenciando comentários maldosos feitos pela imprensa no ano anterior sobre as chances de o Motörhead chegar às zonas mais altas das paradas.

A gravadora Bronze ou o Motörhead (ou ambos) estavam começando a ficar mais criativos. Tanto o *single* quanto o álbum foram inicialmente lançados em vinil azul, e planos extravagantes foram feitos para a próxima turnê do *Bomber*. Esta sequência de shows, que incluiu a Europa e tomou a maior parte do restante do ano de 1979, foi a mais ambiciosa até ali. Um avião de bombardeio (*Bomber*), de 12 metros de comprimento em metal, foi montado com tubos de alumínio e usado como a armação para sustentar a iluminação, movendo-se em quatro direções, graças a uma rede engenhosa de polias e equipamentos elétricos. Aqueles que testemunharam essa armação-bombardeiro foram privilegiados de fato: a geringonça girava em cima do trio, fazendo movimentos de mergulho, curvas e subidas, dando a impressão precisa de que o Motörhead era diferente de qualquer outra banda no momento.

Não que essa atitude mais profissional significasse que os membros do Motörhead não pudessem comportar-se como palhaços quando quisessem. Numa entrevista de rádio em Edimburgo, na Escócia, tudo deu errado, lembrou Lemmy: "Nós fomos tocar na cidade onde fica a *Radio Forth* [Edimburgo] e fomos até o estúdio dessa rádio depois do show. Demos autógrafos após o show e chegamos lá quinze minutos atrasados. O idiota nem sequer abriu as portas do estúdio para dizer: 'Olá, vocês estão muito atrasados'. Ficamos putos e dobramos a barra que fazia o bloqueio da porta de modo que eles não poderiam sair do

1978-1979

estúdio, para completar, o Eddie tocou o alarme de incêndio e ligou a água da mangueira. Daí saímos correndo como loucos".

Eddie Clarke acrescentou: "Eu sempre quis fazer isso, você sabe, quebrar um daqueles alarmes e o fazer disparar. Antes de fazer isso eu ainda virei a torneira na mangueira. Eram uns 50 metros de mangueira que foram desenrolados como um carretel! Eu fiz isso e saí correndo...".

Essa história teve ainda um toque surreal quando Philthy lembrou Lemmy: "Uma coisa que me esqueci de mencionar: a primeira vez em que voltamos para Edimburgo, Doug [Smith, produtor] disse que a gente não estava 15 minutos atrasado, na verdade tínhamos chegado até um pouco mais cedo. E era por isso que não nos deixaram entrar!". Nesse meio tempo, a atitude do Motörhead no *Punkaroka Midnight Sun Festival*, em Punkaharju, na Finlândia, também virou lenda. Para começar, a mesa de som não estava funcionando – e certamente não foi depois de a banda tê-lo destruído no final do seu show. "Nós estávamos tão putos e desanimados que pensamos 'Bem, vamos nos divertir um pouco'", disse Lemmy tranquilamente para Chris Salewicz. "Eu tinha notado durante o dia que algumas das outras bandas tinham ficado enfurecidas com o equipamento, por isso pensei 'Bem, vamos destruí-lo para que ninguém mais tenha que usá-lo'... A gente estava lá, vendo o que estava acontecendo. Tocamos muito bem, mas o equipamento reduziu nossa apresentação a um monte de lixo. O público não gostou nada do que viu – não que eles tenham que ficar pulando o show inteiro como um bando de puxa-sacos, mas eu não acho que eles tenham curtido nada do que tentamos fazer no palco... Eu quero dizer, Pete Townshend sempre vinha com aquele papo de que quebrar guitarras e amplificadores era tudo arte. Na verdade, ele só queria mesmo era quebrar alguma coisa."

O show na Finlândia recebeu um tratamento completo do Motörhead fora do palco também, como Lemmy lembrou: "Tínhamos um camarim, que era como uma barraca, e não tinha bebida, por isso não tinha nada lá que fosse valioso para nós", disse ele. "Alguém estava andando carregando um tronco de árvore, sei lá por que, e bateu com ele na janela e quebrou. Ele não estava com muito bom humor e estávamos perto de um lago, então nós pensamos em fazer um funeral viking. Nós ateamos fogo na barraca e empurramos no lago, e foi muito bom, você sabe, estava anoitecendo. Ela serpenteava pelo lago até afundar, assim que o sol se pôs. Então, é claro, entramos num ônibus voltando para o aeroporto, e o motorista cometeu o terrível erro de dizer: 'Você não vai fazer bagunça no meu ônibus'. Imediatamente começamos uma batalha de comida, escondidos atrás dos assentos, jogando ovos uns nos outros. O ônibus estava num estado deplorável quando chegamos ao aeroporto, mas você sabe, as pessoas não deveriam dizer esse tipo de coisas para bandas de rock'n'roll, especialmente naquela época. Hoje, é claro, as pessoas iriam provavelmente sentar e não fazer nada. Nós somos uma banda de rock de verdade – era nós e o Dr. Feelgood, uma combinação fatal".

Ele continuou: "Quando chegamos à alfândega, o oficial disse 'Entrem nesta sala, por favor...'. Eles não prenderam o Dr. Feelgood, por algum motivo, só o Motörhead, e nós ficamos lá por três dias. Tudo o que tínhamos era uma cópia da revista *Melody Maker*, e eu li aquela merda – acredite em mim, eu li até os anúncios, a data na parte inferior da página... Finalmente fomos deportados, e o engraçado foi que entramos no avião e o comandante veio furioso para cima de nós dizendo: 'Eu ouvi a história sobre vocês. Vocês são uma vergonha para a sociedade! Se vocês fizerem alguma coisa no meu avião, eu vou chamar a polícia na chegada ao aeroporto de Heathrow, em Londres'. Então nós dissemos 'Merda, tudo bem então'".

A coisa rapidamente foi de mal a pior – surreal... "Claro que assim que saímos e começamos a beber, a primeira coisa que Eddie Clarke fez em sua exuberância foi derramar vodca com laranja no pescoço da mulher na frente dele", acrescentou. "Não achamos que exageramos dessa vez, no entanto, assim que chegamos a Heathrow, vimos um monte de policiais alinhados na pista! Pensamos: 'Ah, não – estamos fodidos', mas então eles prenderam o piloto – que estava bêbado! Que bela ironia poética..."

"Eu não sei por que eu tenho essa reputação horrível", disse Lemmy durante uma entrevista com Salewicz, que profissionalmente notou que o vocalista estava mastigando fritas com maionese entre goles de vodca. "Quero dizer, você nunca me viu completamente louco. Você nunca me viu cair no chão, vomitando em cima dos outros, sendo totalmente desagradável, sendo levado para casa. Eu nunca fico assim. Como poderia? Eu sou um *speed freak*. Estou ligado 24 horas por dia."

Capítulo 6
1980

A loucura continuou na década seguinte, aquela em que o Motörhead realmente marcou sua presença pela primeira vez. Seu progresso tinha sido a base de pequenos passos até aquele ponto – uma apresentação no *Top Of The Pops* aqui, um *single* e álbum ali –, mas havia algo no ar em 1980, um interesse renovado no heavy metal que fez o som do Motörhead soar como algo de ponta, apesar de seus componentes primitivos.

No verão de 1979, uma banda de Londres chamada Iron Maiden havia chegado num posto de destaque no circuito de shows em Londres, fazendo música bem tocada e de impacto certeiro, que conseguia ser melódica, pesada e grudenta ao mesmo tempo. A revista de rock mais lida na época, *Sounds*, regularmente fazia reportagens sobre o Iron Maiden e outras bandas novas de metal da época. Percebendo que uma nova forma de música pesada estava vindo à tona, o editor Alan Lewis – um sujeito afável, com uma propensão para uma bebidinha na hora do almoço e gosto por soul music – sugeriu ao seu principal repórter de rock e metal, Geoff Barton, que seria necessário dar a vez para essa nova tendência musical. Barton cunhou o termo new wave of british heavy metal (NWOBHM), que resumiu exatamente a essência de um grande grupo de bandas liderada pelo Iron Maiden, Saxon, Def

Leppard, mas também com Diamond Head, Blitzkrieg, Tygers Of Pan Tang, Witchfinder General, Sanson e muitas outras menos conhecidas. O NWOBHM durou até cerca de 1982, com a maioria das bandas sumindo na obscuridade e só os três grandes mencionados mantendo um impacto significativo.

O termo genérico NWOBHM foi suficiente até certo ponto, mas não cobria todo o espectro da música pesada britânica de modo algum. Por definição, excluía nomes mais antigos como Black Sabbath e Judas Priest, ambos obrigados a mudar o estilo significativamente, nem incluía o Venom, um trio de Newcastle cujo álbum de estreia, de 1981, os tornou a primeira banda de thrash metal do mundo; finalmente, o rótulo definitivamente não se aplicava ao Motörhead, que tocava um som altamente pesado desde 1975 e que se recusou a classificar-se como uma banda de heavy metal em qualquer situação. De modo geral, os jornalistas tendem a ficar desconfortáveis se eles não conseguem classificar uma banda ou artista em uma categoria específica (o autor deste livro humildemente se inclui neste grupo), porque faz com que se sintam meio ignorantes sobre o que estão escrevendo. O Motörhead, por esse motivo, fez muitos críticos sentirem-se um pouco inseguros ao longo dos anos, trazendo um rock'n'roll básico e estruturas musicais com uma abordagem punk violenta, que são atados a habilidades musicais típicas do heavy metal tradicional – e ainda assim eles não se encaixam totalmente em qualquer uma dessas coisas. A banda mistura vários gêneros, e a confusão sobre eles reinou nos anos setenta e início dos anos oitenta, mesclando rótulos diversos. Como Lemmy sucintamente disse ao autor: "Cunt metal? Spunk metal? Metal de esquerda? Metal de direita? Metal para cima? Esse termo 'heavy metal' é apenas rock'n'roll de qualquer maneira, porque as bandas de metal são as sucessoras lógicas de Eddie Cochran e Buddy Holly... 'Heavy' é um termo muito mal compreendido. O Black Sabbath era pesado, mas eu nunca me importei com eles. Eu achei que o primeiro disco solo do Ozzy foi melhor do que todos os do Black Sabbath juntos. Deep Purple era outra grande banda. Misturar todas elas no mesmo grupo é extremamente injusto. Você deve ser muito cuidadoso com o que é rock e o que é metal – há uma enorme diferença". Na verdade, existe mesmo. Na época, a maioria das bandas estava sendo rotulada com termos como heavy metal, punk,

NWOBHM e rock'n'roll puro – e, mais tarde, thrash metal, speed metal e os outros subgêneros de metal extremo.

O Motörhead não ajudou nada nessa confusão por tocar num volume absurdo: lembrem-se de um detalhe, esse era um tempo em que a palavra "alto" era confundida com "pesado". E, ainda assim, existiam tipos diferentes de alto, como Eddie Clarke explicou: "Antigamente o volume em que nós tocávamos era até doloroso de ouvir, porque era simples e cruamente alto. O que tocamos hoje não dói, ele bate no seu peito. Fizemos um show no Marquee, em Londres, uma vez, o mais alto que já fizemos. Cheguei em casa e coloquei *Blow By Blow* do Jeff Beck para tocar, e eu não conseguia ouvir a guitarra. Tudo que era agudo ficou completamente apagado dos meus ouvidos. Tudo o que eu podia ouvir eram o baixo e a bateria".

Quando perguntado onde ele achava que o Motörhead se encaixava no espectro do metal, rock e punk, Eddie Clarke ponderou: "Os mais jovens identificam-se com a nossa música por causa de seu estilo de vida. Eles são os futuros motoqueiros ou cabeludos. Existia ainda um monte de cabeludos quando o punk apareceu, mas não havia música para eles, e esse era o nosso apelo no início da banda. Todas as bandas de heavy metal foram para outros países da Europa e para os Estados Unidos e deixaram um grande buraco para as bandas punks preencherem. Nós tínhamos cabelos longos e estávamos fazendo nosso som, e não havia mais ninguém fazendo aquilo aqui na Inglaterra". Philthy tentou simplificar essa história explicando: "É tudo mais ou menos relacionado com a sua aparência e com o tipo de público que você atrai. Dependendo disso, você recebe o rótulo de heavy metal. Mas, em toda entrevista, nós sempre tentamos indicar que não gostamos de ser chamados de heavy metal. É mais fácil dizer que fazemos um rock porrada, rápido, sujo e nojento". E isso faz sentido – o visual pode enganar, e o Motörhead se parecia tanto com o que prevalece como clichê de metal que as pessoas simplesmente se recusavam a acreditar que eles poderiam estar tocando qualquer outro tipo de música. O empresário Doug Smith insistiu: "Isso não é heavy metal, isso é só um rock furioso e porrada", e Clarke acrescentou: "Eu acho que o heavy metal veio e se foi, porque há cinco anos estávamos fugindo desse rótulo da mesma forma que fazemos hoje. Em seguida, foram os punks, e nós realmente não nos sentimos como parte deles. Acho que assustamos os punks, porque costumávamos tocar com bandas como o Damned. O que eles viam éramos nós, uns velhos subindo no palco com seus cabelos compridos, nada a ver com punk. Em seguida, esta coisa de nova onda do heavy metal (NWOBHM) começou há cerca de dois anos, e acabamos sendo incluídos neste grupo".

Lemmy já era muito experiente, ou cansado se você preferir, para gastar mais do que um segundo se preocupando com rótulos de gênero ou, de fato, pensar sobre a música de outras bandas. "ZZ Top e AC/DC, eu gosto de tudo isso", comentou. "Eu gosto de Iron Maiden e Saxon que são parte do novo movimento, e é isso que consigo escutar... Nós estávamos muito atrasados para pegar a primeira onda (movimento metal), e muito cedo para a segunda. Chegamos tarde demais para entrar no grupo do Deep Purple e muito cedo para entrar no do Iron Maiden."

Ele continuou: "O Motörhead não se encaixa em nenhuma categoria realmente. Nós não somos puramente heavy metal, porque nós somos uma banda de rock, que ninguém sabe como anunciar ou rotular. Eles não sabiam nem mesmo naquela época. Uma banda de rock propriamente dita não é tão interessante para a maioria, embora poderíamos ter sido bons para eles se nos deixassem. Poderíamos ter detonado uns edifícios ou algo assim".

Assim como aconteceu com a sua banda, o próprio Lemmy insistiu em não se encaixar em nenhuma tendência atual, pelo menos em termos de aparência. Perguntado pelo jornalista John Mendelsohn se ele era a última pessoa do mundo a usar um bigode ligado com costeletas, ele respondeu com indignação fingida: "Eu não sou a última pessoa. Tem aquele cara na Inglaterra que planta rosas, certo? E aquele cara do seriado *Os Waltons*, ele tem também. Mas se meu bigode e as costeletas ficarem grisalhos, eu vou ter que cortar tudo porque não tenho grana para comprar tinta de tingir o cabelo". Quanto a seus dentes podres ou, em alguns casos, ausentes, ele disse: "Eu vou colocar uns novos... O *speed* apodrece os dentes. Elimina o cálcio para fora do seu sangue".

Apesar da confusão que os cercava, seu visual e som intransigente, o Motörhead foi lentamente se movendo em direção a uma visibilidade pública maior. A apresentação de "Bomber" no *Top Of The Pops* e no programa de TV *Tiswas* trouxe uma enorme atenção (procure este último no YouTube, é essencial). Como Kris Needs escreveu na época: "Você vê o DJ Simon Bates, que apresentava o *Top Of The Pops* nos anos 80, sempre risonho, usando um *training* e anunciando a próxima atração. São três figuras conhecidas – e não são as cantoras do grupo americano de vocal Three Degrees – e, antes que Bates possa terminar a sua introdução, os acordes arrebentam e 'Bomber' explode! Essa foi definitivamente uma das aparições do ano na TV – não só por causa da minha tendência motörheadista, porque várias pessoas falavam a mesma coisa... O som era um barulho bestial e desafiador, notavelmente não destilado e totalmente selvagem. A energia explodiu, e o visual era demais, o Lemmy usando óculos escuros. Uns dias depois, eles estavam no imaculado programa *Tiswas* também".

O Motörhead foi até convidado a fazer uma gravação para ajudar a recuperação de um fã que havia se acidentado. Lemmy lembrou: "Nós fizemos uma gravação para um garoto que estava em coma num hospital. Era nós três cantando 'Wake up', e ele acordou. Eu não sei se foi a gravação, mas foi uma sensação boa".

A única mosca na sopa neste ponto foi o aparecimento de gravações que tinham sido rejeitadas pelo Motörhead em 1975, reformatado num disco chamado *On Parole* pela United Artists, uma atitude incrivelmente cínica. Apesar de tudo, o conteúdo dessas gravações não foi alterado desde 1975: a gravadora decidiu simplesmente tomar proveito do sucesso da banda. Lemmy zombou: "A United Artists agiu como um bando de imbecis no final da história. Sim, eles lucram com a gente. Tínhamos o álbum *Bomber* e já éramos famosos. Mas eu não me importo com eles. As gravadoras são um obstáculo para o rock'n'roll, não uma ajuda. Elas diluem o que realmente importa até o menor denominador comum. Hoje elas fazem isso até com suas próprias bandas, como as de rhythm & blues modernas e toda essa merda. É tudo baboseira, música descartável – música para escutar enquanto você passa roupa ou para meninas de 14 anos molharem suas calcinhas. Na minha época, meninas de 14 anos molhavam suas calcinhas ouvindo os Beatles, algo que era bem melhor".

De forma mais apropriada para o ponto de vista da maioria das pessoas, a gravadora Bronze lançou um EP, ironicamente intitulado *Golden Years*, em 3 de maio. Esse disco chegou a ficar entre os oito mais vendidos, um recorde para o Motörhead, apesar de a banda ter preferido o título *Flying Tonight* – como um aceno para a armação de iluminação em forma de bombardeiro, que se tornou imensamente popular desde que tinha sido usada inicialmente no ano anterior.

Falando de datas da turnê, um mês inteiro de shows estava previsto para o final daquele ano, desta vez acompanhados pela banda feminina de NWOBHM Girlschool. Lemmy demonstrou uma opinião extraordinariamente avançada para um membro de uma banda que pertencia a uma cena metal supostamente neanderthal ao alertar as pessoas a não desmerecer o Girlschool por serem mulheres. "Elas passaram por um monte de merda, só por serem garotas. Quando o Girlschool começou, muitos caras diziam 'Ela é bem boa para uma mulher' quando se referiam à guitarrista Kelly Johnson. Eu dizia: 'Ela é melhor do que você, filho da puta!'. Porque ela era uma grande guitarrista. Mas as pessoas tratam todas essas bandas femininas como cidadãos de segunda classe, porque elas são garotas. Sempre tem aquele papo 'Mostrem os peitos e nós conseguimos um show para vocês'. E toda essa merda. É realmente uma merda... Kelly Johnson conseguiria tocar junto com qualquer guitarrista que eu já ouvi, em qualquer lugar, incluindo Eddie Van Halen e todo aquele bando. Ela era ótima. Numa boa noite, ela era matadora. Não era só 'Muito bom para um bando de garotas'. Isso é muito paternalista."

Com uma programação de shows e um perfil ascendente, o Motörhead precisava de algum material novo. Tudo bem que eles tinham lançado dois discos no ano anterior, um EP e uma versão de seu álbum de estreia, mas por que parar aí? Com uma reserva no Jackson's Studios, em Rickmansworth, que pertencia a Vic Maile, produtor de discos do Godfathers e Tom Robinson, a banda gravou seu quarto álbum em agosto e setembro. Esse álbum, o melhor que se poderia conceber, foi intitulado *Ace Of Spades*.

Para alguns, esse título faz lembrar a imagem da capa dos três músicos vestidos como bandidos do Velho Oeste (embora a foto tenha sido na realidade feita em Londres). Para outros, o que o título faz lembrar é o som da faixa do *single* principal, também intitulado "Ace Of Spades" e, de longe, a música mais visceral que qualquer banda lançou naquele ano. Nessa música, que já começa com Lemmy tocando um *riff* de baixo de duas notas instantaneamente reconhecível, ele invoca todos os temas clássicos do heavy metal – morrer jovem, viver intensamente, reduzindo a vida a uma cartada, uma jogada de dados e ao barulho de cubos de gelo num copo de bourbon. Podem ser clichês, mas eram clichês do Motörhead, que soam bons até hoje.

O *single* foi lançado em 27 de outubro, duas semanas antes do LP – um momento perfeito para a *Ace Up Your Sleeve Tour*. Mais uma vez, outra gravadora saiu da obscuridade para turvar as águas, desta vez a Big Beat, que tinha assumido o catálogo da Chiswick. Na verdade, o Motörhead tinha gravado quatro faixas extras quando fez seu disco de estreia. Essas músicas acabaram formando o EP *Beer Drinkers and Hell Raisers*. Esse foi um dos primeiros exemplos de muitas e muitas tentativas de várias gravadoras que se arruinaram tentando moldar o Motörhead numa versão menos sofisticada de si mesmo. Como este livro demonstra em diversas ocasiões, o Motörhead na verdade é formado por um bando de músicos talentosos, liderado por um cara com uma profunda e abrangente linha de pensamentos filosóficos. Sim, o Motörhead usava o que podia de certas substâncias e travou um caminho interminável e repleto de *groupies*, mas eles nunca foram idiotas. Títulos como *Beer Drinkers and Hell Raisers* apenas confirmam essa visão imprecisa.

O disco *Ace Of Spades* pode não ter as letras sofisticadas que Lemmy produziu mais tarde em sua carreira, mas soava afiado, forte e ameaçador, com músicas tensas e planejadas em vez de simplesmente frenéticas. Parte da atração das principais músicas – e havia muitas, como a faixa-título obviamente, além de "Live To Win", "(We Are) The Road Crew" e "The Chase Is Better Than The Catch" – era a sua elegante energia, capturada graças à perícia do falecido produtor Vic Maile, que morreu em 1989. Embora Maile não tenha exatamente um espaço cativo na música pesada, ele sabia o que era necessário para solidificar sons de personalidades complexas no estúdio, tendo trabalhado com Jimi Hendrix, Led Zeppelin, The Kinks, The Small Faces, The Who e muitas outras bandas lendárias.

Lemmy disse certa vez: "A força de Vic foi que ele entendia de rock'n'roll. Ele não era como uma grande parte dos produtores que simplesmente seguem as leituras dos medidores na mesa de som; ele era intuitivo e tinha o mesmo tipo de senso de humor que eu" – em outras palavras, Maile era um produtor com *feeling*, que sabia o que seus clientes queriam e a melhor forma de trazer o que eles tinham de melhor.

Dito isso, realmente não importa o que o Motörhead fez: vários críticos fizeram o que sempre tinham feito – encher o saco! Um jornalista chamado Adam Sweeting escreveu: "Para estes ouvidos, *Ace Of Spades* não soa particularmente diferente de *Bomber*. Na verdade, eu nem consigo me lembrar de qual música é qual. Felizmente, Lemmy consegue... O Motörhead está organizando sua primeira turnê americana. Se você planeja vê-los, tampões de ouvido estão disponíveis nas farmácias para a sua segurança e conforto. Será que isso é entretenimento?".

Lemmy ignorou isso, dizendo: "É verdade que a nossa música é baseada na mesma fórmula. Quando lançamos um disco, são músicas diferentes, mas há, obviamente, uma série de semelhanças. Então, novamente, você escuta qualquer banda que está por aí por um bom tempo – Status Quo, Rolling Stones – e você vai encontrar semelhanças. É apenas um estilo, e cada banda tem seu estilo... Existe um número relativamente limitado de acordes que se podem usar". Philthy acrescentou: "Da forma como a imprensa mostra isso, parece que é algo exclusivo para o Motörhead, que parece ser repetitivo... Obviamente nós preferimos ser amados a odiados, mas isso não nos incomoda".

Depois de o *single* "Ace Of Spades" ter chegado ao número 15 e o LP ao número quatro nas paradas, a banda tocou a música duas vezes no *Top Of The Pops* e, em seguida, pegou a estrada com o Girlschool (que assinaria um contrato de produção com Doug Smith depois). A turnê começou na Irlanda do Norte (Lemmy lembrou: "Eu me lembro de que alguém subiu e ficou pendurado na armação de iluminação do *Bomber*"), antes de descer para Dublin, França, Alemanha, Bélgica e Itália e depois retornar para o Reino Unido. Num show no Bingley Hall, na cidade Stafford, Lemmy encontrou novamente o jornalista da revista *Sounds*, Pete Makowski, que anos mais tarde escreveu na revista *Classic Rock*: "Meu encontro com a banda foi durante o infame show no

Bingley Hall, durante a turnê do *Bomber*. Devo dizer, neste momento, durante os anos em que eu o conheço, que Lemmy nunca me ofereceu um grãozinho de *speed* ou qualquer outro entorpecente, o que foi uma pena, pois poderia ter sido bem útil naquela noite. Para Lemmy, as suas drogas eram como um medicamento, e pedir-lhe uma dose teria sido como tentar roubar da sua mãe os seus comprimidos para tratar o colesterol... Nossa conexão ocorreu devido ao fato de que eu estava saindo com uma ex-namorada *stripper* dele, e ele sempre me saudava com algum tipo de mistura alcoólica quase letal. Como eu estava me sentindo muito mal e um pouco enjoado, preferi um copo de cerveja, ele ofereceu e bebi num gole só, não percebendo que era Southern Comfort puro [bebida forte que é uma imitação de uísque], algo que não é a mais digerível das bebidas em momentos como aquele".

Makowski logo percebeu seu erro: "Mesmo ficando cada vez mais mal, prestes a vomitar, eu estupidamente segui as instruções de Lemmy para 'detonar o desgraçado' e, em seguida, corri em busca do banheiro mais próximo. Infelizmente, isso significava superar um lance de escadas de concreto, que estava revestido com o suor de alguns milhares de *headbangers* que tinham formado uma nuvem de vapor tóxico no teto que agora escorria para o chão. Era inevitável que, antes que eu conseguisse chegar ao meu destino, eu iria escorregar e cair de costas, sob a trilha sonora de gargalhadas incontroláveis de Lemmy...".

Capítulo 7
1981

Em 1981, o Motörhead sentiu pela primeira vez o gosto do grande sucesso. Bem, nada disso ocorreu passivamente: a banda teve que lutar muito por cada centímetro de reconhecimento que recebeu, e o sucesso nas paradas de vendas que os aguardava foi alcançado somente através de meses e anos de árduos shows ao vivo. "Turnês realmente te deixam tonto depois de um tempo", disse Lemmy alguns anos mais tarde, compreensivelmente. "Mas toda turnê acaba sendo boa se você não estiver aleijado!"

O termo "aleijado" foi usado por um bom motivo: em um show no Ulster Hall, em Belfast, naquele ano, Philthy, que estava constantemente propenso a acidentes, conseguiu quebrar o pescoço. Como o baterista lembrou: "Foi depois do show em Belfast, estávamos todos bebendo, até 5h30, e como as últimas barangas foram embora, sobraram apenas homens bêbados no recinto. Então decidimos apavorar". Apavorar, nesse caso, consistia em Philthy e um bêbado local tentarem levantar um ao outro nas costas. Por quê? Por que não?

"O cara me pegou", lembrou Philthy, "desequilibrou-se e caiu para trás, e eu caí de cabeça. E eu estava com muita sorte. Ainda bem que o Lemmy estava lá, ele sabia o que fazer". Curiosamente, ele não especificou o que Lemmy fez para ajudá-lo: só podemos supor que uma ambulância foi chamada, e o baterista remendado. Num encontro duas décadas mais tarde, Philthy mostrou a Lemmy um grande calombo na parte de trás de seu pescoço: um calo que se formou sobre o osso calcificado.

Em fevereiro, o Motörhead lançou a primeira de várias colaborações na forma do EP *St. Valentine's Day Massacre*, gravado junto com o Girlschool. A capa mostrava as duas bandas vestidas de gângsteres com seus comparsas. As três músicas do EP – um *cover* de Johnny Kidd & The Pirates "Please Don't Touch", Motörhead fazendo um *cover* de "Emergency" do Girlschool e a banda feminina tocando "Bomber" em retribuição – foram uma ideia do produtor Vic Maile, que havia trabalhado com o Girlschool uns meses antes. A baterista Denise Dufort tocou bateria em todas as músicas, pois Philthy ainda estava recuperando-se de sua lesão no pescoço.

Apesar de o EP ter chegado ao número cinco na parada de *singles* mais vendidos no Reino Unido e até mesmo os críticos terem lhe dado um relutante sinal de aprovação, alguns puristas consideram-no como um acidente pouco sério, num território novo que marcou o início de uma tendência de preocupação por parte do Motörhead em se envolver em projetos desse tipo. O disco que virou um clássico e seria lançado mais adiante no ano de 1981, fez seu papel no sentido de anular qualquer preocupação, mas ainda assim um tipo de aviso havia sido lançado.

Tratando quaisquer preocupações com o desprezo que mereciam, o Motörhead pegou a estrada em março, fazendo uma turnê pela Europa, seguindo por um passeio pelo Reino Unido apelidado de *Short Sharp Pain In The Neck Tour* – numa referência óbvia ao acidente de Philthy. Shows mais significativos vieram no mês seguinte com a chance de ser a banda de abertura numa turnê pelos EUA com Ozzy Osbourne em sua banda solo, o Blizzard of Ozz.

Essa turnê marcou um ponto de virada para o Motörhead. Durante três meses, a banda foi exposta a toda uma nova audiência. Em 1981, o Blizzard of Ozz tinha causado um enorme impacto na cena de hard rock norte-americano, graças em parte à produção teatral elaborada que eles levaram para o palco, com um castelo, uma mão mecânica gigante (na qual Ozzy entrava e saía do palco toda noite) e um anão chamado Little John que arremessava pedaços de carne crua no meio da multidão. A banda, formada em 1979 – alguns meses depois que Ozzy

1981

foi expulso de sua antiga banda, o Black Sabbath –, estava prestes a lançar seu segundo e seminal disco, *Diary of a Madman*, e era composta por músicos de primeira linha. Incluindo Rudy Sarzo, ex-baixista do Quiet Riot, Tommy Aldridge, o ex-baterista do Black Oak Arkansas, e um novo guitarrista chamado Randy Rhoads, de 24 anos de idade, que havia tocado com Sarzo no Quiet Riot.

Embora o público de Ozzy parecesse, em teoria, perfeito para o Motörhead, isso não significou que a coisa toda funcionou no início. Enquanto o show do ex-vocalista do Black Sabbath era extremo de uma forma educada (carne crua e esse tipo de coisa), a sua música era um hard rock muito trabalhado e melódico com as guitarras com influência clássica de Rhoads na sua frente. O som era relativamente novo na cena do rock, enquanto o do Motörhead era algo primitivo, não exatamente o que o público de Ozzy esperava. "O público fazia assim (fazendo cara de nojo)", Lemmy disse na revista *Vice*, "durante todo o show. A maioria deles não entendia nada, mas alguns conseguiam, e essa é a nossa base de fãs de verdade. A maioria deles foi lá pelo espetáculo e ficou horrorizada. Mas eles ficaram horrorizados com o Ozzy também. Imagine com a gente! O que aconteceu quando o Kiss juntou-se à turnê depois que terminamos a turnê, eu nem imagino...".

Além de dar ao Motörhead um pouco de visibilidade internacional muito necessária, a turnê pelos EUA também deixou uma impressão duradoura sobre Lemmy em relação à presença de Sharon Osbourne, então Sharon Arden – produtora de Ozzy, que logo seria sua esposa. "Eu a vi salvar a vida de Ozzy quando percorremos os Estados Unidos juntos", disse ele a Dave Ling da revista *Classic Rock*, "E, daquele momento em diante, eu comecei a ter um grande respeito por ela. Ela pegou os caras fora de controle e colocou ordem na coisa – eles saíam correndo e fugiam dela pelo quarto. Quando ela estava no comando, era uma visão e tanto. Mas entenda dessa maneira: eu fico aliviado que ela goste de mim".

O jornalista Garry Bushell, que depois foi trabalhar do jornal *The Sun*, mas estava na revista *Sounds* na época, voou para os Estados Unidos para encontrar-se com o Motörhead e achou-os em clima efervescente. "Colocar isso na reportagem é importante", pediu Lemmy. "Nós não vamos ser como o Slade ou o Def Leppard. Essa turnê americana é estritamente temporária. Não existe a possibilidade de esquecermos os nossos fãs na Inglaterra. Faremos de tudo para estar de volta em outubro. E isso é uma promessa."

Clarke pensou: "Eu ainda não estou convencido sobre o nosso sucesso por aqui. É um país grande, um monte de gente. A gravadora [Mercury, nos EUA] está feliz, e eles acham que a gente vai se dar bem, mas não estamos, obviamente, na mesma liga do Ozzy. Nem perto. Eu prefiro voltar para casa com o equipamento, as luzes e o *Bomber*. Mas o público tem sido surpreendentemente bom. A garotada tem uma conexão com a gente como uma banda do povo. Quando conversamos com eles depois de um show, eles só mencionam bandas locais, eles nunca mencionam Rainbow ou alguma banda dessas. Há um monte de boas cenas musicais bem básicas nascendo".

O guitarrista foi sutilmente realista sobre a questão monetária que viria, ou melhor, não veio, para os bolsos do Motörhead depois da turnê. "Eu diria que nós provavelmente perdemos tudo o que já tínhamos, é uma piada", admitiu. "Eu ficava como os olhos arregalados e bêbado o tempo todo. Para mim e Phil foi o primeiro contato com a América, e eu senti vontade de escrever umas músicas. Este país meio que me inspirou. Acho que é diferente para Lemmy desta vez também, porque, quando ele estava com o Hawkwind, não era a banda dele."

"Eu estive aqui [EUA] pela primeira vez em 75", confirmou Lemmy, "mas esta vez é muito melhor. Éramos a banda principal na época do Hawkwind, mas eu não acho que a recepção que tivemos foi tão boa como esta. É incrível, o público estava gritando pedindo músicas do *Overkill*, que é inédito aqui. Existem fãs radicais em toda cidade. E não houve uma única lata de cerveja jogada na gente, mas eu vi bandas de abertura quase serem mortas por aqui. Eu sempre gostei da América. Uma coisa incrível aqui é que você pode tocar três anos seguidos e nunca voltar a tocar no mesmo lugar duas vezes".

Philthy, agora recuperado de seu pescoço quebrado, acrescentou: "A galera está sendo realmente muito boa até agora. Eu acho que uma boa parte da plateia ainda está se perguntando o que fazer do nosso som e da gente, mas parece que conseguimos um bom público. De certa forma, parece ser uma coisa bem semelhante ao que acontece com a gente na

1981

Inglaterra. Nós não tivemos nada do nosso som divulgado no rádio, nenhuma promoção – o mundo mais comercial não está preparado para aceitar o Motörhead ainda –, mas todo este público parece saber sobre nós de propaganda boca a boca. Nós só tivemos o *Ace Of Spades* lançado por aqui, mas eles todos sabem a letra de 'Motörhead'. Em cada cidade que nós tocamos, parece que existem seguidores fiéis".

Mesmo nesta fase inicial de sua carreira, Philthy parecia estar feliz com sua vida. "Tenho conquistado todas as minhas ambições até agora", acrescentou. "Enquanto as coisas continuarem como estão, eu estarei feliz. É um monte de trabalho duro, mas ninguém chega a lugar nenhum sem isso. E, quanto mais você trabalha, mais você recebe de volta. Nós nunca vamos perder a nossa energia, eu garanto isso. Você nunca vai ver Fast Eddie com uma guitarra acústica. O Motörhead vai continuar como é até que um de nós caia morto. Obviamente, Lemmy é o principal candidato, tendo 35 anos..."

A síntese perfeita da energia à qual Philthy estava se referindo veio em 27 de junho com *No Sleep 'Til Hammersmith*, um álbum ao vivo que havia sido gravado no *Short Sharp Pain In The Neck Tour*. O álbum foi número um nas paradas do Reino Unido e passou a ser o mais conhecido LP do Motörhead ao lado de *Ace Of Spades*, chegando a ter seu título passado à cultura *mainstream* (mais notavelmente em 1987, com o Beastie Boys que lançou o *single* "No Sleep 'Till Brooklyn"). Gravado em Norfolk, Leeds, Newcastle e Belfast – mas não em Hammersmith, apesar do título –, o álbum contou com 11 faixas, incluindo "Ace of Spades" e "Motörhead", e tinha um encarte que mostrou evidências do estilo de vida desregrado da banda durante a turnê. "Eu acho bom pra caralho", riu Lemmy. "Não há nada a reclamar. O encarte é composto de fotos que eu tirei durante a turnê, de pessoas na cama e em suas piores posições geralmente."

A versão ao vivo de "Motörhead" manteve a energia armazenada no decorrer do verão de 1981, quando a banda tocou no *Top Of The Pops* e gravou uma BBC *session* com "Kid" David Jensen. A indústria agora parecia respeitar a banda, e o Motörhead tinha sua maior envergadura até o momento. Isso foi confirmado com a banda fazendo o papel de banda principal num show histórico em 1 de agosto, no estádio de Port Vale, em Stoke-on-Trent, o chamado *Heavy Metal Holocaust*. O show tinha Vardis, Motim, Mahogany Rush, os canadenses do Triumph e – numa inversão pura da turnê anterior – Ozzy e sua Blizzard of Ozz.

Inicialmente tinha sido anunciado que o Black Sabbath também tocaria, mas a banda veterana desistiu pouco antes. Lemmy tipicamente ficou enfurecido sobre o rumo dos acontecimentos, declarando: "O que o Sabbath fez foi uma coisa ridícula. Toda essa baboseira sobre gravação e compromissos de última hora obrigando-os a não tocar. Isso é a maior baixaria que eu já ouvi. Eles tiraram o corpo fora porque estavam com medo... Ozzy é um grande cara, e sua banda é brilhante. Ele se preocupa com o público como nós fazemos". Sua raiva contra o Black Sabbath foi talvez mal direcionada: o Black Sabbath estava na verdade se ajustando a seu novo vocalista, Ronnie James Dio, e é provável que a data no Port Vale simplesmente não se encaixasse em sua programação. Por outro lado, a perspectiva da multidão gritando o seu apoio a Ozzy e seu possível desprezo pelo vocalista Dio, que ainda estava sendo testado, parecia desanimadora, mas nunca vamos saber com certeza.

O desempenho do Motörhead no *Heavy Metal Holocaust* foi um marco do início de sua carreira. A banda assolou a multidão com um *set* poderoso, até porque a banda estava usando o maior sistema de som que já usou num show até aquele ponto. Como Lemmy gritou do palco, "Eu quero que vocês saibam, este é o maior sistema de som já montado nas ilhas britânicas... Então, quando você for para casa, você pode dizer: 'O quê foi aquilo?'." O volume absurdo não incomodou a banda, cuja audição já estava praticamente detonada nesta época – um risco ocupacional nos anos pré-proteção auricular. "Eu não consigo saber qual ouvido está funcionando, porque ambos vêm e vão", explicou Lemmy. "Meus ouvidos escutam constantemente o som de um caminhão de bombeiros, além disso tem um zunido que não para. Eles berram! Eu sempre gostei de destruir meu corpo, mas isso está quase sempre ligado com viagens cerebrais totalmente fantásticas... Não a isso."

Naquela longínqua época, uma vez que um artista de rock conseguia algum sucesso, uma das primeiras coisas que ele ou ela geralmente pedia era para aparecer em programas de TV infantis, que naquele tempo tinham grande força comercial. Hoje em dia não existe nenhum programa musical de TV que tenha importância, especialmente depois que o *Top Of The Pops* foi cancelado. Porém, naquela época, a televisão britânica oferecia aos músicos múltiplas oportunidades para se exporem. Um dos melhores e mais surreais programas do sábado de manhã na década de setenta e oitenta foi o *Tiswas* (um acrônimo de *Today is Saturday, Watch and Smile*), que os leitores ingleses de certa idade vão lembrar com carinho como uma sessão de duas horas de tortas de creme sendo atiradas e performances variadas para pré-adolescentes. Lemmy apareceu no show em 8 de novembro e fez uma performance impagável (procure no YouTube), na qual ele e os membros das bandas pop Modern Romance e Dollar foram obrigados pelo apresentador Sally James a jogar "passe a torta de creme". Quando a música parava, a próxima pessoa da fila levava uma torta na cara. Nas imagens, Lemmy participa por um tempo, passando a torta (na verdade, um prato de papel coberto de espuma de barbear) ao longo da fila dando uma voltinha irônica, mas quando ele leva uma tortada, ele vai embora, evidentemente sem conseguir tolerar mais.

    Naquele momento, o Motörhead já tinha realmente marcado sua presença. Saindo numa turnê em novembro, com a nova banda de NWOBHM Tank, eles descobriram que a atenção vinha em sua direção de todos os lados, parte dela bem-vinda, outra parte um pouco menos. Philthy estava defendendo-se de um processo por posse de drogas, o que só aumentou o grau de interesse das milícias de vários condados pelo Motörhead. Em sua recente turnê pelos EUA, o baterista tinha explicado a Gary Bushell que sua ausência do país tinha sido relutantemente aceita como uma desculpa: "A polícia está sendo idiota a respeito desse problema. Nossos advogados explicaram sobre a turnê nos EUA e perguntaram se eles poderiam adiantar ou adiar a audiência, mas eles não aceitaram. Então eu concordei em aparecer na audiência e sair em turnê. O juiz não achou aquilo nada convincente. Estar numa turnê a milhares de quilômetros de distância não era uma boa desculpa para não ir ao tribunal. Então, isso me custou 30 dias de cadeia ou uma multa quando eu voltasse, além de uma outra multa pelas drogas. Eu provavelmente vou receber as duas penalidades, com o opcional de ser espancado dentro da prisão.

É estúpido, o advogado disse que eu estava me declarando culpado e que pagaria a multa, mas o juiz disse: 'Não, ele tem que comparecer em pessoa'. Ele deve ter levantado da cama pelo lado errado naquele dia. Mas isto é o máximo que vão conseguir. Eu não estou muito preocupado em ficar preso por 30 dias. Se isso acontecer, aconteceu. Vai ser como umas férias. Mas eu preferia estar solto tocando".

Ele acrescentou: "O Velho Bill (gíria inglesa para polícia) está atrás do Lemmy por um longo tempo. É como uma vingança, mas nunca foram capazes de enquadrar ele em nada... Tivemos a polícia atrás de nós por anos. Eu não sei por que se importam. Parecem ter a ideia de que somos todos grandes traficantes, o que é ridículo. Mesmo se quisesse ser, e não sou, eu seria um idiota em me envolver com o tráfico de drogas hoje, com a banda começando a ter algum prestígio internacional. Mas vou dizer o que me deixa mais deprimido, são pessoas como as da revista *New Musical Express* e a maneira como eles estão sempre colocando o heavy metal para baixo e dizendo que não vai a lugar nenhum. Eles devem ser uns idiotas. Deveriam estar escrevendo sobre o que a garotada está vivendo. Milhares deles adoram o heavy metal".

Todos os astros do rock recém-criados fingem que são humildes, mas evidentemente Philthy estava sendo verdadeiro quando disse: "Nós mesmos ainda somos fãs. Nós ainda lembramos bem como éramos antes de chegar aqui... Eu acho que um monte de outras bandas chega diretamente ao sucesso enquanto ainda são muito jovens, então eles nunca tiveram a experiência de serem fãs de outras bandas por muito tempo. Temos uma presença bem próxima, direta e boa com nossos fãs. Eles gostam e respeitam isso".

Na verdade, os fãs realmente adoravam o Motörhead – talvez até demais. Em diversas ocasiões, Lemmy foi assediado por *headbangers* entusiasmados em excesso, que quase arrancaram um pedaço dele, e se não fosse dele, então de sua roupa. "Fomos atacados em Chester, eu e Eddie", ele suspirou. "No estilo beatlemania. Seis doidos pendurados em cada perna e outros seis num dos braços... Não se pode mais ir para o bar e tomar uma bebida". Clarke acrescentou: "Não é brincadeira, cara, descemos pela lateral da casa de shows para tentar chegar aos camarins. Eles viram Lemmy, e de repente foi como um enxame de abelhas em volta dele. Todos estavam correndo e pulando. Eu pensei 'Tenho que ajudá-lo'. Eu pensei que ele fosse se foder!... É uma merda, mas o fato é que é isso que nós estávamos cultivando. Não estamos reclamando. Apenas contando algo que é nossa realidade."

Clarke não quis especular sobre o quão alto a banda poderia chegar - mesmo com o mundo parecendo estar aos pés do Motörhead naquele momento. Ele até demonstrou certa antipatia por shows em grandes espaços, lembrando-se do famoso Hammersmith Odeon (agora chamado Apollo): "Primeira noite no Hammersmith hoje, o que deu errado? Não havia contato com o público. Foi horrível. Na noite seguinte mudamos tudo três metros para a frente, para nos livrar dos seguranças e fazer um show explosivo. Isso me fez sentir como se estivéssemos detonando o Hammersmith Odeon. Eu sempre quis detonar o Hammersmith".

O ano de 1981 foi de sucesso sem precedentes para o Motörhead, mas parecia que a sua fase áurea não poderia durar muito. Apesar de o disco ao vivo ter entrado para a história como um dos melhores álbuns ao vivo de rock ao lado do *The Who Live At Leeds*, em retrospecto, ele representava o auge da formação Lemmy/Clarke/Philthy. "Foi relativamente fácil, já que era só uma questão de gravar alguns shows, mas conseguimos tornar aquilo muito difícil – na verdade, nós é que estávamos nos tornando muito difíceis", lembrou Clarke. "Este álbum foi um grande sucesso, mas a podridão já tinha começado..."

É interessante notar que, nessa fase pelo menos, o Motörhead estava feliz em aceitar o rótulo de heavy metal. Mais tarde em sua carreira, Lemmy foi veemente em dizer que sua banda tocava simplesmente rock'n'roll, mas isso não o impediu de tocar no Heavy Metal Holocaust ou de a banda expressar seu apoio pelo movimento como um todo. Apesar de que dizer que a sua música era para "a garotada" acabou sendo satirizado como hipocrisia nos anos que viriam, música pesada – seja o punk ou metal – era, nos anos setenta e início dos anos oitenta, ao menos, uma diversão popular e realista que andava de mãos dadas com a rebelião adolescente. Nos anos 90, o heavy metal virou algo que soava como um fruto da classe média, e uma década mais tarde até parecia que o metal tinha sido reduzido a uma moda de roupas para jovens universitários ressentidos – mas, nos seus primórdios, o som pesado era algo reprovado pela maioria, logo, algo compatível com o Motörhead.

Mesmo assim, Lemmy sempre foi e permanece firme sobre suas influências que decididamente não tem nada a ver com o metal – e, desta forma, isso o torna uma figura única. Na década de oitenta, nenhum astro do rock ousava falar sobre rock'n'roll dos anos 50 como uma inspiração, a menos que fosse alguém em seus quarenta ou cinquenta anos de idade e, possivelmente, em uma banda de rock progressivo. E, mesmo assim, aqui estava Lemmy, aos 35 anos no final de 1980, explicando: "Todos os primeiros músicos de rock, como Little Richard, Elvis, Buddy Holly e Chuck Berry, são importantes. Todos esses caras. E todas as bandas de Liverpool também. Eu tive muita sorte, cara. Eu tive o privilégio de escutar um monte de coisas boas".

Um anacronismo vivo, Lemmy era um cara na casa dos trinta, com a mente de vinte e poucos anos, tocando música para adolescentes. Naquela época, dizia-se que não se faziam mais pessoas como ele. E ainda não fazem.

Capítulo 8

1982-1983

Em retrospecto, a carreira de Lemmy, Eddie Clarke e Philthy poderia ter ido a várias direções após *No Sleep 'Til Hammersmith*, o álbum que os transformou em astros do rock de verdade. Na pressa de capitalizar seu sucesso, a banda começou a gravar um novo LP em janeiro de 1982. As sessões de gravação ocorreram no Ramport e Morgan Studios, no sul e norte de Londres, respectivamente, sendo que a própria banda produziu as músicas. Talvez eles devessem ter chamado um produtor de fora ou até mesmo esperar um tempo para que as composições ficassem mais coesas e produtivas. Quem sabe assim, talvez *Iron Fist* pudesse ter sido um disco melhor.

Não que o primeiro *single* "Iron Fist" tenha sido algo inferior: na verdade, ele passou a ser uma das músicas que mais identificou o Motörhead. Ele foi lançado em abril, duas semanas antes do álbum de mesmo nome, seguido por uma curta turnê pelo Reino Unido. Uma breve turnê americana poderia ter reforçado a presença da banda, dado o sucesso internacional e a recepção calorosa, mas na verdade estes shows na Inglaterra – e um apoio francamente imprudente – provaram ser o fim da banda, pelo menos com essa formação famosa.

Era óbvio que a relação entre Lemmy e Clarke estava ficando cada vez mais tensa. O guitarrista teria ficado notoriamente irritado com o vocalista durante um show no início dos anos 80. Lemmy, neste episódio, tinha ficado exausto após ter "dado atenção" demais a algumas *groupies* antes do show e desmaiou no meio da apresentação. Como Clarke disse a Sylvie Simmons, "Lemmy ficou acordado por três dias bebendo vodca. Além disso, passou o dia comendo todas as garotas que apareceram na sua frente e usando isso e aquilo e aquela outra coisa... Então subimos no palco... Tem 12 mil pessoas amontoadas lá esperando por nós. Durante o dia todo, as pessoas foram me oferecendo cocaína e tudo mais, mas eu só tomei uma porra de uma Heineken porque eu queria estar inteiro para este show. Depois de cinquenta e cinco minutos tocando, Lemmy apagou, caiu no palco. Então, eu e Phil ficamos furiosos. Dissemos 'Você nos decepcionou, seu filho da puta'. E ele disse 'O fato de eu ter ficado acordado por três noites seguidas não têm nada a ver com isso'. Ter ficado acordado três dias, sendo chupado e fazendo essas outras coisas, não teve nada a ver com o fato de que ele teve um colapso no palco. Claro que não!"

Esta história se transformou ao longo dos anos em uma lenda urbana na qual Lemmy supostamente recebeu uma sequência de três boquetes e em seguida desmaiou. Questionado sobre a verdade por trás do boato alguns anos depois, Lemmy admitiu que o cenário de felação múltipla fosse verdadeiro, mas que isso não teria sido o que o levou a desmaiar. Em vez disso, ele atribuiu sua incapacidade de tocar ao fato de ter ficado acordado por três noites.

É uma grande história, mas mesmo assim é fácil entender que Clarke deve ter ficado irritado com o passar do tempo. A gota d'água veio quando Lemmy concordou em gravar um *cover* vagamente cômico, "Stand By Your Man", da cantora Tammy Wynette com a banda punk americana Wendy O. Williams & the Plasmatics. "Ela foi uma vítima do ácido", explicou Lemmy, questionado sobre Williams. "Parece-me que ela teve muitas viagens, apesar de que hoje ela é uma obcecada por uma vida saudável. Ela é uma visão muito boa de costas... E quando ela se vira e olha para você, é ainda melhor... Ela é uma mulher imponente, tem músculos como cabos de aço. E eu acho que tem uma boa voz também, mas leva algum tempo para entender as coisas."

"É uma música ridícula", explicou Williams sobre "Stand By

Your Man". "Ela simboliza a hipocrisia e a estupidez. Agora Tammy Wynette está apoiando a reeleição de George Wallace para governador do Alabama, e Wallace é um dos maiores loucos que a América já viu. Ele está em uma cadeira de rodas, mas ainda assim apoia a segregação racial e essas coisas. E Tammy Wynette tocando 'Stand By Your Man' é mais louco ainda, já que ela foi casada cinco vezes. Do que ela está falando? Música country é um símbolo de conservadorismo lunático. A ideia de fazer uma versão escrachada dessa música imediatamente me chamou a atenção... Eu gosto de Motörhead, porque para mim eles parecem ser uma banda para a qual nada é sagrado. Eu gosto da voz de Lemmy, é a versão masculina da minha."

Convidado a tocar no *single*, Clarke se recusou e abandonou o Motörhead durante a turnê, obrigando a banda a reagendar as datas de shows já marcadas. "Era para ser pura diversão, entende", suspirou Lemmy, "mas acabou sendo uma experiência bastante traumática por causa da saída do velho Eddie. Ainda assim, a gente não consegue agradar a todos... A situação estava ficando um pouco estúpida de qualquer maneira, havia sempre algo errado, não foi só pelo *single*. Ele não é um cara feliz, o Eddie, foi essa situação que me mostrou isso. Nós pensamos que ele ia tocar no *single*, depois ele decidiu que ia ser o produtor, no fim ele acabou indo embora. Foi muito estranho. Ele poderia ter deixado a banda num momento melhor, antes ou depois da turnê... Depois de dois shows é demais, sabe?".

Lemmy acrescentou que Clarke esteve a ponto de sair da banda várias vezes antes. Como disse ao jornalista Valerie Potter, "Eddie deixava a banda a cada três meses de qualquer maneira, durante toda a existência da banda até ali. Ele estava sempre nos abandonando, assim, desta vez, eu e Phil apenas dissemos 'Foda-se, não vamos ficar tentando convencer ele a voltar agora!' Então ele foi...".

Falando ao jornalista da revista *Sounds* Sylvie Simmons, ele acrescentou: "Este cenário em que ele deixa a banda reflete realmente ele chorando por atenção. Ele só queria que nós implorássemos pela volta, por exemplo, 'Por favor, não vá embora, não nos deixe' ou algo parecido. Ele fazia isso com certa frequência. Você acaba ficando cansado disso. Depois de sete anos essa situação estava começando a nos deixar saturados. Você pode blefar várias centenas de vezes. O cara ameaça sair da banda uma vez por semana, durante sete anos, por qualquer motivo que seja – quero dizer, nós não queríamos que ele saísse, tentamos convencê-lo a não sair. Mas ele parecia tão inflexível que eu pensei: 'Bem, obviamente não é apenas conversa de bêbado', é ele tentando um papo desses para obter as coisas do seu próprio jeito".

Como era de se esperar, o próprio Clarke olhou para trás em relação a sua partida do Motörhead com olhos bem mais românticos duas décadas mais tarde. Como explicou a David Wilson, "eu os deixei para ir em frente. O Lemmy, o jeito como ele trabalha, é uma obra-prima do caralho. Ele trabalha duro. Não para nunca, realmente, exceto quando cai e tem que descansar. Ele está começando a ficar velho agora, está na casa dos cinquenta e ainda não deu uma pausa. Eu, sim, estou ferrado – e olha que eu dei uma parada! Ele continuou... Sempre que eu o vejo tenho uma sensação boa de ver que ele está bem, porque o que nós tivemos em comum – eu, Phil e ele – era especial. Aprendi a perceber isso mais tarde, era algo que realmente só acontece uma vez na vida – esse tipo de camaradagem, onde é a gente contra o mundo, sem nenhum dinheiro e estávamos realmente brigando com o mundo, mas estávamos fazendo isso juntos".

Ele acrescentou: "Enquanto a banda está OK, você tem alguma coisa. Você tem alguns fãs no início e, em seguida, eles crescem e se tornam um exército, e no final você tem que dizer: 'Sim, o Motörhead está aqui', porque nós não vamos desistir... Era como estar no exército, eu acho. Quando você está em uma situação de guerra, um exército de três, e você tem que dar cobertura uns aos outros. A sobrevivência de cada um depende do outro, e era algo realmente especial que eu nunca encontrei novamente na vida".

No entanto, Clarke também sentiu que seu tempo no Motörhead fizera dele um músico pior, um ponto que ele só percebeu quando entrou na sua próxima banda, Fastway. Como ele argumentou: "Quando entrei com o baixista do UFO Pete Way para montarmos o Fastway juntos, que foi a primeira coisa que eu fiz depois que eu saí do Motörhead, tivemos um ensaio e eu pensei: 'Caralho, minha guitarra soa bem!' e era porque tinha o baixo por trás dela! Quando

1982-1983

tocava no Motörhead, fizemos um show em Beaumont, Texas, abrindo para o Ozzy, o Mountain ia ser a primeira abertura e, quando eles começaram... o som era muito bom. Eu disse ao meu *roadie*: 'Por que eu não consigo ter uma guitarra com este som?'. E não foi até o dia em que eu comecei a tocar com Pete Way, quando eu percebi que não era exatamente o modo que eu tocava. Se você tem um baixo grave lá, você pode tocar com um pouco mais de liberdade. O baixo corrige os detalhes da guitarra e torna o som melhor de se ouvir e tocar, mas quando você está tocando com o Lemmy e o baterista, fica muito difícil – assim você não pode realmente tocar relaxado com o som do Motörhead. Você tem sempre que ficar de olho nele. Quero dizer, as drogas podem ter algo a ver com isso, eu não tenho certeza... Eu não quero ficar filosofando muito aqui, tenho que lembrar o estado em que estava na época, nós todos!".

Ele acrescentou: "Nós (Fastway) estávamos em uma loja de discos em São Francisco, e eles tinham o meu disco do Curtis Knight, gravado antes de eu entrar no Motörhead. E eles disseram: 'Vamos escutar esse disco'. David, o vocalista, estava comigo, e ele ouviu a guitarra e disse 'Porra, o Motörhead realmente acabou com o jeito que você toca!'. E eu estava sentado lá ouvindo, pensando 'Merda, era muito bom mesmo! Quem é esse cara tocando?'. Eu realmente me tornei um guitarrista mais limitado e estúpido. Veja, como um guitarrista você tem que arriscar às vezes, assumir certas oportunidades que surgem em seu caminho. Na época eu estava trabalhando numa construção e apareceu a chance de tocar com o Motörhead. Aceitei com o coração aberto... e eu realmente nunca percebi o quanto isso afetou minha forma de tocar. Eu não tinha espaço no Motörhead. Mas eu gostei, porque eu era um terço da banda. Com esta banda é diferente. Eu continuo nervoso. Mas com o Motörhead eu tinha medo... Agora é muito mais confortável do que era com o Motörhead".

Esta é uma questão controversa, para dizer o mínimo. Tocar com músicos de menor habilidade do que você não o torna pior, porém transforma o processo de escrever, ensaiar e gravar numa experiência um pouco frustrante. Mas os efeitos supostamente prejudiciais sobre suas habilidades na guitarra eram apenas uma parte das reclamações de

Clarke: ele também lamentou o que ele percebia como uma tendência derrotista dentro da banda: "Agora eu sei que todo mundo está fazendo a sua parte. Com o Motörhead, se alguma merda acontecesse no palco ou algo assim, a coisa ficava embolada por uns 20 minutos, porque o Motörhead era o tipo de banda que se você não toca precisamente, está tudo acabado. É tudo muito rápido, com o Lemmy tomando *speed*". Realmente coisas fortes, mas ao mesmo tempo Lemmy sempre foi transparente sobre seu gosto por anfetaminas, poucas bandas – mesmo na era do punk e pós-punk – teriam ganhado a vida se seus shows fossem tão facilmente descarrilados por, digamos assim, excessos de seus estilos de vida. Infelizmente, nenhum dos protestos de Clarke realmente resiste a uma análise lógica.

Por outro lado, Philthy ficou surpreso que o single "Stand By Your Man", algo deliberadamente despretensioso, tenha sido o que levou Clarke a sair da banda definitivamente, em vez de uma separação temporária. Afinal, aquela nunca foi destinada a ser uma música do Motörhead "séria", ele disse: "Todos nós sabíamos que não seria uma produção no estilo da colaboração de Stevie Wonder com Paul McCartney. Era basicamente um projeto extra, paralelo. Nós gravamos as bases sem problemas, mas assim que a Wendy começou a gravar os vocais, Eddie levantou-se e disse: 'Eu vou sair para comer algo' e nunca mais voltou. Ele disse: 'Se essa porra de *single* sair, eu não quero ser associado a ele'".

Mesmo assim, Philthy e Lemmy não teriam forçado a Clarke tocar nessa música, mas ele poderia ter deixado claro que odiava o projeto. "Eu disse a ele: 'Bem, isso não é problema. Fácil. Se você quiser, você pode deixar uma nota no verso da capa do single: Eddie Clarke não está de modo algum envolvido com isto. Ele odeia. Ele acha que é um monte de merda'", disse o baterista. "Nós sabíamos que o Plasmatics não se importaria que isso fosse escrito na capa, nem nós... Eu ainda não acredito que isso tenha sido a sua razão para sair. É um motivo idiota, superficial. Estamos tristes que ele se foi, porque, quando isso aconteceu, foi quase como estar num relacionamento por sete anos e, quando você se separa, lágrimas são derramadas. Não foi uma situação tipo 'Se você vai sair, tudo bem, então vá se foder, podemos substituí-lo fácil por outro'."

1982-1983

Ainda não é totalmente claro por que Clarke deixou o Motörhead bem auge do primeiro pico comercial da banda. Como a maioria das coisas na vida, deve ter sido uma combinação de fatores que finalmente levou-o a jogar a toalha. "Stand By Your Man" não era boa nem ruim, foi uma distração para o Motörhead, que tinha entrado num território semelhante com o Girlschool e o EP *St. Valentine Massacre*, não esquecendo também de uma breve aparição que Lemmy tinha feito com os Nolans em um projeto chamado The Young & Moody Band em 1981. Como esses projetos anteriores, "Stand By Your Man" foi deliberadamente uma brincadeira, levemente provocante e lançado com o espírito daquela época, quando gravações inusitadas eram mais comuns e interessantes para o público do que são hoje. Sua importância para Clarke é difícil de explicar.

Apesar do rancor mútuo sentido por Lemmy e Philthy de um lado e de Clarke por outro, a relação voltou a sua estabilidade habitual depois de um tempo. "Eu subi no palco com ele, cerca de quatro semanas atrás em Londres. Ele ainda me chamou de 'cuzão'", disse Clarke sobre seu ex-chefe. "Ele me disse no show 'você sente falta de mim?'. Eu disse 'Claro que eu sinto sua falta, cara'. E disse: 'Eu odeio você, sua puta, mas eu sinto sua falta!'. Muito comovente, não é?" Em reação ao *single* com o Plasmatics, Clarke também disse à jornalista Sylvie Simmons que o Motörhead "tinha voltado a ser uma piada. Quando me juntei a eles, éramos a pior banda do mundo – que era o que os jornais diziam. Então nós batalhamos para mudar isso e subimos a um *status* muito bom. Nós passamos pelo movimento punk – lembre-se que o punk nos ajudou a cobrir aquilo que parecia ser a parte ruim no nosso som; quando acontecia um show ruim, diziam que era 'melhor do que qualquer banda punk que eu já vi' – e agora está tudo descendo morro abaixo novamente".

A história do Motörhead tem vários momentos-chave em que o destino da banda estava em jogo, e este foi um deles. Se Lemmy fez a coisa correta ao contratar o guitarrista do Thin Lizzy, Brian Robertson, no lugar de Eddie Clarke ainda é discutível, embora todos estes anos depois, este capítulo encerrado na história do Motörhead ainda é recebido com gargalhadas sarcásticas por alguns – e com absoluta perplexidade por outros.

Com uma turnê pelos EUA em andamento e com o risco muito real de irritar profundamente todo um continente de *headbangers* se eles cancelassem as datas de shows restantes, Lemmy e Philthy tiveram que tomar uma decisão rápida. Como o baterista lembrou, "Eu e Lemmy ficamos pelo hotel por uns dias pensando 'Porra, o que vamos fazer? Será que cancelamos a turnê?' E, se nós fizermos isso, provavelmente nunca mais teremos esta oportunidade: nossa primeira turnê na América como banda principal. Lemmy ligou para o Brian Robertson e disse: 'Você gostaria de tocar no Motörhead?'".

Felizmente, o guitarrista escocês estava disposto e era capacitado para se juntar à banda. De acordo com Philthy, a resposta de Robertson foi: "'OK, por que não, tudo em nome da diversão'. Nós o conhecíamos por alguns anos, mas era sempre em estado de embriaguez extrema. Eu sabia do estilo dele como guitarrista muito bem, porque eu sempre fui um fã do Thin Lizzy, desde o primeiro álbum. Eu sabia que a única pessoa que poderia tocar tão rápido quanto o nosso som requeria, aprender as músicas tão rapidamente e tocar os arranjos do Eddie, era ele".

Robertson (nascido em 12 de setembro de 1956) foi uma escolha excelente. Ele tinha passado a maior parte dos anos setenta no Thin Lizzy e a segunda metade daquela década desfrutando a vida perto do topo do panteão internacional do rock'n'roll. O Thin Lizzy tinha se perdido no início dos anos oitenta, graças à luta do vocalista Phil Lynott contra o vício em heroína. Mas a lenda ainda estava fresca na mente dos fãs de rock quando o chamado de Lemmy veio em 1982. Trazendo tanto o conhecimento musical quanto a sua fama para o Motörhead, Robertson também deu à banda aquele indescritível brilho de um supergrupo, graças à sua história.

Não que ele tenha recebido uma tarefa fácil: longe disso. Chegando ao meio da turnê, Robertson ganhou um *walkman* Sony, um punhado de fitas cassete e 16 horas para aprender um número de músicas suficiente para o show no dia seguinte: algo nada simples, uma vez que era esperado que ele tocasse tanto guitarra-base quanto solo. Philthy lembrou: "Um dos primeiros comentários que ele fez quando estávamos ensinando as músicas foi: 'Porra, eu sempre pensei que vocês tocassem só dois acordes com um muro de barulho por trás, e agora eu percebo

1982-1983

que existe mais que isso, há alguma estrutura. Na verdade, há algumas coisas de muito bom gosto'. Neste ponto Lemmy disse: 'Da próxima vez que você der uma entrevista, não se esqueça de dizer isso!'".

Robertson estava trabalhando em um álbum solo e foi, portanto, possível que ele se juntasse ao Motörhead sem qualquer outra restrição de tempo. Dado o colapso do Thin Lizzy, Lemmy tinha a impressão de que o guitarrista poderia não estar muito a fim de voltar à vida numa banda, mas Robertson assumiu a posição e assinou o contrato para um álbum. O vocalista estranhou: "Nós não esperávamos isso, mas agora é definitivo. Se ele diz que sim e eu também digo, então deve ser para valer... Ele estava trabalhando num disco solo e pedimos para ele nos ajudar a terminar a turnê. Eu achei que ele já estivesse farto de tocar em bandas, mas ele está se divertindo. Ele não dormiu durante os três primeiros dias na América!... Eu acho que o Motörhead vai mudar, mas em certas músicas ele vai ter que detonar a guitarra, tenho certeza de que ele é bem capaz de fazer isso. É um bom detonadorzinho! A cozinha [ou seja, o baixo e a bateria] continuará sendo a mesma, mas a cereja no topo do bolo vai ser diferente".

Com Robertson em seu lugar, o Motörhead estava preparado para outro disco de estúdio. O novo guitarrista – um instrumentista mais talentoso e menos baseado no *feeling* do que seu antecessor – causou um impacto imediato sobre o trio, graças a sua técnica e estilo de gravação. Se Robertson era melhor ou pior que Clarke, é discutível e possivelmente irrelevante, uma vez que a sua permanência na banda foi curta – mas não há como negar que ele representou um sopro de ar fresco para Lemmy e Philthy. Como Philthy diplomaticamente comentou, "Nosso som mudou um pouco agora que o Brian juntou-se à banda, acho que ficou mais musical", apesar de toda a banda, incluído Robertson, saber que ninguém se importaria tanto com detalhes de como seriam as turnês e as gravações. "As rádios não vão nos apoiar de qualquer maneira", disse ele. "As rádios não tocam nossas músicas, não há estações de rádio na Inglaterra que façam isso, exceto as pequenas."

Philthy, que (como Clarke) foi um músico instintivo em vez de técnico, foi mais afetado pelo estilo de Robertson de tocar do que Lemmy – que, segundo ele, continuou espancando o baixo como sempre fez. "Uma vez que Lemmy começa a tocar, ele está lá sozinho, por conta própria, não importa quem está tocando junto, é algo que vem naturalmente, mas, quando Robertson se juntou à banda, nós tivemos que começar a trabalhar o som um pouco mais. Quando Eddie estava na banda, eu acompanhava mais a guitarra que o baixo, porque Lemmy não é realmente um baixista. Lemmy toca sempre tão rápido que parece até um guitarrista, mantém o ritmo e a melodia. Lemmy fica tocando o tempo todo, então para marcar os pontos altos e baixos das músicas, os graves e os agudos, as nuances – ou como você quiser chamar – é basicamente eu e o Robertson. Quando comecei, eu ainda não tinha tocado com muita gente, por isso é provavelmente muito mais difícil para ele do que para mim. Ele sempre tocou em bandas que tinham um bom baixista tradicional, por assim dizer."

Apesar de seu novo recruta, os valores básicos do Motörhead continuavam essencialmente inalterados. Lemmy achava que a ascensão do synth-pop era uma aberração, por exemplo, dizendo: "Eu acho que essa tendência futurista é abominável. Parecem bandas compostas por três caras tocando teclados e alguém usando uma capa de gabardine, cantando sobre o que está na moda". Ele também continuou desprezando a heroína e os viciados nela. Esse desprezo incluía até mesmo violência, como o jornalista Peter Makowski lembrou numa entrevista para a revista *Classic Rock* em 2010. "Meu encontro mais memorável, mas não necessariamente agradável, com o Lemmy ocorreu no início dos anos oitenta", lembrou. "Eu estava no sufoco do vício em heroína e estava desesperadamente tentando segurar a situação. Lemmy entrou, deu uma olhada para mim e fomos para o bar onde eu era frequentador. Você deve lembrar que Lemmy tem um ódio patológico de heroína. Isso não é hipocrisia, ou elitismo químico, isso é consequência do fato de que uma garota que ele amava profundamente morreu de overdose – o que explica o seu comportamento quando ele se aproximou de mim, colocou a mão no meu pescoço e me levantou no ar, para o choque, horror e perplexidade absoluta dos outros frequentadores."

Makowski continuou: "Ele me perguntou: 'Você ainda está usando essa merda?'. 'Er, parei cara.' Eu menti pateticamente enquanto minhas pernas tremiam desesperadamente. Um olhar de tristeza se espalhou pelo seu grisalho olhar sério e imponente, quando ele suspirou 'Pare com isso'. Muitos anos depois parei de verdade, e nos encontramos em um Classic Rock Awards. Eu o lembrei daquela ocasião e sugeri que, se ele um dia se aposentasse, poderia começar uma carreira como conselheiro para drogados. 'Claro, pegar otários pelo pescoço e ameaçar matá-los', ele borbulhava, 'Eu não acho que o governo iria me apoiar nessa, cara"'.

O primeiro (e único) fruto da parceria Robertson/Motörhead veio em 4 de junho de 1983, com o álbum *Another Perfect Day*, lançado pela Bronze. Esse disco virou algo perdido no catálogo da banda, simplesmente porque as músicas raramente foram tocadas ao vivo. *Another Perfect Day* vale a pena ser revisto para lembrar aos mais esquecidos quais são seus encantos genuínos. Alcançando o número 20 nas paradas do Reino Unido, sendo impulsionado por dois *singles* – "Shine" e "I Got Mine" –, o LP estava claramente em contato com os gostos do público naquele momento, mesmo levando em conta que os movimentos new wave e new romantic, altamente desprezados por Lemmy, também estivessem começando a tomar forma. *Another Perfect Day* também tem a música do Motörhead com o melhor título de todos os tempos – "Die You Bastard".

Apesar disso, os comentários foram pouco generosos, com críticos pouco dispostos a apoiar a banda em sua encarnação pós-Eddie. Lemmy zombou anos mais tarde: "Foi chocante a forma como o disco foi criticado. Isso mostra o quanto os críticos entendem, não é? Agora, 20 anos depois, os mesmos críticos estão dizendo 'Nossa, esse disco era um diamante não lapidado!' e toda essa merda habitual. São uns idiotas com uma visão retrospectiva. Todo mundo é muito inteligente em retrospectiva".

A capa do álbum era emblemática: uma chuva intensa de cores em movimento centrado em torno do Warpig. O artista Joe Petagno produziu tudo num prazo bem curto e deliberadamente pretendia mostrar ali a recente turbulência dentro da banda e em sua própria vida. "O caos é o caos, cara", reflete Petagno hoje. "Lemmy dando adeus para Eddie, e com um novo guitarrista a bordo, que usa calças superjustas." (Esse comentário reflete a infeliz escolha de figurinos de palco usada por Robertson, que será abordada na sequência deste livro.) "Eu estava me mandando da Dinamarca depois de chutar o vício da cocaína para embarcar numa aventura americana com minha esposa e nossa filha. Eu não tinha um telefone: recebi um telegrama dizendo que precisava da arte em oito dias, e o título era *Another Perfect Day*. Eu pensei: 'Isso soa perfeito'... E lá estava eu num apartamento sem mobília, sentado numa caixa de cerveja com uma prancheta no colo e minhas tintas, então eu soltei os cachorros, pegando o desenho da cabeça de javali do Motörhead que eu tinha projetado em 1975 e rasgando em pedaços. Eu deixei o caos reinar, o tempo todo me esforçando para dar a impressão de que, em todo este caos, havia um novo começo – e sempre há em algum lugar. Se você olhar o desenho da capa, esse lugar foi no chifre esquerdo, onde dá para ver um pedaço preto de metal aparecendo no nanossegundo em que esta imagem retrata um processo de transformação em curso. Eu encontrei um novo começo."

A reação dos membros da banda ao desenho da capa foi incrível. Petagno trouxe a imagem para eles, sem uma explicação prévia do que parecia, e se diverte até hoje em suas respostas. "Eu entreguei a arte pessoalmente, no meu caminho para Nova York", lembra ele. "Eles não tinham ideia do que eu ia mostrar, como de costume. Quando eu mostrei, eles ficaram assustados. Lemmy ficou sem palavras: ele sentou e olhou para a arte, então de volta para mim, depois para a arte. Philthy exclamou: 'Merda... Isso é muito assustador. Se os fãs virem isso depois de tomar ácido vão ficar muito doidos' – provavelmente vão sair nas ruas e matar alguém!"

Vamos a uma questão muito discutida, as roupas que Brian Robertson usava no palco – algo que foi muito exagerado ao longo dos anos e que era, provavelmente, apenas uma fração de tudo que foi dito. Quando o Motörhead começou a promover *Another Perfect Day* com a *Another Perfect Tour*, perguntas começaram imediatamente a chegar do público e pessoal da indústria sobre os shorts de cetim e os chinelos tipo alpargatas que Robertson usava no palco, em contraste com as roupas de couro preferidas por Lemmy e Philthy. Mas o pior problema é que ele foi acusado de se recusar a tocar algumas músicas de álbuns anteriores do Motörhead, uma atitude que dificilmente agradaria o público.

A realidade, como os leitores de certa idade vão se lembrar, é que os shorts de corrida – de material sintético brilhante e com uma fenda em ambos os lados bem no meio das pernas – eram considerados moda na época, e alpargatas eram um calçado essencial para o pessoal que se

1982-1983

encaixava num perfil que dirige um Ford Corcel e é fã de jazz-funk. Robertson simplesmente teve a ideia imprudente de usar esse tipo de coisa em público. Lemmy considerou como algo com um significado mais profundo, embora, como disse ao repórter da revista *Classic Rock*, Dave Ling: "Toda essa merda sobre estar vestido de forma diferente, usar aqueles shorts estúpidos, era só para encher meu saco. Ou para certificar-se de que todos sabiam que ele não tinha assumido sua posição no Motörhead, era só um artista convidado especial, fazendo um favor do alto de sua fama como guitarrista do Thin Lizzy".

Depois de uma enorme quantidade de shows na turnê britânica, americana e europeia, ficou claro que Robertson não iria funcionar como um membro em longo prazo e ficou combinado que ele iria deixar a banda no final daquele ano. Independentemente das diferentes opiniões sobre o que faz e o que não faz uma imagem de credibilidade no rock'n'roll, talvez fosse para melhor: os interesses musicais de Robertson estavam muito mais longe do que músicas baseadas em guitarra/baixo/bateria, como explicou mais tarde em uma entrevista ao jornalista Joy Williams. "Um dos meus bens mais preciosos são as quatro caixas de discos antigos do Glenn Miller que meu pai me deu quando eu saí de casa aos 17 anos. E eu tenho trabalhado num projeto de música eletrônica com Warren Cann do Ultravox. Levou mais de um ano e meio para gravar e mixar... As pessoas disseram: 'O que você está fazendo tocando como o Motörhead?' Eu não disse que gosto deles... Mas eu respeito eles por tocarem aquela merda por tantos anos e ganhar dinheiro com isso. Eles têm originalidade. Eu não vou dizer que Lemmy é um bom baixista, mas ele é muito original. Lemmy é Lemmy. E eu sei que o meu estilo é muito forte e sempre foi. No minuto em que saí do Thin Lizzy, eles entraram em decadência imediatamente. Não tanto porque eu saí, mas porque eles não se preocuparam em conseguir alguém com o mesmo estilo para me substituir. Muito raramente eu tive que perguntar: 'O que vocês querem de mim?'... Eu tenho um estilo clássico e posso mudar a minha abordagem".

Queixas também vieram de Lemmy e outros de que Robertson saiu porque estava exagerando na bebida antes dos shows. Para a revista *Revolver*, entrevistado pelo vocalista Matt Pike da banda High On Fire,

Lemmy disse: "Ele era um idiota. Ele ficou tão bêbado antes do show que não conseguia fazer nada direito. Eu não me importo que qualquer um da banda faça qualquer coisa, contanto que não estrague o show. Você pode tomar cinco doses de ácido antes do show se quiser, contanto que possa tocar. E ele não conseguia, por isso tivemos que mandá-lo embora". Perguntado pelo jornalista Scott Heller se o Motörhead tinha agravado o alcoolismo de Robertson, Lemmy riu e respondeu sarcasticamente: "Ah, claro. Brian, nós o induzimos a beber demais... Ele era um alcoólatra antes de se juntar ao Motörhead. Isso é metade da razão pela qual nós pedimos para ele entrar na banda".

Em retrospecto, os anos abordados neste capítulo são cruciais na história do Motörhead. Não só porque dois guitarristas tinham optado por sair, confrontando a visão do que Lemmy considerava como uma banda de rock decente, mas também pelo apoio maciço dos críticos – que tinham começado a assediar a banda desde 1980 – que estava começando a sumir. E ainda assim, numa forma que se repetirá interminavelmente nos capítulos subsequentes, a banda não estava fazendo música que possa ser considerada inferior a tudo o que tinha gravado antes. Aparentemente, uma maldição tinha sido colocada sobre o Motörhead. A questão agora é se eles conseguiriam escapar dela.

Capítulo 9

1984-1986

Os eventos de 1984 fizeram os problemas de 82 e 83 parecerem meros percalços. Com Robertson fora e críticas mornas feitas a *Another Perfect Day*, o Motörhead precisava encontrar outro guitarrista rapidamente para evitar perder espaço. Fitas cassete invadiram os escritórios da gravadora Bronze, vindo de candidatos esperançosos por um teste, que tinham lido a declaração de Lemmy na imprensa dizendo que a banda provavelmente não recrutaria um guitarrista conhecido. Uma delas veio de um pedreiro de Cheltenham chamado Michael Burston (nascido em 23 de outubro de 1949), que tinha uma boa reputação local como guitarrista em pubs e clubes de Wiltshire.

Como Burston lembrou: "Eu escrevi uma carta e enviei a fita, ele me telefonou para uma audição. Eu li a entrevista que Lemmy deu dizendo que precisava encontrar um substituto para Brian Robertson. Ele também disse: 'Nós provavelmente vamos acabar com um guitarrista desconhecido', e não havia ninguém no país que era mais desconhecido do que eu".

Burston estava à beira de desistir de tudo, tendo atingido a idade madura de 30 anos, sem sucesso significativo como músico. "Eu sabia, no fundo, que a única coisa que eu gostaria muito, muito de fazer na vida era tocar rock'n'roll", disse ele. "Mas eu pensei: 'trinta anos de idade – será que vou conseguir alguma coisa? Será que eu vou continuar tocando em bares para sempre?'. Mas eu não conseguia desistir. Havia sempre uma esperança na minha cabeça de que eu poderia ter sorte. Eu tenho uma teoria sobre a lei das médias – se você persistir por certo tempo, aquilo que você quer acontece no final. Ninguém pode ter tanta má sorte para acabar perdendo todas as vezes."

Na sua audição, Lemmy e Philthy ficaram impressionados com o caráter efervescente de Burston, com o modo como dominava seu instrumento, e discutiram a possibilidade de oferecer-lhe um emprego. No entanto, eles também tinham ficado impressionados com as habilidades na guitarra de Phil Campbell (nascido em 7 de maio de 1961), cuja banda, Persian Risk, já tinha tocado com o Motörhead. "O Persian Risk já existia há uns cinco anos, tinha lançado dois discos e feito vários shows", explicou Campbell. "Nós fizemos o último show do Motörhead com Brian Robertson, como banda de abertura. Éramos uma boa banda para a época. Era um som pesado, com duas guitarras e um vocalista."

Inspirado pelos dois guitarristas que fizeram testes e sentindo que poderia ter chegado o momento de expandir a formação, Lemmy ofereceu a posição para ambos – com Burston imediatamente apelidado de "Wurzel" por sua semelhança com o personagem do programa de TV inglês Worzel Gummidge. A nova formação consolidou-se logo após a aparição no programa mais popular que o Motörhead já esteve até ali, o *The Young Ones*, em fevereiro de 1984.

Leitores ingleses de certa idade vão lembrar-se do *The Young Ones* como um retrato surreal da vida em uma casa de estudantes dos anos oitenta, que girava em torno de quatro personagens principais cujas trapalhadas viraram sucesso. No episódio com o Motörhead, os quatro colegas correm para a estação de trem mais próxima, porque eles pediram no último minuto para competir no *quiz show University Challenge*. Entre as cenas dos alunos correndo pela plataforma da estação, o telespectador é presenteado com uma performance de "Ace Of Spades", na imunda e cinza sala de estar da casa. Lemmy, usando óculos escuros impenetráveis, inclina-se para trás em sua posição clássica, berrando os vocais com um olhar malicioso para a câmera, enquanto Campbell e Wurzel parecem estranhamente tímidos tocando versões dissonantes dos famosos solos de Eddie Clarke. Apenas Philthy parece tranquilo, espancando a bateria e parecendo impassível o tempo todo. Depois disso, Lemmy relatou que a maluquice do roteiro não se traduzia na vida real. "Esses caras (os atores Rik Mayall, Adrian Edmondson, Nigel Planer e Christopher Ryan) são muito chatos quando não estão representando", disse ele. "Eles são uns afetados... mas acabou tudo bem."

A expressão entediada de Philthy teve, talvez, mais importância do que seus companheiros de banda poderiam imaginar, uma vez que ele surpreendeu a todos ao abandonar a banda, não muito tempo depois dessa aparição no *The Young Ones*. Sua saída, juntamente com o fato de Robertson ter recentemente sido substituído, levou Lemmy à famosa piada: "Quem saiu fui eu ou eles?". No entanto, a calamidade total foi evitada quando Campbell recomendou seu amigo, o baterista que havia tocado no Saxon, Pete Gill (nascido em 9 junho de 1951), para uma audição no Motörhead, e ele foi aceito.

Até hoje não ficou claro por que Philthy deixou a banda, apesar de Lemmy mais tarde ter feito alguns comentários pontuais sobre uma banda não identificada que o baterista iria formar e "que era para ser muito melhor do que o Motörhead, mas não foi". Se esta era uma referência à participação de Philthy na banda Waysted do ex-baixista do UFO ou a uma colaboração com Brian Robertson, não se sabe – mas, em ambos os casos, Philthy passou alguns anos numa obscuridade relativa. Assim como Eddie Clarke, ele era e continua sendo mais conhecido por ter pertencido ao Motörhead na sua formação "clássica", uma versão da banda que recebeu uma quantidade discutivelmente injusta de louvor, apesar de sólidas e igualmente (ou mais) talentosas formações terem ocorrido nos anos seguintes.

Não importa quantos músicos deixaram sua banda, Lemmy nunca esteve propenso a abandonar o Motörhead depois de ter chegado tão longe. Depois de tantas bandas que não deram em nada ou que naufragaram, bem como o trauma do Hawkwind – uma banda que, apesar de aparentar o contrário, ele tinha curtido – e sua posterior subida ao topo da cena musical da Grã-Bretanha, ele era agora o Motörhead, e o Motörhead era Lemmy literalmente, mesmo depois da rotatividade de tantos músicos.

O fato de não ter dissolvido a banda nesta fase diz muito sobre a personalidade de Lemmy. O fato de que ele ainda está ativo, fazendo turnês e gravando enquanto você lê este livro, 27 anos após os eventos descritos neste capítulo e 36 anos após a formação do Motörhead, não é simplesmente por uma sólida ética profissional ou por sua capacidade de escrever boas músicas: é também porque ele tem satisfação em ver os membros da banda irem e virem enquanto ele mantém sua posição de núcleo do Motörhead. "Eu sempre achei que nenhuma diferença pessoal fosse grande o suficiente para acabar com a banda... Eles não acham que a música seja importante o suficiente para acabar com suas diferenças pessoais, as pessoas têm deixado a banda, mas eu sempre continuei. Eu nunca pensei em fazer outra coisa. Isto é o que eu tenho que fazer. Isto é o que eu deveria ser. Eu tenho que estar numa porra de um camarim dando entrevistas. É a minha vida. Não é mais um trabalho."

A formação Kilmister/Campbell/Wurzel/Gill agora tinha várias tarefas a cumprir, inclusive provar para a indústria que o Motörhead com quatro peças era viável, demonstrar que sua música era tão convincente como sempre apesar da ausência de Clarke, Philthy (e, até certo ponto, Robertson) e manter a produção, gravadora e agendamento de shows. Musicalmente, o novo grupo não tinha problemas em dominar o material mais antigo apesar de tocar diferente com os estilos dos novos recrutas: como Campbell explicou, "Brian Robertson tocou só no *Another Perfect Day*... Eu acho que foi um bom disco apesar de todo o exagero de efeitos da guitarra. Ele passava seu tempo brincando com os pedais".

Apesar do otimismo da banda, um aliado fundamental desapareceu quando o relacionamento com a gravadora Bronze começou a azedar. Por alguma razão, a falta de fé do pessoal da gravadora na capacidade da nova formação para criar músicas inéditas levou ao lançamento de uma coletânea, uma medida que soou como uma despedida. *No Remorse*, lançado em 15 de setembro de 1984, trazia músicas escolhidas por Lemmy e comentadas por ele mesmo no encarte. Quatro músicas novas apareceram também neste disco, gravadas em maio de 84, a mais importante entre elas sendo "Killed By Death", um título totalmente identificado com Lemmy – uma música que virou um clássico do Motörhead, apesar de sua suposta condição de *single* de despedida de carreira.

1984-1986

Embora essa coletânea tenha tido um bom desempenho de vendas, a Bronze e o Motörhead encerraram sua parceria completamente, levando a uma batalha legal que durou mais de dois anos. As causas da disputa variaram de acordo com quem você escuta – algumas fontes alegam que o Motörhead ficou irritado com a suposta falta de promoção por parte da Bronze, outros sugerem que a gravadora tinha simplesmente perdido a fé na banda – mas o resultado final foi determinado por meio de uma briga árdua.

Legalmente impedido de gravar um novo álbum, e dessa forma sem uma obrigação contratual de lançar um disco por ano, algo que tinha sido a regra por boa parte da década anterior, o Motörhead caiu na estrada com vontade, fazendo turnês e excursionando novamente até que a situação fosse resolvida. Só em 1984, a banda tocou na Finlândia, Nova Zelândia, Austrália, Hungria e Iugoslávia (como era chamada na época), bem como pelo Reino Unido, EUA, Canadá e Alemanha. Em 85, o Motörhead repetiu a maior parte do que trilhou no ano anterior, fazendo dois shows de "Décimo Aniversário", em junho e julho, no Hammersmith Odeon: um deles filmado e lançado como o primeiro vídeo da banda, *The Birthday Party*.

O resultado geral de toda essa exposição foi que o Motörhead (e Lemmy em particular) estava começando a ocupar um lugar peculiarmente britânico em meio à cultura pop da época. O que ocorre na Inglaterra muitas vezes é que há um ponto em que celebridades que uma vez chocaram as massas acabam virando queridinhas – John Lydon "Johnny Rotten" é o exemplo perfeito – e enquanto Lemmy não tinha ainda se tornado a Rainha Mãe do rock'n'roll diante dos olhos da maioria das pessoas, ele foi abraçado pela mídia de uma forma que bandas contemporâneas como, por exemplo, Black Sabbath, não foram. Daí as suas aparições no *Tiswas* e *The Young Ones*, por exemplo.

Outro fato que ajudou foi que Lemmy tinha amigos famosos e relativamente controversos. Um deles era a modelo Sam Fox, ela era uma das famosas modelos da página 3 do tabloide *The Sun*, que sempre mostrava garotas bem à vontade. Fox era uma garota alegre, com uma beleza comum, cujos encantos a transformaram numa celebridade instantânea. Tendo estreado como modelo fazendo topless no *The Sun* em 1983, Fox se encontrou pela primeira vez com Lemmy no ano seguinte: "Nós nos conhecemos quando eu tinha 17 anos", disse ela. "Ele leu no jornal que antes de virar modelo, eu tinha uma banda e que amava o Motörhead, AC/DC, Van Halen e Kiss. Ele ficou muito surpreso, porque minha imagem na época era de uma menininha. Acho que ninguém imaginava que eu era tão ligada ao rock'n'roll. Ele era fã das minhas fotos e veio falar comigo num evento de caridade que estávamos fazendo juntos. Começamos a conversar, e ele disse que deveríamos fazer uma música."

Que tipo de música Lemmy tinha em mente é difícil de imaginar, mas como ele já tinha gravado com Girlschool e Wendy O. Williams e a Fox tinha uma carreira de sucesso comercial como cantora, talvez a colaboração não tivesse sido tão esquisita como parece hoje. Fox acrescentou: "Ele disse: 'OK, vamos procurar alguma inspiração. Que tipo de música você quer para a gente fazer um dueto?' Nós começamos a rir sobre fazer um heavy metal estilo Kenny Rogers e Dolly Parton. Ele quis tocar uma música para que nos inspirasse, e eu não pude acreditar quando ele colocou Abba! Lemmy amava Abba? Ele me disse que tirava muitas de suas ideias musicais de bandas como Abba. Nós escrevemos uma música e chamamos de "Beauty and The Beast". Foi fantástico. Infelizmente, Lemmy e o Motörhead envolveram-se num processo com a gravadora e não foram capazes de lançar a música por três ou quatro anos. Não conseguimos lançar, foi uma pena".

Lemmy acrescentou: "Nós nunca chegamos a fazer aquela música. A carreira dela decolou, então ela não precisa de mais nada. E nós nunca conseguimos passar tempo juntos o suficiente para conseguir fazer algo assim. A próxima vez em que eu a vi, na verdade, foi cinco anos mais tarde na Rússia".

A modelo concluiu: "Nós nos tornamos amigos ao longo dos anos. Nós sempre saímos para jantar, se nos cruzávamos por aí fazendo shows. Ele sempre foi um mentor, pois eu o conheço desde muito jovem. O que posso dizer? Lemmy é um dos deuses do rock. Ele sabe os caminhos e os detalhes do negócio, e quando eu precisei de conselhos ele sempre esteve lá para mim... Ele é um cara legal, tem muito caráter e sabedoria. Eu poderia sentar e ouvir suas histórias durante o dia todo. Este cara faz turnê o tempo todo – toda a sua vida. Nunca está em casa. Acho que é uma das pessoas neste mundo musical que mais trabalha".

A marca Motörhead também ganhou um *frisson* ligeiramente ilícito com o lançamento de preservativos com o símbolo, uma ideia bastante ousada na era pré-HIV. Como Lemmy lembrou alguns anos mais tarde, "Nós costumávamos usar! 'Vá para a cama com o Motörhead!' Na década de oitenta a gente sempre tinha umas dessas. Muito engraçado. Foi antes da AIDS. Hoje existe uma enorme variedade de preservativos. Na época era um pecado, por isso era mais divertido vendê-los, porque as pessoas desaprovavam totalmente...".

Parte da ascensão de Lemmy ao *status* de tesouro nacional pode ser explicada pelo fato de que muita gente gostava dele. Isso, por sua vez, pode ser atribuído ao fato de que ele geralmente se dá bem com os outros: como ele disse ao jornalista Dave Ling na edição especial da revista *Classic Rock* sobre o Motörhead: "Eu gosto muito das pessoas. Você não pode gostar de todos. A raça humana não é totalmente agradável. Se alguém me para e quer conversar por cinco minutos e tirar uma foto, eu não me importo. É quando são 200 deles querendo a mesma coisa que tudo fica um pouco complicado". Mesmo o processo judicial com a gravadora Bronze não parece causar-lhe muito ressentimento, pelo menos depois que tudo acabou. Como explicou, "Nós colocamos a Bronze fora do negócio, basicamente porque queríamos sair e eles não nos deixavam. Eles colocaram uma liminar contra nós que durou três anos, na qual não podíamos fazer qualquer gravação, logo ficamos apenas excursionando por toda parte. As custas judiciais acabaram com a empresa".

Mesmo sem uma gravadora, o Motörhead manteve-se na ativa. Os anos de 1984 e 85 foram um período de fluxo que poderia ter acabado com a banda se não fossem os fãs. Como Wurzel disse, "A gente chegava e saía dos lugares muito rápido. Era frustrante, mas levamos isso juntos porque nós estávamos tocando ao vivo. Foi um período difícil, sem lançar nada, mas tivemos realmente sorte em todos os lugares que visitamos, os lugares estavam cheios". Às vezes, o estilo de vida na estrada contou com alguns percalços, é claro, como o momento em que o Motörhead quase perdeu Phil Campbell.

"Uma vez o ônibus me deixou atrás da Penn Station, em Nova York", o guitarrista lembrou. "Eu não tinha dinheiro. Eu não tinha nada comigo. Simplesmente fiquei com uns mendigos por umas 12 horas e eu tinha que chegar a Boston no dia seguinte. Até mesmo os vagabundos estavam com medo de chegar perto de mim porque estava fedendo muito. Eu tinha um copo de papel. Lembro-me de caminhar até o bebedouro com o meu copo de papel e eu bebi água. Guardei o copo de papel porque era a única coisa que eu tinha que era de alguma utilidade. Eu finalmente consegui entrar em contato com os caras, e eles arrumaram um trem para mim. Estava com tanta fome. Adormeci no trem, acordei e vi uma gorda comendo um sanduíche. Levantei-me, fui até ela e disse: 'Desculpe-me, você pode me dar uma mordida?'".

No momento em que o Motörhead chegava a seu décimo aniversário, o heavy metal estava passando por uma espécie de revolução, não seria a primeira nem a última vez. Em 1985, o novo movimento thrash metal estava a caminho, depois de ter evoluído a partir de sua forma mais primitiva, a partir de 1981, quando foi lançado o álbum de estreia de Venom, *Welcome to Hell*. Depois veio Metallica com *Kill 'Em All*, e dois anos depois toda uma nova série de bandas de metal. Para alguns, cada parte disso tinha sido fortemente influenciada pelas músicas mais rápidas do Motörhead como "Ace Of Spades", bem como pela sua postura e imagem no palco. Lembre-se que o rock mais pesado nos anos setenta era dominado por bandas grandes, elegantemente vestidas, bandas musicalmente educadas, como Led Zeppelin e Deep Purple; até o Black Sabbath costumava usar saltos plataforma e lenços no pescoço. O Motörhead nunca tinha feito esse tipo de coisa (vamos considerar os calções de Brian Robertson como uma falha temporária) e tinha deixado uma marca na nova onda, mais popular de bandas de metal extremo, cuja característica musical era de um som mais rápido, pesado e cruel do que qualquer coisa que havia surgido antes.

Uma banda nesse molde era o grupo canadense de thrash Exciter, e um grupo dinamarquês chamado Mercyful Fate, uma das primeiras bandas de black (leia-se, satânico) metal. Ambas abriram shows do Motörhead em 1985, nos EUA e Alemanha, respectivamente. Questionado sobre sua impressão sobre esse tipo de metal extremo, Lemmy reconheceu a sua influência sobre as novas bandas, mas advertiu que os músicos deveriam colocar suas prioridades: "Eles têm a batida errada, acham que ser rápido e alto é tudo, e não é. Solos de guitarra não são muito difíceis para um guitarrista, é só tocar escalas, sentir o solo e fazer uns *bends*... Quer dizer, Hendrix era o melhor guitarrista que eu vi na vida. E ele aprendeu com pessoas como Buddy Guy, Lightnin' Hopkins... Foram essas pessoas que inspiraram Hendrix. Para ser influenciado por alguém, você vai ter que tocar como elas. E esses caras são influenciados por nós, mas eu não me sinto o pai deles. Principalmente porque a música deles é muito inferior a nossa".

O hip-hop também tinha começado a marcar presença em meados dos anos oitenta, Lemmy, claro, não era um fã: "Eu acho que é a pior música que os negros já fizeram. Eu comecei na música por causa do som feito por negros. Comecei com o blues e então depois Chuck Berry e em seguida as coisas da Stax Records e Motown. Será que o hip-hop é uma extensão disso? Eu não acho. Eu mataria alguém por Little Richard, porque ele fez o melhor rock'n'roll que já existiu".

Os tempos mudaram, e o Motörhead continuava fazendo o que eles faziam de melhor, excursionar sem parar. Em 1986, eles fizeram shows na Alemanha, Itália e Reino Unido – incluindo um no festival *Monsters of Rock*, em Derby, na Donington Racetrack. Eles também fizeram uma turnê gigante nos Estados Unidos antes de retornar para ainda mais shows europeus. Quando o caso judicial foi finalmente resolvido com a Bronze em favor do Motörhead, a banda e seus produtores criaram a sua própria gravadora, a GWR (Great Western Road), uma vez que as grandes gravadoras mostravam pouco interesse. "Depois de terminado o problema com a Bronze, não corríamos o risco de ser presos nos Estados Unidos", suspirou Lemmy. "A Elektra não quis saber. MCA, CBS, Epic e Chrysalis também. Todo mundo nos desprezou. Porra, eu gostaria que a gente vendesse o mesmo número de discos que vendemos em camisetas. Na Inglaterra, está tudo acabado para nós em termos de venda de discos."

Isso foi um erro por parte da indústria fonográfica, uma vez que o Motörhead estava prestes a retornar com um dos álbuns mais marcantes da sua carreira. *Orgasmatron*, lançado em 9 de agosto de 1986, foi produzido pelo compositor independente, músico e místico versátil Bill Laswell, uma colaboração inesperada, para dizer o mínimo. Sua abordagem com a música do Motörhead foi baseada em uma conexão tanto espiritual quanto real com o som que a banda gravou no Master Rock Studios de Londres, como ele explicou com sua obliquidade absurdamente doida de sempre: "Eu consigo me conectar, entrar em sintonia com a música pesada. É como a maioria das coisas, você tem que ficar em proximidade direta com aquilo, profundamente ligado de alguma forma, não dá para querer ser um turista e apenas tentar invadir esses espaços. Se você não está diretamente conectado, não vai ser natural. Então eu não entrei em contato com uma banda de metal que estivesse começando, eu conversei com bandas como Megadeth e pensei sobre as coisas, mas no final da história, eu pensei que aquilo não era tão importante quanto outras coisas que eu deveria levar em consideração. Eu não sei como você classificaria o Motörhead, uma banda de rock, eu acho – mas algumas dessas coisas... Se eu tivesse algo que fosse direto, eu estaria consciente de que seria algo relevante e poderia ser uma melhoria em alguns aspectos ou algo que poderia melhorá-lo, eu talvez impusesse aquilo".

O fato de que Laswell – que produziu álbuns de Herbie Hancock, Mick Jagger e PIL, entre outros – foi escalado para produzir *Orgasmatron* certamente impressionou Wurzel, que agora estava transformando-se no bobo da corte do Motörhead. "Eu achei uma honra", disse ele, "por causa de todas as bandas de rock que ele poderia ter escolhido, ele escolheu a nossa como a sua representante do heavy metal. Ele quis ressaltar a essência do que forma o som da banda. Eu acho que ele fez isso – ele tem todo o poder e a energia. Ficamos praticamente dentro da esfera do som da banda nos primeiros anos, aquilo que nos tornou conhecidos. Este coloca a banda de volta no seu lugar certo com um toque modernizado de 1986".

Como Lemmy, Laswell era um excluído e um homem que fazia as coisas de sua maneira ou não as fazia. Como o vocalista disse, "Não conformistas geralmente são pessoas que vencem no final da história de qualquer maneira. Daí as pessoas acabam fazendo aquilo que os não conformistas fizeram, o problema é que eles levam muito tempo para perceber isso. Você sabe, todos os avanços em qualquer tipo de sistema no mundo têm sido feito por não conformistas. Toda mudança sempre foi por um não conformista que havia sido desprezado no começo. Veja o [autor russo Aleksandr] Solzhenitsyn. Você não conseguia comprar seus livros, mas hoje ele é um herói".

No entanto, nem todos dentro da banda estavam satisfeitos com o envolvimento de Laswell com *Orgasmatron*. Phil Campbell comentou: "Acho que as músicas eram boas, eu acho que tocamos bem nelas, mas eu acho que a produção foi muito ruim. Fiquei muito decepcionado com a produção. A produção não deixou o som pesado e forte o suficiente, poderia ter sido bem melhor se nós refizéssemos tudo. Eu posso até tentar pegar as fitas, levar para casa e remixar, só para mostrar como poderia ser melhor".

O título do álbum não tinha nada a ver com a máquina que levava ao orgasmo que apareceu no filme futurista de Woody Allen *Sleeper* (*O Dorminhoco*, no Brasil). Lemmy explicou: "Eu nunca pensei nisso quando escrevi a música. Desde então, todo mundo chega para mim e menciona isso. Eu pensei que tinha inventado o termo, mas talvez fosse uma coisa subconsciente". Em vez disso, *Orgasmatron* estava direcionado a assuntos próximos ao coração de Lemmy: "Refere-se às três coisas que eu mais odeio na vida – a religião organizada, política e guerra. Como as pessoas que vão à igreja e gozam nas calças enquanto comungam com Jesus Cristo. É tudo um monte de besteira. Se você estiver realmente ligado nisso, você não precisa ir a uma igreja para falar com Deus, você pode falar com ele em qualquer lugar, entende? Ou se você participa de um partido político e fica todo feliz quando o seu partido ganha alguma besteira. É o instinto de rebanho. A mesma coisa com a guerra. Eles lhe dão um uniforme novo e confortável e colocam você marchando para a morte".

As vendas do álbum foram boas – e precisavam ser, considerando o reinício de carreira para o Motörhead que o disco representava. Todavia, nestes meados dos anos oitenta, discos de bandas de metal formadas na década anterior dificilmente atingiriam o topo das paradas da mesma forma que acontecia antes, devido à ascensão dos novos movimentos new romantic e synth-pop. "Está vendendo melhor do que qualquer outro álbum que já fizemos, mas, obviamente, não chegamos aos 40 mais vendidos", observou Lemmy, durante a turnê nos Estados Unidos. "As músicas têm sido bem recebidas em programas de rádio independentes em todo lugar."

Esta foi também a era da Red Wedge (movimento de músicos como Paul Weller e Billy Bragg, ultraengajados politicamente) e a primeira introdução significativa da política partidária na música popular, o que também dificultou a popularidade do disco. O próprio Lemmy fez questão de não converter o Motörhead a esta tendência, apesar da postura antiguerra e antirreligião de muitas das músicas do disco, como ele disse: "Eu acredito na pregação contra a pregação. Quero dizer, olhar para esses idiotas como o The Clash chamando seu disco (triplo de 1980) de sandinista! Que porra eles acham que sabem sobre tempos difíceis? Vivem na Inglaterra. Hoje não temos momentos difíceis na Inglaterra como ocorre na Nicarágua. Isso é um golpe baixo, cara. É como cantar sobre o diabo, é um monte de merda!".

Ele acrescentou, em uma entrevista com Kris Needs: "Ninguém vai prestar atenção em nada no *Orgasmatron*, porque é um disco de heavy metal. Para que as pessoas prestassem atenção, teria que ser dito por Pete Shelley [do Buzzcocks] ou Paul Weller [do The Jam]. Ninguém presta atenção se vier da gente. Isso é ridículo. Será que eles têm uma visão melhor do mundo do que eu tenho? Por quê? Que porra é essa que eles já fizeram? Nada! Eles deveriam ter uma visão melhor das coisas, porque eles estudaram numa faculdade debatendo a sociedade. Fodam-se! Eles não têm ideia do que acontece. Paul Weller me faz rir! Para eles eu sou apenas uma cabeça de merda com cabelo comprido e bagunçado, que toca música alta demais, que ninguém realmente gosta muito, mas que está em alta agora, aparecendo nas revistas porque é popular entre os arruaceiros. Uma atitude horrível. Esta é a Inglaterra, cara. O sistema de classes venceu mais uma vez. Há um monte de idiotas por aí com muito a dizer deles mesmos".

Mais uma vez, Joe Petagno se destacou com a arte da capa de *Orgasmatron*. Uma imagem de um trem diabólico com o Warpig em sua "face" correndo em direção ao espectador, a capa representava perfeitamente as intenções da música contida no disco. Como ele lembra,

"Eu estava novamente na Dinamarca na época, quando eles entraram em contato e disseram que precisavam de uma nova arte de capa. Eu disse a eles que estaria em Londres em uma semana para outro trabalho e nós poderíamos nos encontrar. Eles disseram que queriam um trem e que o novo disco iria se chamar *Ridin' With The Driver*. Eu pensei que era uma ideia estranha – quero dizer, os caras do Savoy Brown tinham feito isso com *Hellbound Train* (em 1972) – e eu aceitei o desafio. Quando cheguei em casa, como sempre, fiz uma pesquisa, desta vez sobre trens – e decidi usar o Snaggletooth como o motor com seu queixo formando o limpa-trilhos, soprando baforadas de fumaça e com faíscas de fogo enquanto corria pelos trilhos, na calada da noite".

Um mês depois, a banda estava em Copenhague para um show: "Eles vieram até minha casa, viram a obra quase concluída e, como de costume, ficaram impressionados". Como em *Another Perfect Day*, a imagem do Snaggletooth estava muito mais assustadora do que nas capas do Motörhead no início. Petagno explicou: "Isso é porque o mundo ficou mais obscuro com o passar dos anos – você sabe, o sono da razão dá origem a monstros. Dá para dizer que não é o Snaggletooth que representa o mundo, mas o mundo que representa o Snaggletooth. Sempre foi minha intenção manter o Snag na espreita, mas ativo e sempre que possível um passo à frente das tendências mundiais. O Snag é apenas um reflexo do mundo visto através dos meus olhos: eu reúno fatos e impressões, e então eu assimilo e uso para criar arte – neste caso, uma nova versão... Nós nunca ficamos nessa de fazer um monte de esboços ou horas de discussões. Isso nunca teria funcionado comigo de qualquer maneira. Uma ou duas sugestões, tudo bem, um conceito como um trem, talvez, mas eu preciso da liberdade para me movimentar na minha própria direção. Qualquer pessoa que trabalha comigo irá dizer que eu não tomo a direção que os outros querem: se você quiser trabalhar com a arte do Petagno, eu faço a direção que as coisas vão tomar – caso contrário, encontre algum outro. E essa atitude é muito evidente quando se trata do Snaggletooth: é minha criação, passei 35 anos refinando e definindo-a. Eu sou o único que sabe o que fazer com ele, eu sei como controlar e manipulá-lo para que ele permaneça relevante. Eu me esforço para fazer com que minhas imagens saltem da capa, agarrem você pelo pescoço e lhe deem uma boa surra, e quando você as vir num pôster, o efeito deve ser o de um impacto que lhe atraia, faça você querer cruzar a rua só para poder ver de perto, examiná-las, arrancá-las e levar para casa para pendurar na parede".

O Motörhead voltou às paradas com *Orgasmatron*, chegando a um razoável sucesso no Reino Unido – em número 21 – e entrando na parada de *singles* com "Deaf Forever". Mesmo com os dias de glória de *No Sleep 'Til Hammersmith* ao longe, não havia dúvida na mente de ninguém que o trem iria continuar a rolar. Talvez *Orgasmatron*, enfim, representasse uma mudança na sorte de Lemmy? Talvez... Mas talvez não.

Capítulo 10

1987-1989

Quando os astros do rock atingem certo nível de fama, eles são muitas vezes solicitados a atuar em filmes, mas se alguém esperava que *Eat The Rich* – uma comédia dispensável, lançada em 1987 – fosse ser um marco na vida de Lemmy como ator, o que se viu foi outra coisa. Fazendo o papel de um ativista socialista chamado Spider, ele passou o filme inteiro sem fazer qualquer força para atuar de verdade, assim como o resto do elenco.

E 1987 foi mais um ano estranho para o Motörhead, uma banda para quem as coisas nunca pareciam acontecer como planejado. Seria demasiado clichê descrever as bizarrices que ocorreram durante as filmagens de *Eat The Rich*, como algo no estilo de outro filme do gênero, o *Spinal Tap*, mas não há melhor maneira de descrever a inesperada saída de Pete Gill e sua ainda mais inesperada substituição por ninguém menos que Phil Taylor. O baterista baixinho conseguiu voltar para a banda a tempo de aparecer no filme, ao lado do resto do Motörhead, que forneceu seis músicas para a trilha sonora. Uma delas, a canção-título, foi lançada como *single*.

O disco propriamente dito *Rock'N'Roll* foi importante por vários motivos. Lançado em 5 de setembro, ele foi o primeiro LP gravado com a formação Kilmister/Campbell/Wurzel/Taylor, o último que o Motörhead fez como uma banda sediada no Reino Unido e o último que o grupo gravou antes de se separar da gravadora GWR para procurar uma morada em outro lugar. Sem rodeios, este disco está longe de ser o melhor do Motörhead, embora como todos os seus álbuns, tem alguns pontos altos – "Dogs", "Traitor" e "Stone Deaf in the USA" entre eles. Esta última, seguida por um sermão no estilo medieval, que soa como se fosse apresentado a partir do púlpito de uma catedral, por Michael Palin, um dos heróis de Lemmy da série de TV inglesa *Flying Circus*, com atores do grupo *Monty Python*.

Após o lançamento do álbum e durante a turnê subsequente, Lemmy recebeu um presente de um fã – uma adaga cerimonial militar da era nazista da Alemanha. Como ele explicou inúmeras vezes desde então, o *design* dessa época o fascinava e tornou-se o primeiro item de uma coleção que hoje é enorme – que, segundo ele disse ao autor, valia 250.000 dólares em 1999 (e que presumivelmente vale muito mais hoje). Como ele lembrou, "Alguém me deu um punhal e, em seguida, cerca de seis meses mais tarde, alguém me deu uma cruz de ferro – e fiquei impressionado com o estilo dessas peças. É por isso que eu as coleciono, não é por ideologia, obviamente. Se você olhar para as fotografias do uniforme britânico da época, eles parecem um bando de escoteiros. Os piores caras sempre usam os melhores uniformes: a SS, os confederados da América, Napoleão. Depois veja os vencedores – eles sempre têm os mais insossos".

A espinhosa questão do interesse de Lemmy em *memorabilia* nazista – espinhosa porque sempre atraiu críticas e até mesmo repulsa das pessoas que imaginam que ele compartilhe os pontos de vista políticos do partido nazista – tem apenas crescido com o passar das décadas. O que esses críticos não conseguem entender é que o interesse de Lemmy no Terceiro Reich não é o foco de seu ponto de vista político, mas o prisma através do qual ele filtra seus comentários políticos e sociais. Com uma educação histórica, social e militar além da média, Lemmy e suas ideias não são cegas nem reacionárias: a maneira como ele se refere ao século passado (e como isso afeta o atual) é progressista, como seria de esperar de alguém que passou vários anos numa subdimensão induzida lisergicamente.

Quando confrontado com acusações de ser um simpatizante nazista ou de ter falta de bom gosto, Lemmy tende a ganhar a discussão, em primeiro lugar, porque uma vida dentro de ônibus de turnê lendo livros de história lhe deu um arsenal de argumentos na ponta da língua sobre fatos que impressionariam qualquer historiador político e militar. "A avó de Hitler trabalhou para uma família judia, e eles deram-lhe uma ajuda financeira quando ela ficou grávida", ele disse ao jornalista David Wilson. "Eu não sei – sempre houve uma controvérsia sobre isso. Ele era obcecado pelos judeus por algum motivo. Isso lhe custou a guerra. Os trens para Auschwitz tinham prioridade sobre os trens com munição! Tal era a sua obsessão. Se ele não tivesse escrito o seu manifesto, os judeus teriam lutado ao lado dele como fizeram na Primeira Guerra Mundial. O exército alemão tinha rabinos em seu contingente na Primeira Guerra Mundial, havia vários soldados judeus. A Alemanha não era particularmente antissemita até que Hitler apareceu. A Áustria era, e ainda é hoje."

Em segundo lugar, nessas discussões, Lemmy gosta de fazer paralelos entre as atrocidades cometidas pelos nazistas e outras violações dos direitos humanos não tão discutidas, sendo que o resultado final normalmente é que o seu interrogador fica sem bases para discutir. "Os americanos mataram mais pessoas (referindo-se aos índios americanos) que Hitler, só que (as vítimas) não tinham nenhum parente em Wall Street para escrever para o *The Times* sobre isso", ele disse. "As pessoas sempre precisam de alguém para culpar. Como os russos culpam Gorbachev, porque é a coisa mais fácil de fazer. Eu acho que, depois que ele morrer, haverá estátuas dele em toda a Rússia. Mas ele fez tudo sozinho... Ninguém diz nada sobre os *red indians*, e ainda existem prédios governamentais que hasteiam a bandeira confederada. Isso foi tão nazi quanto a Alemanha nazista, se você quiser saber a minha opinião. Eles cortavam as bolas do cara se ele tentasse fugir da fazenda. A coisa com os *red indians* é que eles foram envenenados, assassinados e massacrados. Mulheres e crianças – apenas para que você pudesse ter este país como ele é – então eu não acho que há alguma diferença. Só que os americanos foram mais eficientes, porque os índios sumiram, e os judeus ainda estão aqui."

Ele acrescentou: "A maior parte da Gestapo foi levada direto para cá depois da Segunda Guerra Mundial. Quero dizer, eles deixaram todos os seus agentes estrangeiros em seu lugar... Sua pátria tornou-se a América em vez da Alemanha. Há uma entrevista agora com Heinrich Mueller, que foi chefe da Gestapo, e ele deveria ter sido assassinado em 1945. E eles abriram a sua sepultura. Havia três caras lá, nenhum dos quais era Heinrich Mueller, certo? Acontece que ele estava trabalhando para a CIA desde 1948. Oohh, haha! Ele tem transcrições de conversas... Churchill advertiu Roosevelt sobre Pearl Harbor. Em 27 de novembro de 1941, disse a Roosevelt que uma porra de um esquadrão japonês tinha levantado voo e ia a todo vapor direto para Pearl Harbor pelo leste. E Roosevelt disse: 'Bem, eu vou para a casa de campo presidencial... Eles não poderão me atingir tão fácil lá'. Que filho da puta!".

Finalmente, Lemmy não fica tentando educar seus entrevistadores sobre o significado desta época na história do mundo e usar os eventos daquele tempo para desenhar uma perspectiva mais ampla. "Se alguma vez houve um microcosmo do que há de errado com a humanidade, é isso", disse ele uma vez. "A esposa do *kommandant* de Buchenwald – Ilse Koch – fazia abajures de pele humana, pele humana tatuada. Eles matavam presos mesmo que ainda não fosse a vez deles, se eles tivessem uma tatuagem maneira, pois ela queria para um abajur. Mas fora isso, eles [Koch e seu marido Karl] tinham uma família exemplar. Eles amavam seus filhos, ele era um bom pai... A história vai ensinar-lhe tudo se você quiser olhar para ela."

Uma vez que essas conversas ocorrem geralmente com jornalistas de música, Lemmy gosta de colocar suas crenças num contexto rock'n'roll quando lhe convém. "Eles pegaram álbuns dos Beatles e os queimaram em público", disse ele à revista *Rock City*. "Há aquele famoso anúncio de uma estação de rádio no Alabama: 'O rock'n'roll tem que acabar! Pegue sua *memorabilia* dos Beatles, despeje em tal lugar na cidade, e nós vamos buscar para queimar em público depois'. Não faz lembrar alguma coisa? Uma bruxa! Precisam de alguém para culpar."

Considerando tudo isso, Lemmy parece apreciar o fato de que os seus interesses tendem a assustar as pessoas. Questionado sobre seu apartamento, ele disse com um sorriso: "É cheio de *memorabilia* nazista, que horroriza demais os americanos. Aconteceu de gente entrar lá e dizer 'Oh, eu não consigo entrar, eu sou judeu por parte de mãe'. E eu digo 'Bem, minha namorada negra não tem nenhum problema com isso, então eu não vejo por que você deveria'". Ele ainda é obrigado a defender sua coleção e consegue fazê-lo, alegando que acha as peças esteticamente interessantes, apesar de suas associações políticas insalubres. "Como eu sempre disse, não é minha culpa que os bandidos faziam as coisas mais maneiras", argumentou. "Minha escolha em colecionar *memorabilia* nazista, não quer dizer que eu seja um fascista ou um *skinhead*. Eu não sou. Eu apenas gosto do visual. E deixe eu lhe dizer uma coisa, o tipo de pessoas que coleciona essas coisas não é um bando de caras violentos. São pessoas com mestrados, são médicos, professores. Eu sempre gostei de uniformes, e ao longo da história, sempre foi o bandido que se vestia melhor. Se tivéssemos um bom uniforme, eu colecionaria também o nosso, mas o que o exército britânico usa? Roupas bege, estilo safari. Faz parecer com um sapo do pântano..."

Apesar de que Lemmy também poderia fingir que estava "colecionando como investimento" se quisesse, ele raramente o fez, porém lembra sobre uma vez em que conseguiu uma barganha quando encontrou uma espada da Luftwaffe com uma lâmina de aço de Damasco que valia 12.000 dólares: "Eu comprei por 6.000 dólares. Acho fascinante e bonito. É bonito pelas razões erradas, mas é bonito assim mesmo. Além disso, é um investimento muito bom. Ele sobe a cada ano cerca de 40%".

Por trás de tudo, ele tem plena consciência do mal inerente ao dogma nazista apesar de que não perde tempo em apontar que o mesmo mal existe em outras situações. "O Cristianismo é uma piada", ele disse a Chris Salewicz. "A SS foi moldada aos jesuítas. Se você olhar para a pirâmide da influência jesuíta e a pirâmide de influência da SS, elas são exatamente iguais – todos os nazistas eram católicos convictos. Todo o sistema nazista era muito escroto. Eu li muito sobre isso para que pudesse ver se a coisa toda estava acontecendo novamente. A Frente Nacional, um grupo racista britânico que ganhou as manchetes nos anos oitenta, e foi depois substituído pelo ainda mais sinistro Partido Nacional Britânico de influência ultradireitista, está tentando inventar um mártir, arrumar alguém que ficasse na prisão por alguns meses para que ele possa escrever seu próprio *Mein Kampf*. Eu tenho certeza de que é o que estão fazendo." Quando Salewicz perguntou-lhe se a Frente Nacional seria estúpida demais para fazer qualquer progresso real, Lemmy avisou: "Isso é o que eles pensavam sobre os nazistas: 'Haha: malucos em uniformes idiotas'. E a próxima coisa que aconteceu foi a subida dos nazistas ao poder, e pessoas sendo expulsas de suas lojas, sendo estranguladas e enforcadas em postes com 'Eu sou um traidor' escrito neles. Nunca subestime o poder da intolerância".

Apesar desses argumentos – que são sofisticados em qualquer meio, especialmente para vocalistas de rock –, Lemmy continua a provocar seus detratores com declarações como: "Eu tenho que admitir uma coisa sobre Hitler, uma coisa que tinha era a fé inabalável. Ele se matou em vez de se deixar capturar pelos russos, que era uma boa opção. Eles estavam amarrando oficiais da SS, crucificando-os nas portas, ateando fogo e arrancando seus olhos. Imagine o que teriam feito com ele! Teria sido preso numa gaiola com fogo por baixo dele em Moscou... O problema foi que o impediram de invadir a cidade. Se eles tivessem conquistado Moscou, a Rússia teria caído em pedaços".

Por várias vezes, Lemmy foi forçado a ter que afirmar inequívoca e oficialmente que não, ele não é nazista e não, ele não apoia qualquer ideologia dos nazistas. "Eu realmente não sou a favor de Hitler", ele declarou. "Eu tenho duas amigas negras em casa, por isso seria difícil eu estar envolvido com isso. Todo mundo diz que eu sou nazista porque eu gosto de colecionar artefatos daquela época. Isso é tudo o que eles dizem quando veem as coisas – 'Ele deve ser um nazista'. Eu sempre digo a eles: 'As minhas amigas negras não ficam incomodadas pela coleção estar no meio da sala, então qual é o grande problema? Você nem é judeu'. Você sabia que o número dois na SS – Emanuel Morris, motorista de Hitler – era judeu por parte de um dos pais?"

Junte tudo isso, e o que você vai ter é a imagem de Lemmy como uma espécie de filósofo de uma forma que é difícil de abalar. Ele não acredita em violência desnecessária, dizendo: "Eu não brigo. É inútil, porque, se você ganhar, não prova que você está certo, isso só prova que você era mais forte... Eu já bati em algumas pessoas – não foram muitas, devo admitir. Fui dar um soco no peito de um cara, mas ele se abaixou, então meu soco acabou atingindo direto na boca dele. Ele foi direto para o chão... Viva e deixe viver é a pedra angular da minha vida. Eu sou essencialmente um anarquista – não se pode confiar nas pessoas, sabe? Se você desse a todos a mesma quantidade de dinheiro num dia, duas semanas depois, alguém em algum lugar teria mais do que todos os outros".

1987-1989

Filósofo ou não, em 1987, Lemmy ainda tinha que ganhar a vida e colocar o Motörhead na estrada. Tocando uma lista aparentemente interminável de shows na França, Espanha, Suíça, Itália, Bélgica, Holanda, Dinamarca, Finlândia e Suécia, antes de saltar o Atlântico para os EUA, o Motörhead parecia incapaz de ficar em casa por mais de uma semana. Depois de tudo isso, mais shows na Inglaterra e na Europa vieram até o final de 87.

O que toda essa quantidade de viagens faz com o ser humano? Ele fica alienado ou se acostuma com os rigores de estar constantemente se mudando: existem vários músicos cuja renda depende de viagens intermináveis entre continentes, mas odeiam tudo isso. Outros amam a estrada, e isso se torna a sua razão de viver. O Motörhead encaixou-se neste último grupo desde o começo. As turnês também fizeram os membros da banda física e mentalmente fortes, como Lemmy uma vez explicou: "Estava 30 graus abaixo de zero em Moscou. Minha cuspida congelou antes de chegar à calçada! É muito frio. Quero dizer, os fãs russos estão se saindo melhor do que os búlgaros. Nós só estivemos lá duas vezes em nossas vidas! E estes por sua vez estão melhor do que os fãs chineses, se é que existe algum, porque nunca estivemos lá. Você só vai aonde você pode, entende? Nós sempre tocamos na Inglaterra e na Europa no outono, de qualquer maneira, e nos festivais da Europa no verão. Então no resto do ano... tentamos ir para a América do Sul, lá nós tocamos bastante também. Mas a Austrália fica negligenciada porque é muito longe. E, se for para tocar na Austrália, temos que ir para a Nova Zelândia. E possivelmente Japão no caminho de volta".

Uma vez que alguém segue nesse tipo de cotidiano por um tempo, o que ocorre é que a pessoa fica exigente em relação ao controle que as outras pessoas têm sobre seu estilo de vida. Prejudicado por uma segunda ação judicial contra a gravadora, desta vez contra a própria empresa sob sua gestão, a GWR, o Motörhead ficou mais uma vez sem a responsabilidade de lançar um álbum por dois anos e passou esse tempo em turnê. O processo judicial contra a GWR parece ter sido provocado por um desentendimento entre a banda e a gravadora, relacionado com a escolha do *single* que seria lançado no verão de 1988. Depois que um show no *Giants of Rock Festival*, em Hämeenlinna, Finlândia, foi gravado para ser um disco ao vivo, um *single* – "Traitor", do álbum *Rock'N'Roll* – foi programado para ser lançado. No entanto, o Motörhead foi informado que "Ace of Spades" tinha sido a faixa escolhida, uma decisão que eles negaram, e essa atitude aparentemente levou à ruptura com a gravadora. Hoje em dia, um grande número de bandas sobrevive bem confortavelmente sem um contrato de gravação, mas no final dos anos oitenta essa não era uma situação ideal para qualquer banda acostumada a fazer turnês com o apoio de um departamento de marketing e de imprensa. Porém, o Motörhead enfrentou a situação e, de fato, venceu essas dificuldades por conta própria.

Em 1988, a banda tomou a decisão salvadora de fazer uma turnê pelos EUA como banda de apoio da banda de thrash metal Slayer. Na teoria, as duas bandas eram uma combinação incomum, com a banda principal tocando um som mais rápido, mais intenso e menos melódico do que a banda de abertura e atraindo um público completamente diferente. Surpreendentemente, no entanto, funcionou, o público do Slayer – um grupo de skate-punks e cabeludos que eram crianças quando o Motörhead começou – ficou ligado na pancada mortal de Lemmy e sua gangue. Simultaneamente, embora seja improvável que o Motörhead tenha ficado intimidado pelo Slayer, os fãs da banda de LA eram notoriamente difíceis de agradar: as casas de show estavam acostumadas a tumultos quando fãs nervosos do Slayer encontravam, de tempos em tempos, shows cancelados ou com ingressos esgotados. O Motörhead parece que caprichou em sua apresentação diante desse público em particular, tocando com potência máxima. Isso pode explicar a alta qualidade do disco *No Sleep At All*, o segundo álbum ao vivo do Motörhead, que foi lançado em 15 de outubro.

Durante a maior parte de 1988 e 1989, a estrada continuou a ser a casa do Motörhead, simplesmente porque não tinha outra opção. Apesar de os *headbangers* continuarem a entupir seus shows e a banda manter a mesma fúria de sempre, ficou claro que a indústria fonográfica e o Motörhead nunca estiveram propensos a uma relação harmônica. Os últimos anos tinham sido atormentados com dificuldades logísticas, sendo que o último refúgio restante era o ônibus das turnês.

Alguma coisa tinha que mudar e, em retrospecto, é fácil ver por que essa mudança envolveu toda uma realocação de casa e, inclusive, continente. Afinal de contas, se você tiver de arrancar suas raízes, que seja definitivamente, de todo o coração, certo?

Capítulo 11
1990-1991

Em 1990, Lemmy estava praticamente falido – uma posição em que ninguém quer estar, especialmente com 44 anos de idade, principalmente depois de 15 anos fazendo turnês extremamente duras. "Eu nunca tive empresários muito bons", disse ao jornal *Independent*, acrescentando que, quando finalmente mudou-se para Los Angeles depois de anos pensando em emigrar, "tinha umas 500 libras no banco. Eu pensei que era o fim para mim".

No início dos anos setenta, Lemmy contou a Chris Salewicz: "Eu realmente gostaria muito de sair deste país. Eu realmente queria me mudar para a América, porque a América pode ser completamente louca, mas pelo menos gosta de ser louca. Quero dizer, você pode ser preso por um policial e, se você passar uma conversa, ele vai deixar você ir e talvez até fume um baseado com você". Nos dias sombrios da revolta popular de Brixton em 1985, ele previu que a tensão entre a população e a polícia subiria a níveis apocalípticos, dizendo: "Eu acho que vai haver confronto nas ruas – e acho que todo mundo vai ter que fazer uma escolha, lutar ou não lutar. Receio que a maioria vai dizer sim. Não há meias medidas nesse tipo de situação".

Parte dessa previsão temerosa pode ter vindo de suas experiências anteriores nas mãos da lei. Afinal, Lemmy havia sido preso pela razão mais trivial, ele lembrou: "Posse de arma branca – um pequeno canivete que dizia: 'Lembrança da Noruega'. Um policial ficou muito impressionado com isso. Ele queria me pegar por drogas, mas eu não tinha nada, então me enquadrou por causa da faca. 'Você está preso', ele disse. 'Venha comigo.' Ele me algemou, tive que obedecer. Poderia ter tentado sair correndo e arrastá-lo rua abaixo, mas ele tinha um apito e radiotransmissor".

Talvez Lemmy tenha evoluído além da Inglaterra e de seu estilo de vida tenso, e isso, junto à nítida falta de interesse que o país vinha mostrando em relação ao Motörhead, fez com que uma mudança para a capital mundial do rock'n'roll parecesse uma decisão lógica. "A banda teria acabado a essa altura se tivéssemos ficado na Inglaterra, porque o interesse era zero", ele disse a Paul Du Noyer. "A América mal tinha ouvido falar de nós, por isso fomos para lá e demos uma chance para eles. Eu estava cansado de Londres... Estava em Londres desde 1967, tinha 44 anos e pensei: 'Foda-se, se for para ir para algum lugar, é melhor ir agora'. Tenho saudades da Grã-Bretanha, mas só um pouco. Para começar, não sinto a menor falta daquele clima. As pessoas dizem: 'Ah, eu amo a Inglaterra, é tão verde'. Eu digo 'Isso é porque você fica debaixo de chuva metade do tempo, devem ser algas!'. A única coisa de que eu realmente sinto falta é do queijo, que eles não conseguem fazer nos Estados Unidos de jeito nenhum, é terrível. E eles não fazem *marmite* [espécie de geleia à base de extrato de levedo, popular na Inglaterra], então eu compro quando viajo. Eu gosto de LA, tenho bons amigos lá. Tudo custa metade do preço, e a mulherada é mais bonita. Definitivamente! Elas usam muito menos roupas por causa do calor tórrido."

Naturalmente, a escolha da cidade foi fundamental. Lemmy não serve para os dias miseráveis de chuva de Seattle ou mesmo para a alta cultura cinza de Nova York: o seu destino foi West Hollywood, onde o heavy metal tinha parado de evoluir em 1988 e todo mundo queria ser um cantor ou ator. Ainda mais especificamente, Lemmy escolheu alugar um apartamento a uma curta distância a pé do Rainbow Bar & Grill, o ponto preferido para beber e fazer festa de músicos de rock desde os anos setenta. "É o único lugar que é rock'n'roll puro", ele disse. "Foi construído no rock'n'roll, serve rock'n'roll. Há muita história naquele lugar. Quero dizer, Lennon frequentou lá por um ano [de 1973 a 74], enquanto ele estava separado de Yoko Ono. Jimmy Page, Bonham e todos esses caras viviam lá. É um ótimo lugar. Acontecem algumas das coisas mais bizarras, que você não iria acreditar..."

Lemmy fez a viagem sozinho, uma vez que mudar toda a banda para a América, embora conveniente, seria um pesadelo logístico. "Seria muito difícil", comentou. "Phil Campbell é casado e tem dois filhos, Wurzel vive com uma garota, e Phil Taylor também. Eu quase me casei uma vez. Foi por pouco. Realmente não teria funcionado. Ela era filha de um médico francês. Meu Deus! Mas eu sou o único que não se importa com isso, o único que está livre para fazer o que quiser, sabe?... Foda-se. Vou ficar no vai e vem entre Inglaterra e LA de qualquer maneira."

Cortando seus laços em Londres, Lemmy atravessou o Atlântico no início de 1990. Perguntado se planejava manter uma casa britânica, ele disse: "Não, eu não consigo pagar. Mas este é um excelente país para se viver, há um monte de falhas nele, mas há um monte de falhas em qualquer país. Mas, pelo menos, o lado selvagem daqui é realmente selvagem. E eu gosto disso". É interessante analisar a visão das falhas que Lemmy vê na América: partindo de alguns comentários que ele fez antes, você poderia justificadamente considerá-la como o último lugar para o qual ele iria se mudar. "Se você falar com os caras, especialmente na América", uma vez ele disse, "é um país sempre cheio de merda machista, tipo: eles odeiam a política, estão loucos para entrar numa milícia e sair dando tiros. Há muito desse tipo de papo, e é uma pena, porque este país é o paraíso. Pessoas aqui atiram no próprio pé e não notam que estão fazendo isso".

Uma lista enorme de coisas em seu país adotivo irrita Lemmy, começando pela censura, que era um grande problema em 1990, graças à idiotice da Parents' Music Resource Center (PMRC), um grupo autonomeado de funcionários do governo e outros idiotas profissionalmente ativos que tinham se encarregado de monitorar as letras e as imagens de um determinado grupo de bandas de heavy metal e hip-hop. "O PMRC é uma piada", disse Lemmy. "As pessoas estão apavoradas, e as redes de rádio estão com medo desses bastardos. Todo mundo está correndo com medo da PMRC. Por quê? Se não estivessem preocupadas, eles não poderiam fazer nada. Se eles simplesmente dissessem: 'Fodam-se', eles iriam se foder, certo? O que eles vão fazer? Parar com tudo? É aí que a América cai de bunda. Tão hipócrita e tão correta, verdadeira, real e histérica, achando que tudo o que faz é certo. Vai ser um choque terrível quando descobrir que não é."

Depois tem o televangelismo, outro fenômeno peculiarmente americano que pateticamente caiu no esquecimento na década de noventa, mas que se mantém ativo aqui e ali. Como pode se esperar, Lemmy tem opiniões contundentes sobre os pregadores da TV: "Essa é uma coisa engraçada sobre a América, essa questão religiosa. Isso não iria durar 10 minutos na Inglaterra, o que seria uma coisa boa. Nós não acreditaríamos nessa merda nem por um segundo. Jimmy Swaggart não conseguiria pagar nem a sua conta no bar com essa merda na Inglaterra. É verdade... Esses idosos pobres mandam toda a sua grana porque ele está construindo uma igreja. Onde? Onde ele poderá estar construindo essa porra? Será que eu poderei ir lá? Será que eles vão me dar um certificado de acionista? Me dá vontade de dar um soco na boca dessas pessoas toda vez que eu as vejo. Mas eu não aguento ficar sem vê-las, porque é uma obsessão. Eu não posso acreditar nas merdas que elas dizem. É um ultraje, obviamente é um monte de besteira. 'Eu estava falando com Deus esta manhã, e ele me disse que, se você me enviar o seu dinheiro, está garantido que você passará direto pelos portões do paraíso quando você morrer.' O quê? Então vão enviar um passe que diz: 'Entrada para uma pessoa com direito a uma bebida grátis?'. Ou talvez você ganha um conjunto extra de cordas para a sua harpa. A América está desesperada por algo em que acreditar, eu quero dizer, como eles conseguiriam se safar com uma merda dessas se não existisse um motivo? De que outra forma eles poderiam ter uma banda como o Stryper? Você sabe, quando essa banda joga Bíblias para o público, eu gostaria que eles jogassem todas de volta".

Então, novamente, a atitude tacanha de muitos britânicos deixou Lemmy saturado até um ponto em que ele não aguentava mais. A atitude mais otimista e aberta da costa leste e oeste americana o atraiu, juntamente com o sentimento de espaço que a América do Norte fornece para qualquer europeu que a visita. "Para começar, é impressionante

1990-1991

o tamanho do lugar", observou. "Você dirige através do Texas, cabe quatro vezes a Inglaterra. Essa é uma das impressões marcantes. Você consegue transar um monte. Essa foi outra boa revelação. Você não tem que implorar 14 dias. Você consegue transar imediatamente, isso é ótimo. E, é claro, o clima, você sabe. Especialmente na costa oeste. É por isso que eu me mudei para Los Angeles... Imaginei que 44 anos fosse tempo suficiente para se viver em qualquer lugar. Como Bill Clinton disse uma vez sucintamente, é hora de mudar, não é? Se você é inglês, você assistiu a todos aqueles programas na TV toda a sua vida, e três quartos deles são vividos em LA. Depois viemos tocar aqui, e... Têm todas essas palmeiras, sabe? Palmeiras são exóticas para um inglês. Nós não temos palmeiras, especialmente não de 30 metros de altura. Temos pequenos arbustos raquíticos, tudo inclinado para o lado que o vento sopra. É uma revelação quando você vem para a Califórnia ou o Arizona ou algum lugar assim pela primeira vez. É como viver na Disneylândia."

Talvez o enigma aqui – que Lemmy é um homem que fala contra a falsidade ou fingimento onde quer que ele a perceba, mas ainda assim mudou-se para uma cidade desequilibrada e artificial como Los Angeles – seja explicado por sua declaração: "Muitas pessoas na Grã-Bretanha são americofóbicas, elas odeiam os EUA mesmo antes de irem para lá, elas acham tudo muito falso... Como se Londres não fosse! Isso sempre me matou. Dizem que Los Angeles detém o monopólio das pessoas falsas, mas há pelo menos o mesmo número de pessoas boas, logo, a equação não confere. A sociedade é a sociedade em qualquer lugar do mundo, você vai encontrar pessoas que vão te ferrar e pessoas que irão te ajudar. Esses são os dois únicos tipos de pessoas que existem, e eles são internacionais, estão no mundo inteiro".

Ele acrescentou: "Eu sempre gostei da América, porque lá existe motivação. Enquanto os britânicos são ressentidos. Eles ainda não superaram a perda da Índia. Os britânicos me enchem o saco todo o tempo". Isso realmente resume tudo.

Viajar por si só é a única forma confiável para aprender, aonde quer que você vá. Uma vez ele disse ao autor: "Nunca fui partidário de viver no mesmo país em que você nasceu – é muita falta de criatividade realmente. Partir e ir morar em algum outro lugar é uma reviravolta de verdade, faz você pensar em tudo de forma diferente. Viajar é a única verdadeira educação, é a única maneira de descobrir sobre as outras pessoas no mundo, porque, quando alguém viaja, vê as pessoas como elas realmente são. Você acaba entendendo muito mais as pessoas, fica muito menos propenso a sair por aí dizendo *slogans* como 'Morte aos argentinos'. Nós estávamos na Argentina durante o conflito das Malvinas em 1982, quando eles estavam fazendo esse tipo de comentário nos jornais, eram as maiores besteiras e mentiras que eu já vi".

Além do mais, Lemmy – como um único homem cuja vida se encaixa perfeitamente no bagageiro de um ônibus, desde que ele deixe sua coleção de *memorabilia* nazista em casa – verdadeiramente gosta de fazer turnês. "Eu gosto de hotéis", disse ele, talvez o único freguês regular de hotéis a dizer isso. "Eles te dão lençóis limpos. Trazem suas refeições e, em seguida, eles pegam toda a sua roupa suja e lavam. Maravilhoso! Eu não deixo eles entrarem no meu quarto para limpar, faço a minha própria cama. Não quero que eles estraguem as minhas coisas. Jogam fora as coisas que você quer guardar. Quer dizer, eu guardo uma pizza naquela segunda gaveta no meu armário do hotel que comprei na primeira noite em que cheguei aqui, porque só vendem pizzas inteiras grandes, assim eu como a pizza por três dias seguidos, e isso é ótimo. É algo que aprendi a gostar, sabe? Acho que é a qualidade do som que entra lá dentro da gaveta. Descobrimos na época do Hawkwind que o som pode afetar as coisas. Você pode dar uma incrementada nas coisas com som... Então eu só coloco a pizza na gaveta – é uma pizza melhorada acusticamente."

Ele acrescentou que os empregados dos hotéis geralmente recebem pouca atenção dele: "Eu amo funcionários do hotel. Eles vêm, e eu digo 'Foda-se' – e eles dizem 'Bem, senhor, temos que fazer a manutenção do seu minibar' – e eu digo 'Vá se foder! Estou dormindo agora, OK?'. Mas, eu amo viajar. Eu sou louco por viagens. Fico longe de casa durante sete meses do ano desde 1974, por isso não posso imaginar o como deve ser ficar preso no mesmo maldito lugar o tempo todo. Quer dizer, eu não sirvo para isso, não sirvo para mais nada além disso".

A mudança de Lemmy para a América coincidiu com mudanças da sorte no Motörhead de várias maneiras, começando com o fato de que o caso judicial da banda contra a GWR foi finalmente resolvido, e eles estavam livres para assinar com outra gravadora. A Epic tornou-se a nova casa da banda, a primeira vez que uma grande gravadora tinha mostrado interesse neles. Assim, um novo álbum foi planejado sob o comando do produtor Ed Stasium. No entanto, seguindo o verdadeiro estilo Motörhead, a parceria não correu bem, e pela primeira vez Stasium concordou em contar a história do que realmente aconteceu entre ele e a banda e que fez com que as sessões de gravação saíssem dos trilhos.

"Eu nunca contei esta história em sua totalidade", diz Stasium. "O que aconteceu foi que o empresário do Motörhead, Phil Carson, me ligou e perguntou se eu estava interessado em trabalhar com a banda. Eu sempre fui um fã, então eu pensei 'Ótimo, é uma boa combinação'. Eu estava morando em Sherman Oaks, Califórnia, na época, e Lemmy e Phil apareceram lá em casa. Saímos e ficamos na piscina, nós nos sentamos no *deck* e abrimos uma cerveja. Conversamos sobre como trabalho e o que faço, e disse a eles que, quando trabalho, gosto de me sentir como um membro extra da banda."

Stasium era mais conhecido na época pelo trabalho que tinha feito com a banda Living Colour, o quarteto de funk metal que foi pioneiro no estilo ao lado de Faith No More e Red Hot Chili Peppers. Ele continuou: "Lemmy disse 'Grande cara, isso parece muito bom! Vi o Living Colour ao vivo, e eles eram terríveis – eu percebi que uma pessoa que consegue fazer o Living Colour soar bom num disco é bom o suficiente para mim'. Ele deve tê-los visto numa noite ruim, porque eles eram uma grande banda ao vivo. Entretanto ele achou que o disco deles era ótimo, por isso concordamos em gravar juntos. Eu ia começar com três músicas e talvez mais tarde pudesse continuar se desse certo".

Com uma proposta de acordo combinada, Stasium conheceu o Motörhead num estúdio de ensaios para preparar as três músicas para a gravação. "Nós nos conhecemos para um ensaio em Burbank", ele disse, "e eu não quero menosprezar o estilo de vida de ninguém, mas você sabe como o Lemmy é. A primeira vez que entrei no estúdio, tinha uma mesa que ele esticou algumas carreiras de *speed* e disse: 'Quer dar uma cheirada?'. Eu disse: 'Hoje não'. Nunca usei heroína, LSD ou *speed*. Antigamente fumava maconha, embora a última vez foi uma década atrás, e eu cheirava muita cocaína, mas parei no início dos anos oitenta. De qualquer forma, tudo correu bem. Ele estava bebendo seu Jack Daniels com Coca-Cola, e os ensaios foram bons. Acho que ensaiamos por dois ou três dias, e comecei a entender o som deles, dizendo: 'Talvez nós pudéssemos fazer isso ou aquilo nessa e naquela parte das músicas', e fizemos algumas mudanças de arranjo. Acho que a maioria das variações foi nas partes do Philthy. Mudamos o bumbo para mostrar um pouco mais dos detalhes, em vez de deixar tudo com a batida regular quatro por quatro que ele estava fazendo".

Os sinais pareciam promissores para a parceria entre Stasium, Lemmy, Campbell, Wurzel, Philthy e o engenheiro de som Paul Hamingson, e assim eles começaram a trabalhar nas sessões de gravação. "Os ensaios foram bons, então fomos para o American Recording Studios, onde tinha uma mesa de som da série Trident A", disse Stasium. "Eu sempre achei as mesas da Trident fabulosas. Eu adorava as mais antigas. Eles só fizeram 13 delas. Um produtor chamado Richard Podolor e seu engenheiro Bill Cooper eram os donos do estúdio. Eles tinham feito gravações como o *hit* do Steppenwolf 'Born To Be Wild' e 'Joy To The World' do Three Dog Night. O estúdio também tinha uma grande coleção de guitarras. Estávamos com tudo pronto e iniciamos as gravações. Meu engenheiro e assistente, com quem eu contava há algum tempo ao meu lado, Paul Hamingson também foi lá trabalhar, embora eu ainda soubesse lidar bem com a engenharia do estúdio. Tudo estava indo bem."

Stasium notou que Lemmy gostava de manter um pouco de "refresco" acessível o tempo todo durante as sessões de gravação: "Lemmy tinha um copo enorme, com uns 30 centímetros de altura, que ele enchia com gelo, Jack Daniels e um pouco de Coca-Cola. Desnecessário dizer que as coisas ficaram um pouco confusas: Philthy não conseguia se lembrar de sua parte da música e passamos um dia inteiro ensaiando quase como se fosse a primeira vez, repetindo até conseguirmos gravar tudo da forma correta".

O primeiro sinal de discordância entre o produtor e a banda veio depois de que algumas das faixas iniciais foram convertidas em fita de áudio. "Lembro-me de voltar no dia seguinte", diz Stasium, "e Lemmy me olhou dizendo: 'Isso não está certo, cara: isso não é o que gravamos ontem. Isso é outra coisa'. Ele insistia nisso, embora na verdade eu não tinha mudado nada. A coisa ficou muito confusa, para dizer o mínimo. Eu acho que ele pôde ter insinuado que eu tinha refeito as músicas sem ele – mas eu nunca fiz nada parecido com isso. Passamos oito ou nove dias no estúdio e terminamos tudo".

Um rumor, com ou sem razão, diz que o Motörhead descobriu que Stasium tinha adicionado uma percussão às músicas sem seu conhecimento, levando a uma divisão. Esse rumor, de acordo com Stasium, é apenas parcialmente correto: a percussão foi realmente adicionada, mas isso não foi a causa da discussão. "Eu adicionei maracas e pandeiros na música 'Going To Brazil'", disse ele. "Eu não me lembro de ter colocado percussão com claves nela, apesar de que, considerando o tema e a pegada dessa música, teria soado muito legal, então eu realmente devo ter feito isso. Não me lembro de qualquer conflito entre a banda e eu por isso. Achei que essa música soaria bem com percussão nela: eu não fiz nada para intencionalmente desrespeita-los. Eu sempre coloco percussão em todas as bandas com quem eu trabalho, não é grande problema. Eu não iria gravar percussão, guitarra ou um *backing vocal* sem que eles soubessem. Eu nunca tentei esconder qualquer coisa que eu tenha gravado com qualquer artista."

Apesar dessa ligeira tensão, três músicas foram gravadas, e a banda e seu produtor procederam à fase de mixagem. "Começamos a mixagem num estúdio chamado One On One, cujo dono era um cara chamado Richard Landis, que tinha uma mesa SSL série 4.000", disse Stasium. "As três músicas eram 'Going to Brazil', 'Love Me Forever' e 'No Voices In The Sky', que eu acho excelente. Então, quando eu estava mixando uma das músicas, Lemmy chegou. Ele tinha levado uma das mixagens em fita cassete para o Rainbow Bar & Grill na noite anterior e não estava de bom humor. Ele disse: 'Cara, eu fui ao Rainbow na noite passada e coloquei essa porra de fita cassete para tocar e não dá para escutar a merda do baixo nela! Eu não consegui ouvir nada da porra do baixo'. Então eu disse a ele 'Lemmy, você não queria que aparecesse nada de graves do seu baixo', porque, quando ele toca com seu amplificador Marshall, ele tira todos os graves, esse é o som dele.

Nós, na verdade, tentamos colocar mais graves lá. Ele não queria plugar o baixo direto na mesa em vez de microfonar o amplificador, por isso acabei fazendo tudo escondido, sem ele saber. Pode até ter sido um pouco estranho, mas eu queria ter algum grave no fundo da gravação."

Agora que Lemmy e Stasium estavam ambos enfurecidos, a coisa foi ficando cada vez pior. O produtor explicou: "Ele tinha encontrado o canal na mesa de gravação e disse 'O que é isso? O que é isso? Que porra é essa?', e ele ficou lá sentado na parte de trás da sala de mixagem. Eu não me lembro do que estava acontecendo, porque o meu sangue estava fervendo naquele momento. Ele sentou-se atrás de mim, eu comecei a mixar novamente, e ele disse: 'Não, não, não, não!', e puxou a parte de trás da minha cadeira. Eu não acho que ele fez isso de propósito, mas as cadeiras eram um bocado frágeis e, quando ele puxou a cadeira – comigo sentado nela –, ela caiu para trás. Foi acidental, e eu não me machuquei, mas ele estava rosnando 'argggh!' e falando sobre como não tinham graves e foi uma situação horrível".

Essa foi a gota d'água para Stasium. "Levantei-me do chão, arrumei minha mochila e saí", diz ele. "Não me lembro de nada dessas coisas sobre percussão, tamborins e tudo mais. Minha lembrança é que Lemmy ficou muito agressivo e eu disse: 'Foda-se, eu vou embora daqui'. Peguei as minhas coisas e saí do prédio. Depois disso, eu devo ter falado com Phil Carson e disse: 'Eu não aguento. Ele está sempre doido com drogas e bebidas'."

Note-se que Stasium não está julgando Lemmy. "Eu não estou desmerecendo o estilo de vida de ninguém", afirmou. "Posso lidar com isso até certo ponto, mas, naquele dia, ele estava bêbado, fora de si e convencido de que não conseguia ouvir o baixo – depois de escutar a música num toca-fitas no Rainbow... Ele estava sempre um pouco bêbado e sempre um pouco chapado de metanfetamina, mas eu amo o Motörhead e amo Lemmy, cara."

O produtor tinha uma última imagem memorável da era 1991 de Lemmy. "Uma das minhas grandes visões de Lemmy é de uma salinha no estúdio, onde havia uma cozinha e uma porta para a área externa", disse ele. "Não havia cadeiras ou qualquer coisa lá fora, era apenas uma porta que leva para fora. Eu tinha comprado um radiotransmissor portátil que dá para usar para ouvir o rádio da polícia. Lemmy ficou fascinado com as chamadas da polícia, e por isso ele pegou uma mesinha, colocou o Jack Daniels e a Coca-Cola nela, ficou só de sunga e fumou um cigarro enquanto ouvia o rádio e se bronzeava. Ele ficava lá durante horas, enquanto eu estava editando a bateria e as guitarras que tinham sido gravadas. Era realmente uma cena engraçada, eu gostaria de ter fotos dela. Ele ficava lá fora, com os olhos fechados, escutando rádio. Essa é uma grande lembrança para mim."

No fim dessa história, o álbum, intitulado *1916*, foi produzido por Pete Solley e lançado em 1991. Felizmente para o Motörhead, foi um disco excelente, com sua faixa-título sendo a música mais inusitada e alucinante que a banda havia gravado em anos. Não por ser rápida, pesada ou insolente, mas por ser um hino realmente emotivo para os soldados que deram suas vidas na Primeira Guerra Mundial. Antes que o álbum fosse lançado, Lemmy explicou: "Nós gravamos pelo menos umas duas músicas que são diferentes, mas ninguém vai acreditar que são", e na verdade ninguém levou a sério mesmo, até que as ouviu. "1916" é diferente de tudo que o Motörhead tinha feito antes, baseada no vocal inesperadamente limpo em tenor de Lemmy, quase como uma voz de coral, um toque de sintetizadores, cordas, alguns tambores militares e pouca coisa a mais. Tudo muito, muito emocionante.

Por outro lado, o Motörhead também gravou uma música rápida e agressiva chamada "R.A.M.O.N.E.S.", uma homenagem aos punks norte-americanos que muito inspiraram Lemmy. Como o Motörhead, os Ramones usavam a abordagem básica de três acordes do rock'n'roll dos anos cinquenta, reforçada com guitarras distorcidas, uma bateria mais intensa, e criaram seu próprio som – como resultado disso, as duas bandas viraram espíritos afins, por isso, essa gentileza do Motörhead em forma de música. Os próprios Ramones passaram a tocar "R.A.M.O.N.E.S." de vez em quando, até o fim de sua carreira no final dos anos noventa. Perguntado se eles tinham sido uma influência, Lemmy disse: "Obviamente. Eles compreendiam o sentido do rock'n'roll. Se você ouvir as progressões dos acordes e os solos – eles devem ter sido grandes fãs de rock'n'roll quando eram crianças. Eu me escuto neles, e eles se escutam em mim".

"*1916* foi o primeiro álbum que gravamos nos EUA", lembrou Phil Campbell, "e é um disco muito bom, produzido por Pete Solley. Estávamos com toda a nossa fúria, foi bom fazer esse disco. O som está muito melhor, senti que estava bem mais afiado se você comparar com os outros discos. Ele está diferente e acho que é um dos melhores".

Perguntado pelo repórter Mat Snow se o Motörhead tinha deliberadamente planejado lançar um de seus melhores discos até ali, Lemmy respondeu: "Nós nunca planejamos nada. Não somos tão eficientes assim. Somos muito preguiçosos. Eu odeio ensaiar – se eu puder inventar uma maneira de sair de um ensaio, eu vou fazê-lo. Algumas músicas levam meia hora para serem escritas, outras levam semanas. As rápidas são mais difíceis de escrever".

Com a confiança da banda impulsionada pela recepção concedida a seu novo álbum, o Motörhead saiu em turnê mais uma vez, fazendo várias apresentações no Reino Unido antes de entrar no circuito europeu, Japão, Austrália e EUA. Os shows nos EUA com o Sepultura, a banda de thrash metal brasileira, foram particularmente bem recebidos: parecia que o Motörhead entrava em sua melhor fase quando provocado a tocar numa velocidade e intensidade maior por uma banda de abertura, tal como tinha sido na turnê com o Slayer três anos antes. Metal extremo já era algo estabelecido na vida musical há uma década, e a visão de Lemmy sobre esse tipo de música parece ter amadurecido. Como ele disse, "O vocalista do Sepultura Max Cavalera é um cara muito importante. Eles foram a primeira banda brasileira a tocar fora do Brasil e ganhar um grande número de seguidores fanáticos. Nós nos conhecemos em 1991, quando tocamos juntos, e logo percebemos que eles eram uns arrogantes filhos da puta, assim como nós! Eles sempre fazem um grande show, os fãs enlouquecem, e eles continuam contando com a sorte".

Naquele ano, um filme chamado *Hardware* foi lançado nos cinemas – uma saga apocalíptica pós-nuclear que queria muito ser a próxima versão do *Exterminador do Futuro* ou *Blade Runner* (e se parecia um pouco com os dois), mas não conseguiu, em grande parte porque seu orçamento era pequeno, e sua trama claustrofóbica em vez de épica. Lemmy fez o papel de um motorista de táxi pilotando um veículo futurista através de uma paisagem em ruínas e proferindo alguns diálogos com sua amargura de sempre. Apesar de *Hardware* ter sido melhor do que *Eat The Rich*, Lemmy ignorou qualquer sugestão de que ele poderia estar prestes a começar a atuar seriamente, dizendo: "Você não pode realmente chamar aquilo de atuar. Era só eu, sendo um personagem, você sabe? Eu não tenho tempo para isso. A banda está sempre ocupada. Isso significa que eu tenho que colocar os caras em espera, certo? E isso não é realmente justo para eles!". E acrescentou: "Eu ganhei 300 dólares por 10 minutos de trabalho, o que não é ruim. Infelizmente deixei cair a arma que estava segurando no rio Tâmisa... Acho que eles nunca conseguiram encontrar. Achei *Eat The Rich* melhor, havia mais de mim nele".

E assim o Motörhead parecia finalmente estar voltando aos trilhos, talvez pela primeira vez desde meados dos anos oitenta. Um *single*, "The One To Sing The Blues", abriu caminho para intermináveis turnês naquele ano, incluindo shows com monstros do rock como Judas Priest e Alice Cooper. No entanto a música pesada estava prestes a sofrer uma de suas maiores chacoalhadas em anos, e mais uma vez o Motörhead estava prestes a descobrir como se sente um azarão.

Capítulo 12

1992-1993

Em 1991, o formato da música pesada mudou, aparentemente de forma permanente, com a troca do glam rock pelo grunge, da lycra pelas camisas com estampas xadrez e da diversão pela depressão. Enquanto os novos movimentos de rock grunge e alternativo deviam muito a eles e atraíram ainda mais público para a música pesada do que se poderia imaginar, para uma banda como o Motörhead, uma mudança espiritual não era realmente necessária neste momento de suas carreiras.

A principal ameaça veio de três álbuns: *Nevermind* do Nirvana, *Blood Sugar Sex Magik* do Red Hot Chili Peppers e o disco autointitulado do Metallica, que apareceram no prazo de seis meses, um após o outro, em meados de 91 até início de 92. O primeiro deles introduziu o grunge, uma forma emocionalmente crua de metal muito influenciada pelo punk, o segundo era um funk-rock híbrido, e o terceiro foi uma redefinição direta, sem frescuras, do heavy metal. Esses três discos – e a enorme onda de lançamentos que seguiram na sua esteira – fizeram o heavy metal como nós o conhecíamos na década de oitenta parecer sofisticado, superficial e impotente.

Como crédito para o Motörhead, a popularidade desse novo estilo de música não os distanciou do modelo que tinha feito sua fama. De fato, reforçou a crença de Lemmy no que ele estava fazendo. "Toda essa geração parece ter se tornado um bando de frescos", ele rosnou. "Ninguém gosta mais de si mesmo. Para se divertir eles ficam todos batendo uns nos outros. A conversa é deprimente: 'Eu não gosto disso' ou 'Eles não são tão bons como antes'. É sempre um papo de sofrimento, falar mal dos outros e reclamar de algo. Estou ficando um pouco cansado disso... Como essa merda de *moshpit*. É a merda mais estúpida que eu já vi na vida. 'Eu adoro essa banda, então vamos correr e dar uma cabeçada um no outro!' Fodam-se! Dá um tempo, porra. Por que não ir pegar uma garota legal lá fora? Eu também não gosto do que acontece com inocentes que estão na plateia. Estávamos em Milwaukee uma vez, e um cara subiu no palco para ter seus 15 segundos de fama, depois pulou e chutou os dentes e o nariz de uma garota! Eu não quero ver esse tipo de merda quando estou tocando, definitivamente não."

Esse foi o pano de fundo de uma série de abalos sísmicos que ocorreram para o Motörhead em 1992. A banda tinha um novo empresário, Todd Singerman, e um contrato para um segundo disco com a Sony. Durante as sessões de estúdio, Los Angeles entrou em erupção com tumultos após o espancamento de Rodney King – dificilmente a atmosfera adequada para começar qualquer gravação, especialmente uma vez que os estúdios Sunset Sound, onde a banda estava, ficava na região dos conflitos. "Estávamos bem perto da avenida Normandie, onde tudo começou", lembrou Lemmy em uma entrevista com a *Classic Rock Revisited*. "Eu estava fazendo um vocal, depois terminei e entrei no *lounge*, e havia uma TV que estava mostrando uma casa queimando. Olhei pela janela e vi o outro lado dessa mesma casa. O cara chegou e disse: 'Eu acho que vamos ter que fechar o estúdio um pouco mais cedo hoje'. Tinha um carro nos esperando lá fora, e acabamos indo embora. Dirigir por ali era como dirigir através de uma zona de guerra, todo o quarteirão estava em chamas. Tudo ficou escuro e o que se podia ver eram quarteirões inteiros queimando. Foi bom pra caralho."

Perguntado se achava que os conflitos tinham justificativa, ele gritou: "Porra, claro que estavam certos. Você vai me dizer que Rodney King não foi espancado pelos policiais? Eles filmaram a coisa acontecendo e em seguida deixaram todos os policiais livres... Não precisavam continuar batendo nele, uma vez que já estava algemado. Ficaram batendo por 20 minutos depois que ele foi algemado. A surra que o cara tomou foi horrível. Eu não dou a mínima se ele estava resistindo à prisão, não se deve fazer uma coisa dessas. Foi muito extremo. Não se pode aceitar que uma grande organização como a polícia de Los Angeles não tenha alguns idiotas. Eles gravitam juntos. Os bons caras gravitam juntos, e os maus também. Eu não posso acreditar que eles se safaram dessa. Nem recorreram do caso. Foi um erro".

No ano anterior, o *rapper* americano Ice-T tinha criado uma situação complicada com seu *single* "Cop Killer", que reflete o estado de tensão que existia entre a polícia de Los Angeles e as comunidades negras e hispânicas. "Ele tem uma revolta por ser negro e do gueto, mas está certo, certo pra caralho", disse Lemmy. "Aquela 'Cop Killer' foi uma má ideia. Ele me disse que não tinha ideia da reação que ocorreria. Mas o que ele disse era verdade. Na Inglaterra, não temos guetos desse jeito, temos Brixton, que tem uma maioria negra, mas há brancos vivendo lá também. Na maioria das cidades americanas, existem áreas como o Harlem, onde não há pessoas brancas. Não há ninguém, nem assistentes sociais e essas merdas. Portanto, é um grande problema, porque os negros estão matando uns aos outros. Eles deviam estar matando pessoas brancas na verdade, haha! Quando ocorreram as revoltas negras em Los Angeles em 92, pensei que a coisa mais óbvia a se fazer seria que os negros saíssem de South Central [gueto negro de Los Angeles] e fossem para Hollywood. Mas, em vez disso, eles atacaram os coreanos! 'Por quê?' foi minha pergunta imediata, vá saber..."

Foi esse o clima de agitação cultural de *March ör Die*, segundo e último álbum do Motörhead pela Sony. Em termos do prestígio à moda antiga e com o dinheiro e brilho do *showbiz* ligado a ele, esse álbum levou o Motörhead quase tão alto quanto já havia chegado, com uma grande gravadora por trás deles (pelo menos em teoria, como veremos) e duas celebridades convidadas tocando, Ozzy Osbourne e o guitarrista do Guns'N'Roses, Saul "Slash" Hudson. A relação com Ozzy vinha desde a fase em que Randy Rhoads estava vivo, e eles participaram do Heavy Metal Holocaust em 1981, mas ficou mais profunda quando Sharon Osbourne virou empresária da banda. "Ela gerenciou nossa banda por um mês em 1991", disse Lemmy em entrevista à revista *Inked*. "E, quando a gente foi para o Japão, ela enviou um empresário de turnê com a gente e ele fodeu toda a nossa grana e, em seguida, disse que foi nossa culpa. Ela acreditava mais nele que em nós, o que é bastante natural, porque ele trabalhava para ela. Eu nunca a perdoei até a semana passada, quando ela finalmente disse 'OK, eu acredito em você'..."

Sharon também pediu a Lemmy que fizesse uma parceria e escrevesse quatro músicas para o disco de Ozzy, que saiu em 1991, *No More Tears*, "Mama, I'm Coming Home", "Desire", "I Don't Want To Change The World" e "Hellraiser", sendo que esta última o Motörhead regravou para *March ör Die*, contando com os vocais de Ozzy. "Logo depois que me mudei para os Estados Unidos", Lemmy lembrou, "Sharon ligou e disse 'Você pode escrever quatro músicas para mim?' e me fez uma oferta que eu não poderia recusar. Uma delas foi 'Mama, I'm Coming Home'. Ganhei mais dinheiro com essas quatro músicas do que eu fiz em 15 anos com o Motörhead. E então eu escrevi mais duas para o próximo álbum do Ozzy, *Ozzmosis*".

"Hellraiser" apareceu na trilha sonora do filme *Hellraiser III* e, apesar da mediocridade do filme, deu à banda seu primeiro gosto do grande sucesso por algum tempo. Ela também contou com a bateria de Mikkey Dee (nascido em 31 de outubro de 1963), um sueco que estabeleceu uma reputação por suas magistrais habilidades tocando com a banda de metal do vocalista dinamarquês King Diamond e mais tarde com a banda de glam metal norte-americana Dokken. Se você está se perguntando por que Dee apareceu enquanto o Motörhead já tinha um baterista, Phil Taylor, pense novamente: Philthy desistiu no meio da gravação do álbum. Na verdade, três bateristas tocaram no *March ör Die*: Philthy, Dee e, em algumas músicas, o baterista do Ozzy, Tommy Aldridge, que completou o álbum depois que Philthy saiu.

"Philthy nunca foi muito bom depois que voltou", suspirou Lemmy. "Ele era ótimo antes de sair, mas teve que voltar, porque a sua banda que era para ser muito melhor que a nossa não deu certo, a coisa ficou ruim. Eu dei uma chance a ele, e acho que ele nunca me perdoou por deixá-lo voltar. Ele é um cara estranho... Quando voltou, estava pior como baterista. Nos primeiros ensaios, não estava tão ruim, então ficou... Bem, no final, foi algo tipo 'Que diabos foi isso?'. Sua desculpa foi: 'Ah, eu estava improvisando. E não conseguia me lembrar de nenhuma das novas músicas'."

Phil Campbell acrescentou: "Ele simplesmente não conseguia tocar direito mais, por algum motivo. Foi ficando ruim. Ele não conseguia tocar um ritmo quatro por quatro sem errar. Durante três anos, quando voltou, nós tentamos, mas... ele não conseguia ver nada de errado com o modo como tocava bateria, o que era ainda pior. Se reconhecesse, 'Eu sei onde errei', seria uma coisa aceitável, mas ele não percebia, e isso é pior ainda. Estávamos no estúdio ensaiando, e ele ficava fora lavando seu carro. Em Los Angeles, dois dias antes de começar a gravar o novo álbum, o *walkman* dele estragou. Íamos para os ensaios, e era uma porcaria, e eu dizia: 'Caralho, Philthy, você não sabe nenhuma das músicas'. E ele dizia: 'Bem, o problema é que quebrou meu *walkman*'. Então nós fomos para o estúdio, e ele anotou os arranjos em umas 15 folhas de papel".

O guitarrista continuou: "Infelizmente, Philthy estava passando por alguns problemas... Eu não sei, estava um pouco enrolado no começo e pensamos: 'Ah, vai ficar melhor, vai voltar ao normal'. Mas isso nunca aconteceu, e no final tivemos que mandar ele embora, infelizmente, porque ele simplesmente não era mais capaz de tocar bateria. Foi uma pena, eu não sei o que estava acontecendo. Era um grande cara, ainda é, mas não era mais capaz de tocar bateria. Quero dizer, ficamos três anos na esperança de que iria melhorar, mas ele só foi decaindo".

Campbell, Lemmy e Wurzel não ficaram felizes ao ver o seu amigo ir: tinham-lhe dado toda a liberdade quanto podiam, mas tiveram que enfrentar os fatos. Da perspectiva deles, *March ör Die* representou um novo ponto alto em sua luta constante pela sobrevivência e, se Philthy não podia contribuir por completo, apenas uma opção existia. "O maior golpe da minha carreira foi, provavelmente, mandar Phil Taylor embora na segunda vez", lembrou Lemmy depois, "Porque eu nunca teria feito isso se ele estivesse se esforçando, mas não o fez, e eu não poderia forçá-lo a fazer. Três advertências é o suficiente, certo? É uma concessão que não se recebe todo dia, por isso tivemos que mandá-lo embora. Isso foi um golpe, porque eu sabia que ia devastá-lo – e devastou, e realmente me chateou".

Mesmo Eddie Clarke observou – muito mais tarde – que Philthy era um cara difícil de definir. Numa entrevista com David Wilson, o guitarrista explicou: "Falando de Phil, eu estava conversando com ele no ano passado e estava pensando na gente se encontrar para voltarmos a tocar, mas ele desapareceu! Sei que parece loucura, mas um amigo meu estava indo vê-lo, e liguei para ele, e Philthy disse a esse meu amigo: 'Escuta, eu tenho que sair agora e te ligo mais tarde'. Essa foi a última vez que ouvimos falar dele. E seu telefone foi cortado, então não estava mais morando lá, apesar daquela ter sido a casa dele por muitos anos. Então fiquei um pouco preocupado porque não sabia onde ele estava. Tínhamos negócios com pessoas em comum e falei com eles para ver se tinha feito contato, mas não tinham notícia também. De fato, disseram que tinham um cheque para ele e não conseguiam encontrá-lo para entregar, e isso me preocupou ainda mais!".

Mikkey Dee havia sido convidado para tocar no Motörhead anteriormente, quando tocava com a banda de King Diamond alguns anos antes. "A primeira vez, eu acho que foi em 1986, quando ainda estava tocando com King Diamond", disse Dee numa entrevista para a revista *Big Shout*. "Abrimos para o Motörhead na Europa, e desde então eles me pediram para me juntar à banda, e Lemmy ficou na minha cola por alguns anos, mas realmente não tinha nenhuma razão para deixar minha outra banda naquele momento." Foi a coincidência de ter saído do Dokken e um telefonema de Lemmy que levou o sueco a juntar-se ao Motörhead. Ele lembrou: "Lemmy tinha me chamado desde 85 ou 86 para tocar com ele, e recusei quatro ou cinco vezes, mas ele me convidou novamente justamente naquele momento e disse: 'O que você está fazendo, Mikkey?', e eu disse 'Ainda estou no Dokken, mas a coisa está indo mal'. E ele disse: 'Por que você não se junta ao Motörhead?', e eu disse: 'Sim, por que não?'... Conhecia os caras realmente bem e sabia que substituir Philthy na bateria não era nada difícil – tecnicamente – mas você sabe, ele é um personagem e estava tocando com o Motörhead por muito tempo, e isso poderia ser um problema, porque, se você falar com boa parte dos fãs leais da banda, eles não se importam o quão ruim ele era, só queriam saber do Phil Taylor... Quando o Pete Gill tocou na banda, não foi bem aceito".

A história de Dee como um fã de metal e rock é um caso clássico de alguém nascido no início dos anos sessenta. Como ele lembrou: "Eu tinha sete anos quando fui ver o Deep Purple e foi isso. Foi quando eu disse: 'Meu Deus, isso é muito legal'. Minha mãe levou-me, ou eu a levei, porque eu não podia ir sozinho. Foi isso, eu só sabia que queria estar no palco e tocar, foi simplesmente fantástico. Eu não tinha certeza se eu queria tocar bateria, era apenas um hobby meu por anos. Eu estava totalmente certo de que ia ser um atleta, um jogador de hóquei ou de futebol. Pratiquei muito esporte quando era mais jovem. Bateria era um hobby, então esse hobby começou a tomar mais do meu tempo e tornou-se um trabalho. Passei mais e mais tempo tocando. Então, foi isso. Antes que eu me desse conta, um dia pensei: 'Porra, eu sou um baterista agora'".

Ele continuou: "Eu toquei numa banda sueca chamada Nadir, e nós excursionamos muito, mas era mais um estilo pop-rock da Costa Oeste... Foi ótimo, nós tocávamos quarta, quinta, sexta-feira e sábado, toda semana, durante uns três ou quatro anos, tínhamos nosso próprio ônibus de turnê, nossas próprias luzes de palco e um PA, fazíamos sucesso nos parques folclóricos da Suécia. Nós nunca tocamos em qualquer lugar fora da Suécia. Eram geralmente parques populares e pequenos clubes". O leitor atento vai lembrar a história de Lemmy com o Rockin' Vickers, donos de uma lancha no auge de seu sucesso: é engraçado que os dois tivessem um pico comercial tão cedo em suas carreiras, mesmo que as bandas em questão terminassem como desconhecidas.

Dee lembrou que seu tempo em sua primeira grande banda, King Diamond, foi como um passeio de montanha-russa: "King Diamond era *underground*, mas em 86 e 87, nós meio que deixamos de ser alternativos nos EUA, onde nos tornamos uma banda muito famosa. Não tínhamos ideia de quão grande éramos com o King Diamond nos EUA, até que voltei para lá com o Dokken e o Motörhead. Tocávamos no Aragon Ballroom, em Chicago – tocamos com o Motörhead lá agora... Na época tocamos três noites seguidas com o King Diamond, shows lotados para 6.000 pessoas cada noite, 18 mil pessoas em um fim de semana... Foi incrível! Toda noite com ingressos esgotados. Tínhamos diferentes tipos de fãs, os que vinham apenas pelo King – que era um pequeno grupo – e havia as garotas... Depois a merda começou a aparecer. Houve muitas entrevistas do King Diamond em revistas, onde eram apenas fotos dele, sem imagens da banda. Ele era o único entrevistado, e todas as declarações vinham dele. Era tudo decidido por ele, porque era um astro e queria que o resto de nós ficasse quieto. Eu não gostava muito daquilo e tentei falar com ele, mas nada mudou... Então eu saí".

Ao juntar-se ao Motörhead, Dee foi perguntado se queria receber algum crédito no novo disco *March ör Die* (a maioria da bateria tinha sido gravada por Aldridge). Ele se recusou, dizendo: "Falei com Tommy e ele disse: 'Mik, você pode receber o crédito'. Eles queriam colocar meu nome e imagem e tudo lá, e eu disse: 'Foda-se, não quero, ficou uma porcaria'. Não gostei da bateria daquele disco. Tommy fez um bom trabalho considerando o tempo que levou para gravar. Foi chamado e fez tudo em dois dias, bam, bam, bam, mas não gostei daquela bateria, acho que Tommy Aldridge é um baterista muito limitado. Esse é o estilo dele, é muito quadrado. Eu sou mais flexível. Adoro bateristas como Ian Paice, Brian Downey, que têm um modo mais flexível de tocar. O Tommy é muito quadrado. Ele disse: 'Você pode tomar meus créditos', e eu disse: 'Sinto muito, não quero isso'. Mas fui em frente e deixei minha imagem aparecer no disco, mas não o meu nome".

Questionado sobre como se comparava com seus antecessores na banda, Dee ruminou: "Phil Taylor não era tão bom baterista, mas era um superpersonagem. Era o Motörhead até os ossos. Nos primeiros anos foi ótimo, era um bom baterista, mas alguns músicos são assim, têm que ensaiar todos os dias apenas para se manter na média. Acho que ele é um deles. Então Pete Gill era tecnicamente muito melhor, mas totalmente sem carisma. Não se encaixava na banda, eu diria, e nunca foi aceito pelos fãs do Motörhead por algum motivo, não sei exatamente o porquê. Mas Taylor era um superpersonagem, um cara divertido, tinha a essência do Motörhead".

Por sua vez, os outros membros da banda ficaram aliviados por ter um baterista confiável a bordo. "Quando Mik se juntou foi realmente bom, um bom sopro de ar fresco", disse Campbell. "Nós não tínhamos que ficar nos preocupando, 'Será que ele vai arruinar tudo?'. Podíamos nos concentrar no que tínhamos que fazer em vez de ficar prestando atenção nos erros da bateria, esperando para ver se a bateria não ia

1992-1993

desmoronar." A chegada de Dee também deu a energia renovada que a banda precisava, em adição ao auge financeiro que eles estavam experimentando na época. Como Dee explicou: "Quando finalmente fomos para a estrada e tocamos, foi muito melhor – e não apenas por minha causa, mas acho que todos ganhamos fôlego –, o Motörhead fazia shows de 45 minutos com Taylor e agora tocávamos uma hora e 40 minutos, com 22 músicas, e arrebentávamos. A garotada não reclamou nem um pouco".

A sequência de shows que se seguiu foi uma das mais intensas que o Motörhead já havia tocado, em parte por causa de seu novo baterista e também por causa da escolha das bandas de abertura – como consequência, talvez, da publicidade em torno do novo álbum e sua posição em uma grande gravadora. Lançando o '*92 Tour EP* para comemorar os shows, o Motörhead tocou com Metallica e Guns 'N'Roses no LA Coliseum, em 27 de setembro, e encerrou o ano tocando com o Saxon – uma banda com quem eles tinham muito em comum, tanto em estilo quanto em substância – na turnê *Bombers And Eagles In 92* pela Europa.

Questionado sobre as lições aprendidas com *March ör Die*, Lemmy explicou que preferia os estúdios americanos. ("Eu não acho que gravaremos novamente no Reino Unido. Os dois discos que gravamos nos EUA foram muito melhores. Parece outra banda".) Outra lição foi que trabalhar com pressa, como fez na música "I Ain't No Nice Guy", era algo que muitas vezes o ajudou. "Levou apenas 10 minutos para escrever. Parece que trabalhar assim faz bem para mim. 'Orgasmatron' levou cinco minutos e 'We Are the Road Crew' quatro."

Em 1992, o Motörhead tinha chegado aos 17 anos de uma carreira que já atingiu os 36 anos: mais ou menos o meio do caminho da história até agora. Quão adequado, e ao mesmo tempo trágico, foi que aquele poderia ter sido o ponto em que eles poderiam muito bem ter transformado suas habilidades musicais em recompensas financeiras mais que merecidas depois de todos esses anos. Enfim, à beira de um sucesso mais abrangente, o Motörhead recebeu uma facada nas costas de sua gravadora, algo tão profundo que é discutível se eles realmente se recuperaram. Hoje em dia seus álbuns são tão bons quanto qualquer coisa que já fizeram, e o estoque de críticas ao Motörhead é enorme – mas, em termos de uma recompensa, a oportunidade de colher o que tinham semeado nunca foi melhor do que em 1992. Após este ponto, os tempos mudaram, a indústria fonográfica caiu de joelhos, e só o rótulo recentemente criado de classic rock – que entrou em voga por volta de 1999, com o sucesso da revista com o mesmo nome – salvou o Motörhead.

E, assim, vamos aos detalhes do pesadelo com a gravadora Sony. Lemmy explicou perfeitamente em suas próprias palavras: "Nós tivemos um grande sucesso no rádio com 'I Ain't No Nice Guy' do *March ör Die*, com a participação de Ozzy e Slash, e eles abafaram a música de propósito. Eu disse 'Incluam essa música na programação de uma rádio AOR [*album oriented rock*] e estaremos feitos', e eles disseram 'Nós tentamos isso e aquilo, mas essa música já deu o que tinha que dar', e eu disse 'Você é um mentiroso, não deu tempo de fazer nada disso. Esqueça, nós mesmos vamos fazer essa música estourar'. Então, nós colocamos nossos próprios contatos trabalhando nela. Colocamos a música e o álbum no rádio e estourou na lista das mais tocadas, daí fomos até os empresários da gravadora e dissemos 'Nós colocamos o seu artista, Ozzy, nessa música, e Slash – vamos fazer um vídeo', e eles [a Sony] disseram não! Então fizemos o nosso próprio vídeo – não ficou tão bom, mas era razoável. Levamos para a MTV, eles nunca tocaram, e a coisa toda morreu, inclusive no rádio... Foi uma reação impulsiva e exagerada. Um cara da Sony/Epic até ligou para um DJ em Kansas City e disse: 'Não toque essa música!'".

Vamos ouvir essa história de novo para esclarecer. Ainda com as palavras de Lemmy, os mesmos fatos, entrevista diferente: "Nós dissemos a Sony: 'Vamos colocar essa música no rádio porque tem Ozzy e Slash nela, ficará fácil de promover, e Ozzy está na Epic, que é uma subsidiária da Sony, de qualquer maneira'. Eles disseram que não poderiam porque não queriam essa música naquele tipo de rádio. Eu chamei-os de mentirosos de merda. Então, disse: 'Foda-se', liguei para dois contatos e conseguimos que a música entrasse na programação de 82 estações em um mês nos Estados Unidos. Depois fomos para a Sony e dissemos: 'Bem, nós somos o número 10 nas paradas de rádio, agora só falta vocês promoverem o álbum. Queremos um financiamento para um vídeo!'. E

1992-1993

eles disseram que não, sendo que Ozzy e Slash já tinham até concordado em aparecer no vídeo, de modo que fizemos o nosso próprio vídeo por 8.000 dólares! E então eles (gravadora) seguraram a MTV até que as aparições no rádio acabassem. A Sony não queria autorizar o lançamento. Você sabe, a MTV ia tocá-la – pela primeira vez eles estavam dispostos a tocar algo nosso. E então o engraçado é que eles não podiam, porque a nossa gravadora não os deixava. Isso é estúpido pra caralho".

O motivo por trás da falta de promoção, Lemmy alegou, foi uma evasão fiscal da gravadora. "É obviamente uma lavagem de imposto: lançar um produto adiantado e, em seguida, pleitear pobreza na próxima auditoria da receita. Tenho certeza de que isso é o que a WTG [outra subsidiária da Sony, marca que lançou *1916* e *March ör Die*] queria, por que você acha que eles contrataram diversas bandas e em seguida dispensaram todas? Fomos até a sede da gravadora um dia, e estava tudo vazio. Todos os funcionários tinham sido demitidos, exceto a secretária. É, assim, isso foi tudo. Era algo importante... Eles pagaram adiantado. Esse foi o segredo, entende? Fazem isso, então incluem na declaração do imposto de renda e, em seguida, recebem de volta o dinheiro das vendas. Um duplo golpe. É praticamente uma licença para imprimir dinheiro."

Ele continuou: "Nós descobrimos a explicação mais tarde, que era porque a gravadora com que tínhamos assinado o contrato estava dando prejuízo fiscal para a Epic. Eles assinam contratos com todas as bandas que eles acham que não iriam dar certo, só assim eles poderiam alegar que gastaram todo esse dinheiro e colocavam na declaração do imposto de renda. Queriam que fracassássemos. Fomos indicados para um Grammy com o nosso primeiro álbum, e isso não caiu muito bem, uma vez que supostamente deveríamos falhar... Eu fui à Nova York para a cerimônia de premiação, e o presidente da Sony Music, Tommy Mottola, nem apareceu para dizer olá... Você poderia pensar que ser indicado para um Grammy lhe daria certa moral, mas não, não é o caso, não ajuda. Nada ajuda, você continua se arrastando. Eu acho que isso só nos torna pessoas melhores ou algo assim. É provavelmente por causa disso que ainda estamos por aí. Você sabe, ficar tão putos da vida é muito bom para a banda, nos estimula".

É claro que a experiência de Lemmy com a Sony foi apenas o mais recente de uma longa série de pesadelos relacionados com a indústria, mas este parece ter sido particularmente cruel – vindo num momento em que o Motörhead tinha resistido à revolta de Los Angeles, à perda de seu baterista, a um empresário e à morte do rock tradicional, em seguida, assinando com uma grande gravadora e gravando um excelente álbum com convidados famosos, tudo terminando com a falta de motivação por parte de parceiros da gravadora. Se Lemmy odiava a indústria antes, pense como ele se sentiu agora.

"Quando estávamos nos separando da Sony", ele disse, enfurecido, numa entrevista a *Rolling Stone*, "nós dissemos para alguém na gravadora 'Por que vocês não puderam nos dizer a verdade?'. E ele disse: 'Não é assim que funciona'. Uma afirmação realmente terrível dita por alguém da indústria musical. Um babaca. É o tipo da coisa que é suficiente para destruir sua fé. Elas falam isso, porém não é apenas a Sony. Eles estavam assinando contratos com bandas, deixando-os gravar metade de um álbum e, em seguida, mandando eles embora – tudo para evitar uma perda fiscal. Só para manter seus livros-caixa equilibrados, eles destroem os sonhos de vários músicos. É vergonhoso".

Ele continuou: "Eu não sei por que a gravadora assina com uma banda e, em seguida, tenta destruí-la. Não entendo. Qual é o problema com esses idiotas? Bem, eles são simplesmente idiotas, acho que eu respondi minha própria pergunta... Isso é o que está errado com o rock'n'roll, cara. Há muitos músicos que são empresários. A maneira que eu vejo é que, se você é um músico, então você não deve ser um homem de negócios. No máximo, você deve saber o suficiente para contratar os advogados certos, e isso é tudo. Caso contrário, você deve se concentrar na música. Assim, se você está sentado lá depois do show com seu *laptop* fazendo suas finanças... Essa não é a ideia. Tudo começou por causa de um espírito de rebeldia cego, alegre e estúpido, e é assim que deveria ser".

Ele concluiu secamente: "A Mariah Carey separou-se do presidente da Sony, Tommy Mottola, e arrebentou a casa e o carro dele. Isso não é o tipo de coisa que acontece a um cara gente boa". A continuação desta história infeliz é que depois de uma extensa turnê – uma atividade na qual foram superprestigiados e na qual eles eram menos propensos a ser roubados –, o Motörhead assinou com uma gravadora de música techno alemã, a ZYX. Por quê? Pelo dinheiro e, presumivelmente, porque as outras opções eram ainda menos atraentes. O álbum, apropriadamente intitulado *Bastards*, foi outro disco incisivo, sólido, com uma mudança de campo em relação às letras do primeiro *single*, "Don't Let Daddy Kiss Me", uma música sobre abuso infantil. Outra, a mais típica "Born To Raise Hell", também foi lançada como *single*.

O Motörhead estava entusiasmado com o álbum. Como Campbell colocou: "É o melhor álbum que já gravamos. A composição musical, a produção, a forma como tocamos, o esforço que colocamos nele. Eu acho que ele é perfeito. Há dois solos de guitarra meio desajeitados de Wurzel nele, mas o resto é incrível. Isso tudo foi feito por um cavalheiro que nos ofereceu mais dinheiro do que a outra empresa. Disseram para não assinar com ele, porque era uma merda, e ele nos ofereceu muito dinheiro. Nós fizemos isso e provamos que fizemos a coisa certa. Eu acho que não foi lançado nos Estados Unidos... Eu gostaria de reeditar o disco. É algo que estávamos cogitando. Não para remixá-lo, deixá-lo como ele é. Eu não sei o que ficou acertado no contrato, mas poderíamos comprar os direitos dele de volta ou algo assim".

Talvez de forma não totalmente inesperada, a banda e a gravadora não tiveram contato pessoal, olho no olho. Como Campbell lembrou: "Eu botei o cara da gravadora para fora também. Foi seis meses após ter sido lançado na Alemanha. Foi um grande dia. Ele era um cara enorme. Ele entrou no camarim um dia e ficou falando comigo e Mikkey, mas ele me chamava de 'Mikkey' e chamava o Mikkey de 'Phil'. Eu disse 'Você não sabe porra nenhuma sobre essa banda. Você nem sequer sabe com quem está falando. Como podemos colocar nossa confiança em você para vender nosso disco?'. Então eu chutei a cadeira dele e ele tinha uns 140 kg. 'Saía daqui', eu gritei. Essa foi a última vez que eu o vi".

A grande turnê pela Argentina, França, Espanha, Alemanha, República Tcheca, Finlândia, Dinamarca, Suécia, Noruega, Holanda e Suíça amenizou um pouco dos pesadelos que a banda tinha sofrido com as gravadoras, mas nada iria desfazer a sensação de traição. E, ainda assim, tudo poderia ter sido diferente para o Motörhead se o acordo com a empresária Sharon Osbourne (na época prestes a atingir o pico de seus poderes com a *Ozzfest* e a série de TV *The Osbournes*) se tivesse concretizado. Se a Sony não tivesse sido tão cínica com a banda e realmente ajudasse na promoção do álbum *March ör Die* corretamente, sua sorte poderia ter ido para outra direção. Na verdade, a única coisa boa sobre essa era arruinada da história do Motörhead é que, finalmente, a banda tinha um baterista de verdade.

Capítulo 13
1994-1995

Os acontecimentos posteriores à chegada do grunge levaram um tempo para se assentar, mas seu impacto foi mais imediatamente óbvio na mudança do destino das muitas bandas de metal que se esforçavam para não afundar naquele momento. Um bom exemplo foi a turnê americana de 1994 do Motörhead, em que a nova formação Kilmister/Campbell/Wurzel/Dee ficou espremida entre o Black Sabbath e o Morbid Angel, uma curiosa seleção de bandas (se é que houve alguma).

O Black Sabbath, reconhecida como a primeira banda de heavy metal, estava com as mesmas dificuldades dolorosas que o Motörhead nos últimos anos. Embora muitos observadores tentassem atribuir (e atribuíram) o declínio geral do Sabbath desde seus anos de glória às muitas mudanças de integrantes, o quadro geral é que, infelizmente, o gosto do público tinha mudado. Em 1995, o Black Sabbath era liderado por Tony Martin, um excelente vocalista – sem as habilidades vocais de seu antecessor Ronnie James Dio ou o apelo *cult* de Ozzy Osbourne. Além disso, havia um sentimento geral naquele momento, em meados dos anos noventa, de que a banda, como algo sério e com apelo mundial, estava acabada. Note que isso foi antes do lançamento do *Ozzfest* e certamente antes que Ozzy voltasse, um dos retornos mais importantes de qualquer banda em anos.

O Morbid Angel foi e continua a ser uma banda poderosa de death metal da Flórida. Em 94, o seu impacto, que era o mesmo das bandas de metal em geral, estava em seu ponto mais alto de todos os tempos. Sendo uma das bandas mais importantes do gênero, o Morbid Angel tinha deixado sua marca por ser a primeira dessas bandas a assinar contrato com uma grande gravadora, neste caso, a Giant Records, uma afiliada da Sony. Embora este contrato tenha durado relativamente pouco, por um breve período parecia quase como se o death metal – um dos mais intransigentes gêneros musicais já inventados, juntamente com o grindcore – poderia seguir o grunge para o *mainstream*. Isso não aconteceu nem chegou perto de acontecer, mas ajuda a explicar por que o Morbid Angel estava tocando nessa turnê.

Quanto ao Motörhead, vimos em detalhes o quão problemáticos os últimos anos tinham sido para eles e o quão perto eles tinham chegado de dar um enorme salto para o sucesso. Seu lugar na turnê só adicionou mais para a confusão geral da época – e a oportunidade bizarra, após todos esses anos, de essas três bandas diferentes estarem aparecendo juntas. No entanto a turnê de dois meses atraiu muita publicidade, tendo passado pelos Estados Unidos, antes de o Motörhead ir para a América do Sul e Europa no final do ano. O ponto alto foi um show com os Ramones em Buenos Aires, na Argentina, para 50 mil pessoas, e depois uma visita ao Japão. Mesmo considerando que a sorte do Motörhead com gravadoras tinha sido escassa, como sempre foi a sua performance no palco que os mantinha vivos.

O culto de personalidade em torno de Lemmy tinha ficado ainda maior. Embora o resto dos integrantes tenha sido rapidamente categorizado pela imprensa de acordo com seus papéis dentro da banda – Campbell, o velho soldado de confiança, Wurzel, o bobo da corte, Dee, o novo garoto figurão –, assim Lemmy, se aproximando de seus cinquenta anos, começou a ganhar o respeito generalizado por duas razões. Em primeiro lugar, ele ainda estava fazendo o que fazia de melhor, sem nenhum sinal de perda de força; em segundo lugar, ele permaneceu direto como sempre sobre uma ampla gama de assuntos, desde a política à história da música, negócios e muito mais.

Graças a uma nova onda de baixistas de heavy metal que publicamente reconheceram-no como uma influência, Lemmy tornou-se uma espécie de herói desse instrumento. Seu estilo de tocar baixo havia sido estabelecido há décadas, é claro, mas, como um novo gênero de revista – ligado aos aspectos técnicos da guitarra/baixo – havia se tornado comum, os jornalistas começaram a analisar seriamente seu estilo pela primeira vez. Ele reconheceu John Entwistle do The Who como uma grande influência, dizendo: "Ele foi o melhor baixista na face da terra. Era o melhor para mim, não há competição. Estava totalmente no comando de seu instrumento. Ninguém via ele vacilar. Nunca tocava uma nota fora da escala. E era muito rápido, com ambas as mãos. O solo de baixo de 'My Generation', ainda me enrolo tentando fazê-lo hoje. Você pode tentar, aquilo era outra época, era 1964!".

Ele também demonstrou sua admiração pela baixista da Motown, Carol Kaye ("Ela era uma dona de casa que costumava fazer de tudo na Motown. Era ótima, uma mulher excepcional, saía de casa de manhã, tocava um pouco de baixo e depois voltava no fim da tarde para alimentar as crianças! Incrível! E ninguém sabe quem ela é."), mas recusou a curvar-se ao altar dos grandes baixistas de jazz-funk dos anos setenta. Sobre o falecido Jaco Pastorius, considerado por muitos baixistas como o mais talentoso de todos os tempos, ele bradou: "Bem, para mim isso é amadorismo. Só se pode tocar tanto quando se sola o tempo todo. É como o Joe Satriani e Steve Vai: quer dizer, eu gosto de um bom solo, mas não quando isso fica rolando a porra do álbum inteiro. Eu gosto de músicas com versos no começo e no fim. É tudo muito bom, mas é como se o cara ficasse se exibindo o tempo todo. É meio tedioso".

A mesma visão de simplicidade se aplica ao equipamento que ele usa. Lemmy mantém seu baixo e equipamento simples e despretensiosos, sem essa de instrumentos de cinco ou seis cordas: "Eu não vejo o que você pode fazer usando cordas extras, a menos que você esteja determinado a ser um *superstar*, algo que eu não estou. Toquei com uma Fender VI quando tinha uma por perto, mas eu nunca curti muito. Não era realmente o meu tipo de coisa. Eu tentei uma das Rickenbacker de oito cordas. Foi horrível! O final do braço dela parece um tronco de árvore, como quase todas essas coisas que eles fazem. Vou te dizer o que eu tenho – um daqueles baixos Hagstrom de oito cordas, o mesmo que Jimi Hendrix tinha. E é muito bom. É muito melhor do que qualquer um dos outros".

Ele acrescentou: "Em minha opinião, deve haver a corda pesada, média e leve, e isso é tudo. Caso contrário é simplesmente muito confuso. Há tantos tipos diferentes de corda, e as pessoas usam as cordas erradas o tempo todo. Como quando Eric Clapton apareceu com uma guitarra acrescida da quinta corda de um banjo – você não se lembra disso? Naquela época, só se conseguia um tipo de encordamento – o médio –, assim para conseguir fazer *bends* mais longos, Clapton usou a quinta corda de banjo como uma primeira corda da guitarra. E elas duraram um pouco mais do que essas cordas leves que se usam hoje... Realmente não me importo com o tipo de cordas que eu uso desde que produzam o som que gosto. Não dou a mínima. Venho daquela geração que usava o que tinha. Não havia nada disso: 'Oh, preciso usar tal tipo de corda ou não conseguirei tocar', sabe? Foda-se isso".

Embora seja frequentemente solicitado a revelar os "segredos" de seu som – um rugido fortemente distorcido, produzido por um Rickenbacker 4001 ou 4003, sempre usando acordes –, Lemmy é firme em dizer que não há realmente nenhum segredo. "Simplesmente deixo tudo alto e toco com força", insiste. "Não uso efeito algum. Coloco o ganho bem alto no transmissor. Realmente nunca uso pedais. Tentei um wah-wah uma vez, mas não funciona com baixo. É inútil. Efeitos sempre estragam o som de qualquer jeito, e você fica lá como um idiota. O retorno fica fazendo microfonia e você está ali de pé, perdendo tempo... Eu tenho dois velhos Marshall JMP Super Bass 2s, com autofalantes 4 x 15 e 4 x 12 em cada lado. Consegui o 4 x 15 de um cara nos Estados Unidos quando um amigo meu apareceu e disse que conhecia um cara que tinha dois cabeçotes de baixo para vender. Então fomos até a casa do cara, e a esposa dele nos levou até um depósito nos fundos. Tivemos que cavar no meio de uma pilha de móveis de vime e essas merdas, e havia dois cabeçotes cobertos com capas. Ela puxou a capa e eles estavam novos. Marshalls dos anos sessenta. Não fazem mais 4 x 15 já faz tempo. Estavam totalmente novos, nunca tinham sido usados. E comprei os dois por quatrocentos dólares! Bom preço, não é? Vou te dizer como ajusto, da esquerda para a direita. Presença no três, graves desligados, médios no máximo, agudos desligados, volume no três."

Com seu tom médio-pesado, os arranjos de Lemmy são frequentemente inaudíveis na mixagem na maioria das músicas do Motörhead, mas isso não parece incomodá-lo. Na verdade, esse é o seu objetivo declarado: "Não me importo se o baixo some, porque acho que a banda deve soar como três ou quatro caras tocando em conjunto. Não deve soar como quatro instrumentos solo, porra. Não entendo por que alguém gostaria de ouvir cada instrumento isoladamente. Não entendo isso. Vejo a parede, não vejo os tijolos sozinhos. Gosto que pareça como uma banda, como os Beatles sempre fizeram. Mesmo Hendrix, você não poderia dizer ao certo o que estava acontecendo. Havia tantas guitarras ao mesmo tempo no som dele. Gosto de ouvir o conjunto, essa é a ideia de tocar numa banda. Todos tocam juntos".

Embora Lemmy não seja um instrumentista técnico no sentido de ser capaz de alternar palhetadas e *slaps*, ele tem sua própria identidade no instrumento, algo que não existe em nenhum outro lugar. Perguntado se ele se considerava um bom baixista, argumentou: "Eu acho que sou original, pelo menos. Meu jeito de tocar é único. Eu sempre quis ser John Entwistle, mas como essa posição já está ocupada, eu me tornei uma versão menor. Não leio música, também. Para quê? Estou em uma banda de rock, e não numa orquestra. Nunca quis aprender, desde que descobri que isso existia, nos tempos de escola". O mesmo vale para a sua posição de microfone, que coloca a uma altura que prejudicaria o pescoço da maioria dos vocalistas: "É para conforto pessoal, é isso. É também uma forma de evitar ver o público. Nos dias em que só tinha dez pessoas e um cachorro, era uma forma de evitar ver isso. Você pode imaginar que, apesar de hoje termos um estádio cheio de fãs do Motörhead, antes era bem diferente".

Além de seu modo de tocar baixo, os jornalistas também ficaram fascinados com a vida pessoal de Lemmy e seus hábitos. Durante anos, ele ficava à vontade em discutir seu gosto pelo *speed*, pelo ácido (quando era bom – em outras palavras, na década de setenta) e seu ódio pela heroína, mas com o passar dos anos, parou de falar desses assuntos, afirmando: "Não falamos mais sobre drogas. Já caímos na nossa própria armadilha falando dessas coisas. Virou algo muito controverso estar no Motörhead. Nas turnês agora temos quatro tipos de café Starbucks, um monte de mousse de limão, mas isso é tudo...". No entanto, quando o autor perguntou-lhe em 1999 se ele já havia experimentado *ecstasy*, saiu com a seguinte pérola: "Sim, eu experimentei. Tomei quatro, e nada aconteceu. Acho que tinha usado muito ácido anteriormente".

Apesar de curtir incessantemente jogos de trívia de balcão de bar (em especial quando vai ao Rainbow Bar & Grill), Lemmy não é um grande aficionado de jogos. Ele explicou: "Só gosto de jogar. Como diz em 'Ace Of Spades', 'O prazer é jogar, não importa o que você diz'. Nenhum apostador ganha, não a longo prazo. O máximo que perdi até hoje foram três mil dólares. Ganhei nove mil em uma máquina caça-níquel, há sete anos, no The Venetian, em Las Vegas. Coloquei dois mil e levei um lucro de sete. Isso é muito bom".

E sexo? Um tema de constante interesse dos jornalistas, aumentado após a revista *Maxim* ter publicado uma matéria afirmando que Lemmy dormiu com 2.000 mulheres. "Eu disse que era 1.000 e acho que eles exageraram um pouco", ele respondeu. "Mas não estou fazendo uma contagem, sabe?... Atrizes pornôs são iguais a pessoas normais, mas não sou tão bom na cama quanto as pessoas que eu como, então suponho que tudo fica equilibrado."

Ele acrescentou: "Durante as turnês, é como assistir a um filme pornô o dia todo. É engraçado como algumas pessoas condenam esse tipo de filme, mas cometem outros crimes imorais. Eu digo: foda-se você e o cavalo em que está montado. Ah, aqui vai uma para você: já ouviu falar do *Dicionário Sexual Politicamente Correto*? Bem, tem um monte de merda nele, tipo sexo oral é considerado sodomia e é ilegal em 20 estados. É considerado o sexo não natural, mesmo se você estiver casado. O que eles vão fazer? Bater à sua porta para verificar se você está chupando um pau? O livro também diz que fertilização *in vitro* é estupro. Você sabe, quando eles pegam o óvulo e colocam num tubo de ensaio com o espermatozoide. Eles dizem que é a dominação do ovo. Que merda será o próximo passo?".

Perguntado se gosta de sair com *groupies*, Lemmy ponderou: "Não, não existem essas tais de *groupies*. Há meninas que gostam de transar e meninas que não. As meninas que não ficam julgando as outras que gostam, mesmo que no fundo elas pensem bastante nisso também. Fui um safado a minha vida toda. Quem é mais feliz do que uma vadia? Mas, por falar em alguém fazendo coisas meio loucas, eu estava no palco tocando, num show, tinha uma garota na plateia mostrando os peitos, como elas sempre fazem. Então, quando me dei conta, ela subiu no palco e começou a chupar meu pau! Agora ela conseguiu chamar minha atenção! Achei que ela iria aparecer após o show, mas nunca mais a vi".

Com a era HIV/AIDS, Lemmy percebeu (muito antes de certos outros astros do rock) que os dias de glória de sexo casual tinham acabado, possivelmente para sempre. "Gosto de garotas", ele disse a Mat Snow da revista Q. "Essa é a única razão pela qual estou nesse negócio – descobri que você pode as fazer tirar a roupa se aparecer com uma guitarra na mão. E elas se despem ainda mais rápido se você souber tocar... Esse é o motivo que leva alguém a estar no rock'n'roll se eles forem contar a verdade. Mas não vão – sempre dizem que o motivo foi outro. Mas tudo isso acabou ficando mais devagar por causa dessas doenças que Deus, em sua infinita sabedoria, enviou para nos ensinar uma lição. Mas antes que Deus finalmente sacasse essa, eu já tinha feito muita besteira."

Quanto a brigar, Lemmy nunca foi um cara agressivo, embora ninguém queira necessariamente ser seu oponente. Até mesmo os *headbangers* sempre o intrigaram. Ele disse: "O primeiro *headbanger* que eu vi num show não estava apenas balançando a cabeça, mas quebrando-a no palco até que seu rosto virou uma máscara de sangue. Nós pensamos que ele era apenas um excêntrico, mas acontece que era o precursor de uma nova onda. Muito estranho. Se isso é o que a garotada sente que tem que fazer para ser incluído no grupo, o que virá em seguida?... Aquele negócio de cuspir, jogar pedras e pedaços de cadeiras, isso é preocupante, mas eles não estão fazendo isso apenas contra as bandas, mas contra eles mesmos".

Claro que agora que Lemmy estava chegando à certa idade, os jornalistas queriam sempre que ele contasse histórias sobre suas três décadas como músico. E ele normalmente obedecia, como uma espécie de palestrante movido a Jack Daniels. Essa é uma história que ele contou uma vez ao jornalista Brian Damage (possivelmente um pseudônimo) sobre uma experiência paranormal que aconteceu quando tinha seus vinte anos: "Estávamos em Yorkshire, num daqueles anos perdidos, 69 ou 70, éramos nós quatro e nosso empresário numa casa de campo enorme num local que já tinha sido uma fazenda. A primeira noite em que chegamos lá, atravessamos uma nevasca, estávamos a oito quilômetros da fazenda mais próxima. Tinha um quarto no andar de baixo que era muito confortável, tinha uma lareira e cortinas nas janelas, mas o quarto do outro lado do corredor era o oposto. As paredes não tinham pintura, e havia uma mesa e uma cadeira e só isso. Era realmente muito frio lá, e na lareira havia uns crânios de aves, muito estranho".

Ele continuou: "O nosso empresário estava dormindo num quarto que havia sido um berçário, e lá pelas quatro horas da manhã, ele começou a gritar como louco. Eu nunca ouvi um cara gritar tão alto. Fomos lá, e ele disse 'Algo se apoderou de mim, cara!'. Ele estava branco. Eu dizia 'Porra, vá se foder!'. E então de repente ele não aguentou e desceu as escadas dizendo 'Algo se apoderou de mim, cara, e estava muito frio!'".

A história ficou ainda mais estranha: "Isso foi na época das sessões de ocultismo com o copo, lembra? Todo mundo fazia isso o tempo todo – então pegamos as cartas e um copo, e ele disse 'Espírito de casa, desça. Quero saber por que você se apoderou de mim'. E a porta da frente se abriu e fechou, mas não havia ninguém no corredor ou passando naquele vazio de oito quilômetros de neve, na verdade, ninguém sabia que estávamos lá. Em seguida, ouvimos passos subindo as escadas de pedra do corredor, que pararam para fora da porta – e todos se borraram. Não importa quem você seja, não importa o quão durão você seja, todo mundo se borra numa situação dessas. Em seguida, eles entraram na porta do lado oposto e a fecharam. E, quando a porta bateu, uma menina começou a chorar no andar de cima – e ela chorou a noite toda, até amanhecer".

Ele terminou: "Ficamos lá duas semanas e nunca vimos ou ouvimos mais nada – deve ter sido o comitê de recepção ou alguma coisa assim –, mas nós fomos para a cidadezinha mais perto e descobrimos a história. Não sei se é verdade, porque as coisas são exageradas, mas se encaixam com os fatos. Aparentemente, um homem e sua esposa viveram na casa, trabalhando para um agricultor mais ou menos em 1900, e tiveram uma filha. A esposa morreu no parto, e o pai era superprotetor. Ela queria se casar com um garoto, e ele não aceitou: 'Ele não é bom o suficiente para você' e toda essa história. Então eles fugiram, mas o pai foi atrás, trouxe-a de volta e trancou-a no quarto por 25 anos. Ela conseguia ver a fazenda do garoto pela janela, e isso era o pior. O barulho dos passos na escada deve ser do pai que ficava vigiando a garota".

Lemmy também viu um OVNI uma vez, ele disse à revista *Bizarre*. "Nós quatro vimos, em Yorkshire. Paramos o carro e saímos para assistir. Ele apareceu no horizonte como um raio e parou no meio do ar, pairava lá por meio minuto e, em seguida, saiu em um ângulo reto. Chegou à sua velocidade inicial quase instantaneamente. Eu acredito em alienígenas." E, antes que você pergunte, Lemmy é bem familiarizado não só com alucinógenos, mas também com a doença mental: "Eu saí com uma garota que ouvia vozes na sua cabeça uma vez. Ela escapou do hospital psiquiátrico de Epsom, em New Hampshire. Vinha me visitar nos fins de semana. Sempre foi legal comigo, até que uma vez eu cheguei em casa e encontrei-a empilhando tudo que tinha lá no meio da sala, no chão e prestes a tocar fogo porque as vozes estavam mandando". Só histórias interessantes e boas para ser contadas para os amigos: em 1995, com uma lista grande de episódios indecentes e bizarros para lembrar, Lemmy tinha se tornado o sonho de qualquer jornalista. Não só se expressava com eloquência e vividamente, mas também tinha uma opinião formada sobre a maioria das coisas, seja ela positiva ou não. Possivelmente porque ele sabe que tem que ser uma pessoa interessante para manter a imprensa interessada – talvez esteja enganando a nós o tempo todo, mas poucos parecem se importar.

Mas se você está achando que o Motörhead estava ficando muito folgado, mais tormenta estava por vir. A gravadora Steamhammer contratou a banda para um novo álbum, gravado no verão de 1995, no Cherokee Studios, em Hollywood, mas durante as gravações, tornou-se claro que a permanência de Wurzel estava chegando ao fim. Como Philthy antes dele, seu compromisso com a música e o estilo de vida durante a turnê era insuficiente e, no meio das sessões, ele foi embora.

Tanto a banda quanto os fãs ficaram desapontados ao vê-lo ir, como tinha sido com Philthy. Wurzel tornou-se a parte cômica do Motörhead, bem como um guitarrista altamente subestimado, proporcionando infinitas histórias divertidas na estrada. Como Lemmy recordou, "Eu e Wurzel estávamos indo para o 100 Club em Londres, quando os Rolling Stones tocaram lá, com Eric Clapton e Jeff Beck. Era lá embaixo no porão. Wurzel entrou correndo, todo animado, e, quando chegou, deu de cara em cima do Bill Wyman (baixista dos Rolling Stones na época), deixando ele caído no chão. Foi engraçado pra caralho. Grande começo de noite, sabe? 'Olá Bill, eu sempre fui um fã de vocês. Oh, desculpe, te dei uma porrada'".

Confrontado com a tarefa de recrutar um novo guitarrista, o Motörhead teve que ponderar sobre a melhor forma de encontrar potenciais candidatos, mas Phil Campbell teve uma ideia melhor e sugeriu a Lemmy e Dee que eles permanecessem como um trio, o que lhe permitiria tomar conta de todas as partes de guitarra. "Eu disse aos caras: 'Acho que podemos ficar como um trio'", lembrou. "E disse 'Acreditem em mim, nós vamos tentar e, se não der certo, eu vou ser o primeiro a dizer que precisamos de outro guitarrista'. Mas começamos a ensaiar, e tudo parecia ótimo. Era melhor para mim, transformou-me num guitarrista melhor, fiquei mais confiante. Prefiro assim."

Campbell acrescentou que a ausência de Wurzel deu-lhe mais espaço no palco, simplesmente porque o outro guitarrista era muito mais extravagante quando tocava ao vivo. "Eu costumava ficar um pouco mais para trás", ele disse, "porque Wurz ficava correndo, arrebentava cordas porque fazia *bends* fora do tom. Então eu tinha que ficar para trás e tentar manter a base o mais sólida quanto eu podia. Mas era muito divertido com Wurzel...".

O som da banda estava agora muito mais coeso, ele explicou: "Ao vivo, costumava ser bem caótico, especialmente com o baixo de Lemmy, não é exatamente um som de baixo como os outros. É mais como uma guitarra, assim ficávamos nós três lá no palco lutando pelas mesmas frequências. E a coisa ficava um pouco estranha, para dizer o mínimo. Prefiro com um trio; tem suas limitações, eu acho, mas é um som melhor. Escrevo muita coisa para nós três e acho que o som ao vivo é muito mais poderoso agora do que costumava ser".

O novo álbum, *Sacrifice*, foi lançado em 11 de julho de 1995, e foi exatamente o que se esperava: um disco decente, embora não espetacular, com algumas músicas que acabaram virando clássicos aqui e ali. Perguntado se o Motörhead tinha evoluído com a sua música em seus álbuns mais recentes, Lemmy replicou: "Fazemos o mesmo tipo de música porque gostamos. Que outra razão existe para se fazer música? Dentro desse contexto, continuamos levando. Fizemos algumas músicas que saíram deste formato, mas se você tem uma boa ideia em primeiro lugar, por que não aproveitá-la? Por que ter que exigir progresso de pessoas o tempo todo? Ou algo chamado progresso, eu não vejo isso exatamente como um progresso".

Wurzel tocou em algumas das músicas de *Sacrifice*, explicou Lemmy. "Ele tocou dois solos: 'Dogface Boy' e 'Out Of The Sun', e fez guitarra-base nas outras faixas também. Deixou a banda uma semana e meia antes de sairmos na turnê europeia." Campbell acrescentou: "Ele não contribuiu quase nada na composição, estava lá quando escrevemos as músicas, mas não contribuiu quase nada, na verdade. E só fez uns dois solos, mas tocou no álbum e deve ser creditado por isso".

Por falar em créditos, a versão americana do álbum tinha a imagem do Motörhead com a imagem de Wurzel borrada. Uma decisão curiosa, uma vez que ele realmente tocou no disco. "Não fui eu quem fez isso, foi a gravadora", disse Lemmy. "É estúpido, Wurzel poderia ter nos processado, e estaria certo, porque ele está no álbum."

A decisão de retirar a imagem de Wurzel foi outra má ideia de uma indústria que Lemmy agora considerava desprezível. Apesar disso, sua gravadora atual tinha ganhado sua confiança, ele disse: "A CMC realmente despachou o *Sacrifice* antes de assinarmos o contrato. Isso é inédito hoje em dia, confiar nas bandas com as quais assinam o contrato dessa forma. Eu os defenderia a qualquer momento. Eles têm sido excelentes conosco. Eu costumava pensar que isso seria impossível, imaginava que estávamos condenados... Não conseguimos lançar nada na América por quase três anos depois que já éramos um grande sucesso na Inglaterra. Depois fomos para a Legacy, depois a Eclipse e, em seguida, pegamos a Sony, que foi realmente a pior. Então, finalmente tivemos sorte".

Questionado numa entrevista para a revista *Vice* para dar uma nota em relação ao tratamento dado ao Motörhead pela indústria fonográfica, ele respondeu: "É um zero. É o mesmo que acontece com qualquer banda que é um pouco diferente. A indústria sempre parece surpresa com qualquer banda que quebre barreiras. Como quando as bandas de

Liverpool explodiram, o Mersey sound [apelido dado a uma geração de bandas de Liverpool nos anos 60] virou uma grande mania, certo, e havia uma pequena movimentação em Manchester, e então veio Londres com os Rolling Stones, e depois aconteceu aqui na América, em São Francisco e, em seguida, Seattle com o Nirvana. Depois que uma banda faz sucesso, eles correm até aquela cidade e contratam todos que tiverem uma alça de guitarra ao redor do pescoço. Metade deles nunca deveria ter sido contratada. Eles apenas tiveram a sorte de morar em Seattle ou Liverpool. Muitas das pessoas da indústria – até mesmo Brian Epstein, o empresário dos Beatles – não sabiam o que estavam fazendo. Contratou umas quatro bandas que nunca tiveram sucesso, em seguida caíram no esquecimento".

Ele acrescentou: "De certa forma, foi uma sorte que nunca entramos nessa. Ainda estamos vivos e provavelmente não estaríamos se tivéssemos ficado ricos, porque a maioria das bandas fica rica e acaba imediatamente. Especialmente hoje em dia, em que o ciclo está ficando cada vez mais rápido. Você ganha uma grana adiantada para gravar um disco, grava pela metade, e está feito. E as gravadoras mandam as bandas embora antes que elas lancem seu primeiro álbum. Eu não consigo entender. Que porra é essa? Eles nem sabem ainda se vai vender. É obviamente uma estratégia para pagar menos imposto".

Shows na Alemanha – agora uma fortaleza para o Motörhead – ocorreram em seguida, juntamente com apresentações na Áustria, República Tcheca, Suíça, França, Espanha, Reino Unido, Estados Unidos, Suécia, Dinamarca, Noruega, Finlândia, Polônia, Estônia, Chile e Argentina. Embora o vigésimo aniversário da banda tenha passado sem qualquer alarde, um aniversário mais significativo veio quando Lemmy chegou aos 50 anos, na véspera do Natal de 1995.

A festa no Whisky A Go-Go, em Los Angeles, em 14 de dezembro, virou lenda quando ninguém menos que o Metallica, até então considerada a maior banda de heavy metal que já existiu, chegou e tocou *covers* do Motörhead sob o nome Os Lemmys. Os músicos – o vocalista James Hetfield, o guitarrista Kirk Hammett, o baixista Jason Newsted e o baterista Lars Ulrich – até tocaram com perucas pretas, botas brancas de cowboy e tatuagens falsas em seus antebraços. As músicas foram gravadas e lançadas pelo Metallica como faixas bônus de seu CD e também em um álbum de *covers*, *Garage Inc*, lançado em 1998. Isso virou um presente de aniversário duplo, graças à renda de publicação que entrou no bolso de Lemmy ("Meus melhores contracheques foram quando o Metallica lançou algumas de nossas faixas em um dos seus álbuns", observou).

"Isso foi muito legal da parte deles", Lemmy refletiu. "Eles são uma das poucas bandas que mostraram algum respeito. Interromperam as gravações do álbum para estar lá. Levaram o equipamento deles mesmos por conta própria. Excelente. Eu gosto de Metallica, acho que é uma excelente banda."

Ele acrescentou: "O Metallica realmente fez a coisa certa. Vieram até a minha festa de aniversário e tocaram todos vestidos como eu, com perucas, cintos de bala, sapatos pretos e calças. E fizeram a tatuagem no braço errado! Todos os quatro. Tocaram 45 minutos de Motörhead, o que foi excelente da parte deles. É a melhor coisa que alguém já fez por mim. Eles não precisavam ter feito isso: poderiam ter feito apenas mais um vídeo dizendo 'Olá, Lemmy' e pronto... As pessoas dizem que o Metallica perdeu a essência? Esqueça. Continua sendo impossível deter esses caras". Será que o Motörhead também seria impossível de ser detido? Os próximos anos responderiam a essa pergunta.

Capítulo 14
1996-1998

Devido aos acontecimentos dos anos anteriores, o título do álbum de 1996, *Overnight Sensation*, era totalmente compreensível. Retratados impassíveis e sisudos na capa, Lemmy, Phil Campbell e Mikkey Dee pareciam ter perdido o senso de humor para sempre.

Na verdade, o Motörhead ainda estava divertindo-se. Para começar, Lemmy apareceu como narrador no filme de terror *Tromeo And Juliet*, a mais recente produção do infame Troma Studios, famoso por seus filmes *ultra trash*. O filme mostra a bucólica história de um casal de namorados que desmembra e assassina seus pais antes de perceber que são irmãos e criam uma criança horrivelmente deformada, mas o ponto alto do filme foi sem dúvida a recitação pseudo-shakespeariana surpreendentemente sincera de Lemmy, e o momento em que a personagem Julieta é transformada em um monstro com um pênis de um metro de comprimento.

A aparição de Lemmy nesse filme hilário estava alinhada perfeitamente à sua filosofia de rock'n'roll. Como ele disse, "É tudo divertimento. É exatamente esse o motivo que me levou a começar essa vida. Todo mundo estava louco para ver esse filme". Infelizmente, a ideia original foi modificada, ele acrescentou: "Você tem uma audiência enorme, e as pessoas sabiam que o filme tinha que render, fica tudo muito burocrático. Nas nossas turnês acontece a mesma coisa, parece que tudo é organizado por uma empresa de segurança. Nós odiamos esse tipo de coisa. É besteira. Você vai aos bastidores e está tudo vazio. Tem apenas os caras da segurança se aproximando e olhando para ver seu crachá. Isso é tudo o que acontece".

O ano foi preenchido com turnês longas como de costume, desta vez ao lado da banda solo do veterano do rock pesado Dio. Nessa turnê, o Motörhead fez um show na Irlanda do Norte, onde não tocavam desde o início dos anos 80, porque, como Lemmy explicou: "Wurzel havia sido designado para uma base em Belfast quando estava no exército. Não queríamos nos arriscar, sabe? Há alguns malucos por aí". E, por falar sobre o tema dos mentalmente desequilibrados, um tipo amigável de maluco apareceu na Europa, Lemmy disse: "Um amigo nosso na Alemanha encheu as costas, peito e cabeça com tatuagens do logotipo do Motörhead. Fez também nossos rostos nas panturrilhas das pernas... É uma boa foto minha, eu não me importo, mas, se estivesse parecendo um porco com bócio, então não seria legal. Mas vi e aprovei".

Até agora o Motörhead estava ganhando a maioria do seu dinheiro com turnês nos EUA e na Alemanha: o Reino Unido estava sob o domínio sombrio do britpop na época, com Oasis, Blur, Pulp e Suede sendo as bandas *du jour*. Perguntado sobre o que achava do Oasis, Lemmy desdenhou e disse: "Realmente não posso detonar o Oasis. Não posso dizer que são ruins, porque não são, eles são bons. É uma boa banda, é só que eu ouço Beatles no fundo de tudo que escuto deles. Mas são bons, boa sorte. Não consigo detonar ninguém que tenha sido influenciado pelos Beatles como eu fui".

Dito isso, ele não demorou a condenar a natureza morna desse tipo de música pop, reclamando: "A música alta... O que há de errado com isso? As pessoas estão sempre reclamando sobre o quão alta ela é, sobre a perda de audição. Eu não sei o que está errado com essas pessoas. Ninguém quer estar a perigo de nada mais. Veja isso, sexo seguro, seguro disso, seguro daquilo, salvar o planeta... O planeta já está morto. Você o matou. Não dá mais para reverter o que está feito".

Acrescentou: "O rock'n'roll continua bem... Eles sempre vão vir com algo que o rádio ainda não tenha notado, mais uma vez, e que vai certamente provocar uma correria das gravadoras para contratá-los – qualquer coisa com uma alça de guitarra em torno do pescoço naquela cidade. Como o Mersey sound [ver capítulo 13] e aquela coisa toda com o Nirvana, foram até Seattle e contrataram tudo o que ainda tinha uma guitarra por perto, eu acho".

Possivelmente Lemmy é inteligente o suficiente para não se revoltar com a indústria musical, não dominada tradicionalmente por intelectuais. Sua sede de conhecimento e sua compreensão dos fatos são prodigiosos, como evidenciados por declarações como: "Sou viciado em leitura. Eu não consigo viver sem um livro. Tenho que ter um livro em algum lugar por perto, geralmente três, semiabertos e, dependendo do humor que estiver, leio tal livro em particular... Leio e jogo jogos de trívia nos bares, quando têm. Gostaria de ter meu nome em cada um deles, o número um em algum lugar do mundo, daí, quando forem jogar, vão ver que estive lá".

Ainda assim, as músicas permaneceram puras e imaculadas das mãos dos detratores idiotas que adoram falar mal do Motörhead, e *Overnight Sensation* acabou sendo uma declaração de intenções promissora da banda, agora um trio pela primeira vez em quase 15 anos. A falta de Wurzel estava sendo sentida, disse Dee: "Ele escreveu alguns ótimos *riffs*... Wurzel, eu costumava dizer, era mais Motörhead do que eu, Phil e Lemmy juntos. Era um verdadeiro Motörheader, entende? Ele escreveu músicas superpoderosas e uns *riffs*, eu sinto falta. Porque eu e Phil escrevemos às vezes músicas um pouco – não suaves, mas talvez – melódicas demais, enquanto Wurzel era muito simples, direto, com *riffs* violentos. Com ele não tinha nada complicado. Era bom pra caralho. Então, sinto falta disso às vezes, sim. Mas... é mais fácil entender por que Wurzel não estava feliz na banda. Não dá para ter um membro na banda que não vai com você no ônibus de turnê, que não gosta de passar tempo com você – quero dizer, nós não éramos inimigos ou qualquer coisa assim, éramos amigos, mas ele não curtia mais o Motörhead. Perdeu o pique. Ter alguém na banda desse jeito é muito, muito difícil".

No entanto a relação com o ex-guitarrista era boa, afirmou. "Sempre encontramos com ele em Londres, está tudo bem entre a gente. Ele está muito feliz. Não sei, hoje, vários anos mais tarde, talvez ele lamente ter deixado a banda, mas quando saiu, estava feliz... Quero dizer, sabia que ia ser mandado embora e saiu antes disso."

Com um ano cheio de shows marcados, um relacionamento cordial com a CMC e vários privilégios, como a criação de um baixo Rickenbacker com a assinatura de Lemmy num futuro próximo, a vida parecia boa. E as histórias da estrada, como um atrito com o sistema na superconservadora Salt Lake City, continuavam sendo uma fonte de muita diversão. Como Lemmy lembrou: "Ah, sim, aquilo foi bem típico de Utah [estado americano onde fica Salt Lake City]. Tentei levar uma bebida do bar para o meu quarto, e uma mulher ameaçou chamar a polícia. Inacreditável. Eu estava levando a bebida do bar para o quarto que era no mesmo prédio, porque eu não tinha terminado. Estava caminhando para fora da porta, e ela disse: 'Ponha isso de volta ou chamo a polícia'". Quando perguntado se obedeceu, disse: "Sim. Não preciso de policiais ao meu redor. Especialmente naquela merda de Utah!".

No mesmo espírito de boas relações, como no caso da amizade permanente com Wurzel, em 12 de janeiro de 1997, Eddie Clarke se juntou à banda no palco do London Astoria, para uma versão de "Overkill", enquanto "Ace Of Spades" teve como convidado especial Todd, filho de Phil Campbell, cuja banda Psycho Squad mais tarde abriria shows do Motörhead. Em entrevistas posteriores, deu para perceber que Clarke não teve uma vida fácil desde que deixou a banda, com doença e problemas financeiros atrapalhando sua carreira. Como disse ao jornalista David Wilson, "Eu não bebo mais. Fiquei realmente muito mal em 1989, foi uma merda, e fiquei decepcionado com algumas coisas. Virei um alcoólatra e entrei numa fase 'eu não me importo', uma atitude de negação, ficava trancado no meu apartamento e, eventualmente, a porra do meu estômago explodiu, e comecei a vomitar sangue. Era uma daquelas situações tipo 'não me importo, vou morrer de beber!', entende?".

No entanto Clarke se recuperou e disse: "Uma vez que isso aconteceu, eu estava falando no telefone com meu médico. Pensei: 'Isso parece heroico, não é?'. Aqui estou eu, falando toda essa besteira, dizendo como vou morrer bebendo e assim que um pouco de sangue aparece, corro para o telefone com meu médico. Eu tinha que consertar tudo e... No final pensei que poderia muito bem parar de beber. Aproveitei a oportunidade para fazer isso porque estava apenas detonando minha saúde. Depois que sua saúde está destruída... Sempre fui uma dessas pessoas que gostava de festejar muito. Costumava beber muita água antes de ir para a cama para que pudesse continuar zoando no dia seguinte".

No início dos anos noventa, o catálogo do Motörhead foi vendido para a gravadora Castle, especialista em reedições e, como resultado, uma boa renda de direitos autorais começou a entrar. Como Clarke lembrou: "A grana veio da EMI e, bem, a EMI não vacila, eles te pagam! Tive o susto da minha vida, disse: 'O que é esse cheque?'. E eles disseram: 'Esses são os seus direitos autorais', e eu disse: 'Bem, nunca recebi um desses antes'... Chegou meio atrasado, mas veio e foi bem interessante. É sempre bom receber um agrado, não é?".

Contudo uma situação mais antiga tinha deixado Clarke com uma dívida significativa com uma grande gravadora. "Fui praticamente engolido por uma grande dívida com a CBS, porque todo mundo me ferrou... Eles me sacanearam, e isso atrapalhou muito. Isso foi em 86, e o que aconteceu foi que fiquei com uma dívida... Ainda me enviavam a cobrança a cada seis meses, e é por isso que não vão me perdoar. É uns 350.000 dólares, e nunca vai baixar. Vou ficar com essa dívida até morrer."

O Motörhead também tinha seus próprios problemas para resolver, um dos quais era o de arrumar alguém decente para abrir seus shows na turnê de 1997. Os shows com Dio no ano anterior foram bem-sucedidos, e Lemmy considerou a possibilidade de ir para a estrada com o Iron Maiden. Como ele disse: "Vou arrumar um jeito... porque, como de costume, os empresários estão lutando como cães e gatos. É muito deprimente. Estava conversando com o baixista do Iron Maiden, Steve Harris, e disse: 'Meu Deus, por que não podemos simplesmente colocá-los numa sala e deixarmos eles lutarem enquanto saímos fazendo a turnê. Poderíamos já ter feito tudo enquanto eles ficam resolvendo os prós e contras. Poderíamos estar em casa descansando". É incrível. Eles estragam mais coisas do que você pode imaginar. Você nunca sabe o que está acontecendo, só ouve as decisões três semanas depois. Então é tarde demais para fazer qualquer coisa, entende? E decidem coisas que vão completamente contra as suas crenças, o que é incrível. E então todo mundo pensa que é a sua opinião, sua ideia".

A estrada, normalmente um santuário para o Motörhead, azedou naquele ano. Pela primeira vez eles foram obrigados a abandonar uma turnê, com o WASP. Os problemas surgiram, segundo Lemmy e Mikkey, por causa do vocalista do WASP, Blackie Lawless. "Blackie estragou tudo para todos", disse Lemmy. "Quero dizer, todo mundo se dava bem com exceção de Blackie, entende? É como se ele quisesse impressionar a todos como o astro do show. E, claro, quando nós saímos da turnê, todos os promotores cancelaram os shows já marcados com o WASP. Deve ter sido muito deprimente para ele. De repente você descobre que não é o gigante pop que pensou que era. Ele estava sendo desnecessariamente grosseiro e agressivo, entende? Não preciso disso. Por que deveria aguentar esse tipo de coisa. Ele é um pirralho até onde eu sei."

A turnê teve um início instável, com o Motörhead – que tinha sido informado que aquela era para ser uma turnê em que ambas as bandas seriam as principais – permitindo que o WASP fechasse o show, porque a apresentação deles envolvia penas e sangue de galinha. "Blackie achou... que a banda dele era a principal, enquanto na realidade era para ser um projeto compartilhado. Nós os deixamos por último porque não conseguíamos limpar as penas de galinha e o sangue em tempo hábil! Mesmo assim, em Nova York, não deixaram a gente fazer a passagem de som até às nove da noite. Fizemos a passagem de som em 15 minutos, porque somos profissionais, e ele se atreveu a dizer que sou pouco profissional! Meu Deus! Então a banda de abertura, The Impotent Sea Snakes ia ter que começar em 15 minutos, eles entram, tocam e saem em 15 minutos. Depois nós entramos correndo, tocamos, saímos também em 15 minutos. Em seguida vem uma hora e meia de espera enquanto o WASP prepara o palco! Em Nova York! Quero dizer, as pessoas lá não são pacientes. Eles têm um curto tempo de atenção, depois ficam inquietos! Gritam: 'Ei, você aí, seu paga-pau!'. E toda essa merda, entende? E, então, quando saímos da turnê, todos cancelaram, exceto na Califórnia. Mas lá, o Blackie provavelmente era o dono da casa de shows. Eles ainda deixaram nosso nome nos pôsteres, algo que é totalmente vil e desonesto."

Dee foi mais explícito sobre o que realmente deu errado entre Lawless e o Motörhead. Como disse ao jornalista Marko Syrjala, "Que pena o que aconteceu com o Blackie. Não sei o que está se passando em sua cabeça. Veja isso, não sei como começou, mas isso foi o que aconteceu. Fomos convidados a fazer os shows com o WASP dividindo o papel de banda principal. Isso ficou claro para todo mundo e no contrato. Dissemos: 'O WASP toca depois de nós', porque leva duas horas para limpar o palco depois deles e, se tocarem antes de nós, haveria uma pausa de duas horas e não iria dar certo. Então dissemos: 'Tudo bem, vamos dar a eles a oportunidade de tocar por último, ou podemos alternar, uma noite sim, outra não'. E eles disseram 'Sim, ótimo'".

Ele continuou: "Então, saímos em turnê. Nas primeiras três semanas não vimos o Blackie nem sequer falamos com ele, nada... Eu costumava ser um bom amigo do Blackie, então fui ao seu ônibus de turnê após três semanas e disse 'Ei, Blackie, o que está acontecendo?'. E ele disse 'Ei, Mik', sentado ali, vestindo um porra de um calção Adidas que ele sempre veste, e disse: 'Ei, Mik, está curtindo a minha turnê?'. Ele disse 'minha', e eu disse 'O que quer dizer com a sua turnê, o que você está falando?'".

E ficou pior, disse Dee: "Então percebi que o cara realmente achava que a porra da turnê era dele. E eles continuaram ferrando com a gente, e muito. Quando você é a banda principal, ou toca por último, faz a passagem de som primeiro, e tudo começou em Nova York. Íamos tocar no Irving Plaza com ingressos esgotados, e o Blackie levou uma hora e meia para ir do ônibus para o palco. Por isso tivemos que manter as portas fechadas. A banda toda estava sentada no palco, à espera de Blackie. Dissemos 'Vamos lá, porra!'. Eles disseram 'Blackie está vindo, está a caminho'. Uma hora e meia para ir do andar de baixo para o palco. Ele entra no palco, pega seu baixo, liga o volume e é isso. Portanto, nada de passagem de som para nós. Então fomos para Cleveland, mais um show com ingressos esgotados num lugar chamado Harpo's. É uma noite de sexta-feira, o promotor tem 3.500 pessoas enfileiradas lá fora, esperando para entrar e beber. As portas deveriam abrir às 19h, às 21h o WASP entrou no palco, eles seguraram as portas por duas horas. Assim, o promotor estava pirando, estava perdendo muito dinheiro de bebidas, então eu disse: 'Olha, não vamos fazer a passagem de som, deixe a galera entrar'. Ele agradeceu. Então dissemos: 'O que há de errado com esses caras?', e Blackie não estava no palco. Não apareceu. Em seguida, ele sobe no palco, pega seu baixo e, em seguida, vai embora. Então, percebemos que estava fazendo isso de propósito. Em seguida veio Detroit".

A gota d'água veio quando o Motörhead foi tratado com total falta de profissionalismo no show em Detroit. Dee lembrou: "Chegamos lá, fizemos o nosso show, quando estávamos vindo do palco, todas as nossas roupas tinham sido jogadas para fora do nosso camarim, no chão de cimento molhado com água e sujeira. 'O que está acontecendo?', perguntamos aos seguranças. 'Oh, uh, o WASP tomou conta de toda esta área agora'. E dissemos 'O quê?'. 'Sim, eles querem os dois camarins'. Já tinha falado com o nosso empresário, e ele tinha feito uma pesquisa, para ver quem vendeu o maior número de ingressos. Vendemos 74% do total. Vendemos *merchandise* no valor de 6.000 dólares, o WASP vendeu 900. Depois que tocamos, mais da metade do público saiu antes do show deles em todas as noites. Eu e Lemmy tivemos uma longa conversa sobre isso e dissemos: 'Nós nunca, nunca desistimos de uma turnê'. Lemmy disse: 'Não quero abandonar essa turnê, porque nunca fiz isso na vida'. Mas eu respondi: 'Tudo bem, mas o que vamos fazer, Lemmy, vamos ficar e ser tratados assim?'. Então saímos da turnê. E, depois que saímos, os caras do WASP pensaram: 'Beleza, fodam-se, não precisamos de vocês de qualquer maneira'. Tocamos lá, e adivinhe qual foi o último show? Detroit! O resto da turnê foi cancelado imediatamente depois que saímos. No dia seguinte, foi tudo cancelado imediatamente. Os promotores não queriam o WASP. As duas bandas juntas tudo bem, mas não queriam eles sozinhos... É horrível, é absolutamente horrível. Então, agora a gente sabia como ele era, sabíamos qual era o problema da banda. É impossível trabalhar e lidar com um cara que pensa que é um deus ou que pensa que sua missão no mundo é foder com outras bandas. Nós do Motörhead não trabalhamos assim. Gostamos de viajar e curtir a vida, não de fazer turnês e ficar se estressando".

Lemmy foi um pouco mais caridoso, pelo menos quando a poeira baixou. "Você sabe, realmente não quero deixar ninguém para baixo", argumentou. "Porque todos estão lutando a mesma batalha – é só que ele me irrita. Ele acha que é um astro do rock. Nunca quis ser um astro. Queria estar numa banda. Há uma diferença. Eu não queria ser adorado e idolatrado a distância e toda essa merda. É engraçado, por que na verdade tenho mais disso que ele... Francamente, prefiro ser um oponente. Esse tipo de coisa trabalha tanto a favor quanto contra."

Se havia alguma ligação entre Blackie Lawless e Tony Blair (primeiro-ministro da Inglaterra na época), este escritor ainda não conseguiu pensar em uma, exceto o fato de que Lemmy compartilhou o mesmo desgosto por ambos naquele ano. Eleito em maio de 1997, o New Labour (partido trabalhista britânico) prometeu muito para um eleitorado disposto, porém, um certo Ian Kilmister não era um deles. "O New Labour é uma coisa maravilhosa", ele zombou. "Tem conseguido ser ala de esquerda e de direita, tudo ao mesmo tempo, é uma merda completa. Eu pensei que odiava Tony Blair, mas eu odeio Gordon Brown [sucessor de Blair] ainda mais. Ele parece um peixe morto. São todos uns bastardos de qualquer forma, os políticos. A única coisa que você pode esperar de um político é que ele seja um babaca... Tudo o que sei é que Blair tem descumprido cada promessa eleitoral que fez até agora. Ele é um merda. Qualquer pessoa que sorri tanto tem que ser indigno de confiança."

A administração Clinton também recebeu pouca atenção de Lemmy. Na época, o presidente Clinton estava envolvido no escândalo com Monica Lewinsky, e seu futuro como líder da nação mais poderosa do mundo parecia estar em perigo. "Para mim isso é totalmente indiferente", bocejou Lemmy. "Acho que ele deve ser acusado por seu mau gosto para mulheres. Quero dizer, se ele é o presidente, e essas barangas são o melhor que consegue... Paula Jones parecia um pica-pau. É muito feia. Sorri e só o que se consegue ver são os dentes. É muito triste que esse é o melhor que o jovem e vibrante presidente pode fazer quando rola uma rapidinha na Sala Oval. Ele deveria ter vergonha de si mesmo. Ele foi como Nixon, deveria morrer na prisão por ser pego numa situação dessas. Como você consegue ser pego se é o Presidente? A CIA está trabalhando para você. Como pode ser pego, entende?"

Mais seriamente, Lemmy comentou sobre a política externa norte-americana com sua perspicácia irônica habitual, dizendo: "Olhe para eles se atrapalhando todos. É incrível, entende... Quero dizer, o quanto você acha que essa ideia dele [Clinton] de pegar Saddam Hussein vai custar aos contribuintes norte-americanos? E todos os recrutas lá no Golfo se cagando, entende? E os que estão caçando Saddam Hussein, fazendo fila para morrer. Para quê? Ele vai fazer armas químicas se quiser. E, se não fizer no Iraque, vai fazer em outro lugar. Não se pode impedir alguém de fazer isso. É inútil. É como 'Vamos tomar atitudes de direita para salvar o Clinton de uma escapadinha escandalosa'. Odeio os políticos".

Mais uma vez ele não conseguiu entender por que o povo americano não curtia seu próprio país, dizendo a um jornalista que os britânicos e americanos são "dois povos divididos por uma língua comum. É completamente diferente. Não há muito em comum. Quero dizer, a sua perspectiva básica e a mentalidade são muito diferentes. Os britânicos estão tentando superar a perda da Índia, e vocês na América estão tentando conquistar territórios. Por isso, é muito diferente... A Inglaterra é o passado, e os Estados Unidos são o futuro... E eu não sei quando esse futuro vai chegar. Parece-me que a América é muito extrema: existem pessoas extremamente boas e extremamente ruins. E não parece haver nada meio-termo no momento. Acho que as pessoas ruins se sobressaem. Elas costumam se sobressair em qualquer país. Mas é uma vergonha, porque aqui é o paraíso... Califórnia, Arizona e Novo México são como viver no paraíso. E as pessoas fodem tudo o tempo todo. Você sabe que existem 20 milhões de carros? Há mais carros que pessoas. Parece meio ridículo. Poluição infernal. Estragaram tudo. Despejam concreto, fazem buracos e plantam árvores".

Ainda assim, havia sempre uma série de shows para acalmar os ânimos. Deixando a turnê com o WASP no passado, o Motörhead, em 1997, começou shows pelo Reino Unido, Alemanha, França, Espanha, Bruxelas, Holanda, Itália, Dinamarca, Noruega, Suécia, Japão, EUA, Hungria e Rússia. Um dos pontos altos do ano foi, sem dúvida, o reencontro de Lemmy com seu filho, Paul Inder, que toca guitarra e juntou-se a ele no palco para tocar "Ace Of Spades". Os dois se encontraram, se tornaram amigos e mantêm um vínculo muito próximo, como foi revelado uma década mais tarde, num filme que foi feito sobre Lemmy.

1996-1998

Um novo álbum veio em março de 1998 e, tal como o seu antecessor, era eficiente, mas nada espetacular. *Snake Bite Love* sofreu – como a banda inteira admitiu – por falta de tempo de estúdio, que por sua vez foi um produto de poucos ensaios e composições. Não há realmente como um álbum do Motörhead ser ruim, mas a banda tinha definitivamente atingido seu auge com os álbuns lançados na Sony no início dos anos noventa, e até certo ponto com o *Bastards*. Desde então, as músicas continuavam sólidas, confiáveis, mas não imensamente memoráveis. Uma mudança precisava vir, fosse de método ou produtor – e tenha a certeza de que essa mudança acabou vindo – mas, por ora, o Motörhead estava em uma espécie de rotina criativa.

Dee explicou: "Nós três dissemos que poderíamos ter tido mais duas, três semanas, e daí teríamos muito mais potencial. Estávamos estressados demais quando fizemos esse álbum. Deu tudo certo, mas ficou nisso. Todos sabem disso, deveríamos ter tido mais três semanas preparando tudo, teria sido um grande álbum. Eu culpo completamente a falta de tempo. Por exemplo, gravamos a pior música que já fizemos, 'Night Side' é a pior merda que já fizemos, e nós sabíamos que era uma merda quando nós a fizemos. Não tínhamos nenhum tempo para escrever outra música".

Lemmy foi mais positivo sobre *Snake Bite Love*, acrescentando: "Bem, nós estávamos sempre em pânico, porque estamos sempre sob pressão. Estávamos com muita preguiça de ensaiar: nunca tem nada pronto. Fingimos que ensaiamos, então vamos para o estúdio e ficamos presos na mesa de som com o produtor olhando para a nossa cara e as pessoas olhando para seus relógios dizendo 'É melhor pedir mais tempo de estúdio'. 'Não, cara, está tudo bem. Não se preocupe...' Meu Deus! Escrevi três letras diferentes para 'Don't Lie To Me', quatro letras para 'Joy Of Labour'. Eu simplesmente não conseguia fazer algumas delas soarem boas, mas deu certo no final. Eu acho que é um dos melhores álbuns que fizemos. Nós não fazemos muita embromação. Quero dizer, nós só fazemos a quantidade de faixas de que precisamos".

Dee lembrou que a banda estava simplesmente exausta e sem ideias. "Lembro-me de que eu e Phil estávamos acabados, muito cansados; nosso empresário ligou e disse: 'Mik, você tem que escrever mais duas ou três músicas', e eu disse: 'Não consigo escrever nem um *riff*, estou exausto'. Minha mente estava vazia, e com o Lemmy a mesma coisa, falamos 'Precisamos de mais tempo, parar tudo por duas ou três semanas, voltar e aí vai ser totalmente diferente. Vamos fazer uns dois shows na Califórnia ou algum lugar assim. Marquem, nos paguem 500 dólares, não dou a mínima. Vamos dar um tempo, ir nadar numa praia no México, por um fim de semana, qualquer coisa para ficar longe do estúdio'. Mas não tivemos tempo para fazer isso. Então, todos nós sentimos dessa mesma forma sobre esse álbum. Ouvi as pessoas dizerem 'Esse é o melhor álbum que vocês já fizeram', e eu disse 'De que planeta você é?'."

Em abril de 1998, Lemmy perdeu uma velha amiga, Wendy O. Williams, que se matou depois de sofrer de depressão. "Ela se mudou para Connecticut e estava fora da cena e do movimento, o que, para uma mulher que viveu a maior parte de sua vida fazendo shows em Nova York, foi difícil", lembrou. "Ela deve ter se mudado para lá, e logo percebeu que seria o seu fim. Acabada. Isso foi o que ela pensou. Tenho certeza de que poderia ter voltado a qualquer momento. Foi uma pena. Era uma boa mulher. Ela saiu e alimentou os esquilos, como de costume, e depois se sentou e deu um tiro na cabeça. Terrível..."

Perguntado se achava que suicídios no mundo do rock ocorriam mais frequentemente do que em outros campos de atividade, ele disse: "Acho que muita gente está ligada ao rock'n'roll. Eles tendem a reagir impulsivamente, em vez de pensar as coisas. Mas Wendy deveria saber bem dessas coisas. Depende de sua personalidade – ela era muito ligada ao deus Mercúrio [imprevisível], ao passo que eu sou muito Buda, eu sento e assisto a coisa esfriar. Ela estava sempre envolvida no que estava se passando, eu acho que talvez seja isso que fez com que se matasse. Mas tenho certeza de que, se você olhar as estatísticas, vai ver que não há mais suicídios no rock'n'roll do que em qualquer outro lugar. Na verdade, acho que você vai achar que nós somos um dos mais baixos. Mas você sempre escuta as histórias de suicídio na música porque está na mídia. E quanto a todos aqueles idiotas na América que entram num McDonalds e atiram em 30 pessoas?".

No verão de 1998, o Motörhead tocou no *Ozzfest*, o festival itinerante de metal criado por Sharon Osbourne. Sendo o festival essencial de metal na época, o *Ozzfest* expôs a banda a um público mais jovem, especialmente porque Lemmy e tripulação foram colocadas em posição de destaque. "Foi muito bom", disse Dee. "Fomos a atração principal da segunda etapa, e foi uma honra estar nesse *Ozzfest*... Muitas destas bandas, incluindo a nossa, têm muita dificuldade para fazer shows por conta própria. Um exemplo típico são o Motörhead e o Black Sabbath. Tocamos com o Sabbath em 94 e 95, aqui, na América e no Canadá. Eles depois continuaram fazendo shows por conta própria e não se deram muito bem, e o mesmo aconteceu conosco, mas, juntos, parece que conseguimos o triplo do que conseguimos sozinhos. Tocamos no Universal Amphitheatre, em Los Angeles, mas se tivéssemos tocado sozinhos, teria que ser numa casa de shows menor, tipo o House of Blues... Juntos conseguimos um público bem melhor."

Dee sentia que os EUA eram um lugar mais difícil do que a Europa para o Motörhead devido à maior dependência do público de metal em tendências induzidas pela mídia. "Eu acho que há um grande problema nos EUA", ele ruminou. "Parece que o público em geral ouve apenas o que está acontecendo naquele momento no país. É muito fácil induzir o público americano a gostar de alguma coisa em particular. O que está acontecendo nas escolas e faculdades é isso. Eles meio que esquecem que cresceram ouvindo Deep Purple, de repente eles não gostam mais de Deep Purple. Na Europa é diferente. Pegam um monte de novas bandas jovens que eles adoram, mas ainda amam Motörhead, Saxon e tudo o que eles cresceram ouvindo. Aqui parece que você não pode gostar de mais do que duas ou três bandas. E eu não posso dizer-lhes o que ouvir. É engraçado, porque você faz uma turnê num verão, e essa e aquela são as bandas do momento. Vendem em todos os lugares. Todo mundo adora. Elas estão o tempo todo no rádio. E, então, no próximo verão, a gente volta, e há quatro ou cinco outras bandas que estão superpopulares. E o mesmo público apenas muda de direção... Então deixe eles ouvirem o que querem. Se eles querem ouvir nossa banda, ótimo, se não querem, bem, fodam-se!"

Públicos difíceis ou não, o Motörhead tocou para todos – e mais uma vez a banda percorreu uma lista enorme de cidades na Espanha, Suíça,

Áustria, Alemanha, Holanda, EUA, França, Reino Unido, Bruxelas, Noruega, Suécia e Grécia. E essas não são turnês fáceis de fazer. Essa quantidade de viagens acaba com muitos seres humanos mais fracos. Neste ponto de suas carreiras, o estilo de vida que o Motörhead estava levando os transformou numa raça única de seres humanos.

Capítulo 15

1999-2000

Às vezes parece que Lemmy e o mundo moderno simplesmente não foram feitos um para o outro. Considere a seguinte declaração: "As pessoas curtem Limp Bizkit, eu não entendo isso. Não entendo o sucesso que eles fazem. Que porra é essa, é só lixo! Os caras são uns manobristas de estacionamento usando máscaras de gás – quero dizer, não me importo que a garotada invente coisas novas, dou a maior força. Quando você tem 17 anos, quer uma banda com caras de 17 anos tocando, não quer esses filhos da puta velhos como eu. Entendo isso, mas o Slipknot é só porcaria! E eu sei o que é porcaria quando escuto, porque convivi com isso toda a minha vida, sabe? E isso é uma porcaria, acredite em mim, é um bom exemplo de porcaria. Muitas dessas bandas novas têm um *riff* sem música. Cresci admirando músicas. Uma música boa, bem trabalhada. Os Beatles tinham só cinco anos de carreira e já estavam compondo 'Yesterday'...".

Na verdade, é difícil não concordar com isso, qualquer que sejam seus sentimentos no que diz respeito às duas bandas que ele menciona. Quando Lemmy fica irritado com alguma coisa, é convincente, porque tende a argumentar a partir de uma base factual e não perde a noção da realidade. Isso é uma poderosa combinação. Quanto ao Slipknot, que abandonou o som nu-metal ao qual estava aderindo em 1999, para uma abordagem mais melódica e trabalhada nos anos seguintes, provavelmente eles foram capazes de levar a crítica como algo construtivo – uma vez que ainda estão por aí, cerca de 12 anos depois.

A música estava mudando novamente com a virada do milênio se aproximando. O Motörhead tinha enfrentado a tempestade grunge – com algumas dificuldades –, mas outros desafios ainda viriam, graças à chegada do rap-metal e sua variante mais ampla, o nu-metal. Limp Bizkit e Slipknot governaram o nu-metal ao lado do Korn, os fundadores do gênero, e as músicas que os fãs estavam ouvindo eram enfeitadas por *scratchs* de DJs, guitarras de sete cordas afinadas em ré e letras sobre abuso e desgraças. Os temas preferidos de Lemmy – guerra, política e deboche – não faziam sentido para o adolescente uniformizado com bonés de baseball e bermudas gigantes.

Felizmente, a geração classic-rock já estava florescendo e havia espaço reservado para bandas que representavam a "herança" do rock, como eles foram apelidados por alguma empresa de marketing. O futuro do Motörhead estava parecendo mais seguro, uma vez que eventos como o *Ozzfest* deu-lhes uma base sólida naquele período difícil, embora parecesse que a vida na mais imprevisível das bandas não fosse concebida para ser fácil. Depois de excursionar pelos Estados Unidos no início de 1999, antes de dar uma parada no Karo Studios, em Brackel, Alemanha, para gravar seu próximo álbum, o Motörhead também fez uma série de shows na Europa. Em um deles, em Milão, James Hetfield do Metallica entrou no palco para uma versão de "Overkill" – um endosso que não pode ser subestimado.

No final do ano, o Motörhead percorreu os EUA de novo, desta vez com a banda de Southern Rock Nashville Pussy, cujo tempo no centro das atenções ainda era breve, mas que impressionou bastante Lemmy. "A garota [baixista Corey Parks] tem uns dois metros de altura e cospe fogo no palco!", comentou. "Eu não consigo imaginar uma banda melhor." Infelizmente, não demorou muito para que Parks – sem dúvida a atração visual da banda – fosse mandada embora. Lemmy comentou: "Eles eram excelentes, mas logo mandaram a Corey embora, agora estão ferrados, porque ela era a figura que marcava a banda. Foi culpa de ambos os lados. Eles deveriam ter ficado quietos e pensar na banda acima de tudo, em vez de diferenças e rivalidades mesquinhas. É sempre difícil conseguir que as pessoas façam isso. Eles não entendem como é quando a banda acaba, porque, quando você está numa banda, não importa o que esteja acontecendo com as outras pessoas, pelo menos as coisas estão andando e você ainda é famoso, certo? Então você pensa 'Bem, quando eu sair, todo mundo vai gostar de mim tanto quanto quando eu estava na banda. Sou parte da banda que eles tanto gostam agora, então vão ficar do meu lado' – e daí você sai e ninguém dá a mínima. Aprendi isso um longo tempo atrás, cara".

Um terceiro álbum ao vivo, *Everything Louder Than Everyone Else*, foi lançado pela gravadora SPV e, como seus antecessores, foi recebido euforicamente pelos fãs e com indiferença pela crítica. Apesar de gravações ao vivo terem aparecido subsequentemente, esta ainda era uma fase pré-YouTube/iTunes/Spotify e *filesharing* em geral, uma era quando ainda se valorizava música ao vivo – assim vale a pena comemorar, mesmo que de passagem. A banda ficou satisfeita com o álbum. Como Dee explicou: "Cada álbum tem seu próprio charme. Esse tem 25 músicas, é longo. É um vinil duplo, então os fãs vão receber uma boa recompensa pelo que gastarem nele. Melhor qualidade de som, eu acho. Melhor desempenho. Encontrei vários fãs que estavam esperando por ele, porque temos falado num disco ao vivo nos últimos dois anos. Tentamos gravar há dois anos, mas eles foderam tanto a gravação na Alemanha que não usamos nada daquilo. Gravamos um vídeo e o áudio, íamos lançar o CD ao vivo com um vídeo ao vivo. Mas estragou tudo, e não pudemos usá-los. Por isso esperamos mais um ano, e acabou dando certo. Parece uma tempestade vindo abaixo".

Lemmy foi mais longe: perguntado se *No Sleep 'Til Hammersmith* era o melhor registro ao vivo do Motörhead até o momento, ele disse: "Não. *Everything Louder Than Everyone Else* é. Para começar, é duplo, e agora a banda está melhor, eu acho. Nós funcionamos melhor como um trio. Temos mais dinheiro agora – haha! –, mas você tem que tocar melhor como um trio, porque as pessoas podem ouvir os buracos com mais facilidade. Quando somos quatro, você pode sempre cobrir os erros".

Os shows continuaram ao longo do ano, mas a prova da supremacia do Motörhead veio mais uma vez em um festival finlandês chamado

Nummirock. Como Dee explicou: "Foi com o Danzig. Foi tão engraçado, lembro-me de olhar para a programação e estávamos agendados para tocar as 17h30 ou algo assim, e liguei para o meu agente e disse: 'Você não disse que éramos a atração principal deste show?'. Então, quando nós chegamos lá, eu perguntei ao promotor 'Por que é que vamos ter que tocar apenas 30 ou 40 minutos?'. E ele disse 'Bem você vai ver depois', e eu disse 'OK'. Então, fizemos o show, e me lembro de que quando tocamos estava lotado, e quando o Scorpions tocou tinha quase metade. E então com o Danzig tocando não havia quase ninguém de pé. Todo mundo estava tão acabado que parecia que alguém tinha metralhado a galera toda! Estavam dormindo nas florestas e em todos os lugares, e eu disse 'OK, agora entendi'...".

O tão discutido fim do século veio quando o Motörhead tocou no *X-Fest* da revista de metal *Kerrang!*, incluindo como convidados os membros do Skunk Anansie e Skew Siskin, mais duas bandas que surgiram e se formaram na esteira do Motörhead. Em Londres, um evento chamado *River of Fire* foi programado para a comemoração da virada do milênio. O que era para ser uma parede de fogo que se esperava que descesse o rio Tâmisa acabou decepcionando a todos, sendo batizado de "Foguetório Molhado", e o próprio milênio acabou sendo apenas mais um dia no calendário. Lemmy tinha tratado o caso com desprezo, como você poderia esperar, ignorando perguntas sobre o que estava fazendo para se preparar para a data: "Nada – afinal, não significa nada para mim! Eles escolheram a data errada de qualquer maneira. Este é o último ano do antigo milênio, não o primeiro ano do próximo. Você sabe como inventaram o Natal? O imperador Constantino se tornou cristão no século 4 a.C. e queria dar aos judeus um feriado. Boa, centurião!". Além disso, o tema do progresso da humanidade ao longo dos últimos 2.000 anos o levou a comentar: "Nós nunca tivemos um mundo bom, não conseguimos nos entender para torná-lo um mundo bom. A única coisa que aprendemos em 2.000 anos de civilização é como matar mais gente a uma distância cada vez maior, de modo que não tenhamos que ver a desgraça. Nossa mentalidade não melhorou nada".

O novo álbum, *We Are Motörhead*, era a coisa mais próxima de um álbum autointitulado que a banda lançou desde sua estreia. Sem prestar

1999-2000

muita atenção em seu título, parecia uma declaração de identidade: uma promessa que o trio estava aqui para ficar. Mais uma vez, você nunca pode ter certeza do que os álbuns do Motörhead estão tratando, porque Lemmy tende a evitar perguntas sobre o assunto. Questionado diretamente sobre o *cover* feito pelo Motörhead da música dos Sex Pistols "God Save The Queen", por exemplo, ele fugiu imediatamente do assunto: "Eu queria que fosse 'Neat, Neat, Neat' do Damned. Talvez no próximo álbum. Sempre amei essa música. Toquei um show com o Damned, nos chamávamos The Doomed. Tocamos 11 músicas deles e uma minha, que eles conseguiram estragar. Fiquei muito chateado. Mas acho o Damned mais punk que os Pistols. Os Pistols eram como uma banda de férias formada por pessoas com outras atividades. Steve [Jones, guitarrista dos Pistols] era um ladrão fracassado. Johnny Rotten era aquele garoto com o qual você não iria deixar seus filhos brincar. Sid [Vicious, "baixista"] era apenas um fodido, o destino dele estava fadado à ruína desde o início. Cookie [Paul Cook, baterista] só queria tocar, como Ringo Starr, era um bom baterista. Mas o Damned era um bando de malucos. Dave [Vanian, vocalista] costumava andar pela rua num traje de vampiro, com sua esposa vestida com o que parecia ser teias de aranha. Lembro-me dele em pé com uma bengala com cabo de prata, terno de veludo de três peças com um manto roxo, sapatos mocassim de couro envernizado, o cabelo com uma mecha branca, e as mulheres caindo em cima. E eu dizia: 'Não se mexa, Dave. Eu só quero lembrar dessa imagem sua'".

De fato, a versão de "God Save The Queen" é a música mais marcante do álbum, que soa até hoje como se precisasse de um chute no traseiro, sonoramente falando. Entrevistado em 2005, o vocalista John "Johnny Rotten" Lydon dos Pistols foi perguntado se ele tinha escutado o *cover* do Motörhead e respondeu: "Eu acho que ele mostra que os Pistols não eram uma banda tão ruim! Tocar *covers* é uma coisa difícil. Você não pode imitar a música ou capturar a energia, porque você não pensa da mesma forma que o vocalista. Eu faço versões de músicas, mas sempre mudo alguma coisa. Caso contrário, você está imitando, e imitação não é uma forma de elogio", o que provavelmente significa que ele gostou muito.

We Are Motörhead é um álbum decente, mas como observamos antes, faltava para o Motörhead uma parceria adequada de estúdio para dar uma sonoridade de nível mundial. O impacto do álbum também pode ter sido diluído pelo lançamento de mais duas coletâneas do Motörhead: *Deaf Forever*, que foi lançada em agosto, e *The Best Of...* no mês seguinte. "Bem, eu não posso fazer nada a respeito disso", disse Lemmy. "São ainda as mesmas músicas velhas que você já escutou, não são? Eu acho que as reservas estão praticamente vazias agora, não há muito mais o que lançar. Estão apenas reembalando as mesmas coisas antigas. O catálogo da gravadora Bronze foi vendido e, quando isso aconteceu, perdemos todo o controle, embora a gente ainda receba os direitos autorais, obviamente. Não há muito material esquecido pós-Bronze de qualquer forma – praticamente tudo que temos está aí."

Reedições e coletâneas podem até não ser do gosto de Lemmy, mas ainda havia um mercado para o material ao vivo e assim o Motörhead gravou seu primeiro DVD em 22 de outubro, na Brixton Academy de Londres, com convidados especiais, incluindo Eddie Clarke, Brian May, Doro Pesch (ex-vocalista do Warlock) e o filho de Lemmy, Paul Inder. Um CD ao vivo do mesmo show também foi lançado alguns anos depois. O evento foi arranjado para celebrar bodas de prata do Motörhead. "Vinte e cinco anos – é ridículo, não é? Quem imaginou isso?", Lemmy disse à jornalista Valerie Potter. "Eu comecei o Motörhead quando já tinha 30 anos, então achei que duraríamos três anos, se tivéssemos sorte, e aqui estamos nós, veja só – nunca planejamos algo assim! E diferentes encarnações do Motörhead representaram diferentes fases por vários anos, então é como se fosse um monte de bandas diferentes na verdade. Quero dizer, Eddie e Phil foram uma banda, depois Robbo era outra banda, por isso foi como estar em várias bandas diferentes."

A ideia de usar o equipamento de iluminação antigo do bombardeiro no show de Brixton foi até cogitada, mas Lemmy explicou: "Nós deveríamos ter usado o *bomber*, mas não sei se ainda podemos. Ele está sustentando o galpão onde ele foi guardado em Essex. Uma tempestade pôs abaixo a porra do galpão, e o bombardeiro está segurando uma parte do telhado, assim, sem ele, tudo vai cair, eu não sei se podemos tirá-lo! É mais barato construir um novo".

Apesar de Lemmy ter gostado do show ("Nós tocamos com Brian May, acredita? Ele é demais. Acho que ele precisava de rock, porque tocou como um louco. Nada daquela pose recatada de sempre."), Dee ficou pouco contente com o som de sua bateria na versão final do DVD, que foi lançado no ano seguinte, com o nome *25 & Alive Boneshaker*. Como explicou a Marko Syrjala, "A bateria ficou terrível. A imagem está ótima, o DVD é excelente, exceto a minha maldita bateria. Eles foderam com o som e não tiveram tempo para remixar. Confie em mim, eu perdi minha voz de tanto gritar nessas duas semanas, porque os alemães gastaram eu nem sei quanto exatamente, um monte de dinheiro, na promoção deste DVD. E tinha um prazo de lançamento... E, se fossemos remixar, o DVD não estaria pronto na data, e todo o dinheiro da promoção teria sido desperdiçado. Então eles comprimiram e equalizaram tanto minha bateria de modo que não deu para ouvir os tontons, só o bumbo, sem os pratos. E ficou tudo uma merda... É pior do que uma gravação pirata. É terrível. Então eles foderam tudo, não foi nossa culpa. Eu ouvi pela primeira vez, nós remixamos, parecia bom. E daí saímos em turnê, e eu peguei uma cópia de teste e eu disse 'O que é isso, que porra é essa?'. Não tem bateria, porra... Cada vez que eu faço uma virada parece que vai sumindo. A bateria simplesmente desapareceu. Assim vai ficar muito difícil de engolir".

Por outro lado, Eddie Clarke ficou inspirado com sua participação como convidado para tentar alavancar sua carreira. "Eles fizeram um tipo de show de aniversário de 25 anos", disse a David Wilson, "e Lemmy me telefonou e pediu que participasse. 'Claro', eu disse. Foi ótimo para mim, porque não tocava com eles já fazia um tempo. Então subi no palco, e Brian May estava lá em cima. Eu o conheço muito bem, foi divertido, gostei bastante... Meus amigos me disseram que quando cheguei ao palco toda a galera se levantou e aplaudiu. Isso me fez pensar: 'Sim, há pessoas lá que querem me ver tocar!'. Pensei 'Bem, foda-se, vou tentar'. Vai ser algo totalmente humilde da minha parte, só subir lá e fazer o que gosto de fazer... Desde então, tenho tentado colocar o pé no chão para começar algo organizado... Vou fazer um álbum solo para começar assim que puder".

Ele acrescentou: "A coisa engraçada sobre mim, Phil e Lemmy é que – além do fato de que não bebo – estamos praticamente do mesmo jeito. Não nos casamos, não tivemos filhos. Continuamos sendo roqueiros genuínos e reais, entende? E acho que é estranho que não tenhamos ficado juntos, realmente. Não estou fazendo porra nenhuma, Phil também, e Lemmy continua fazendo o que fazia quando os deixei... As únicas coisas que realmente importavam para nós eram as festas e a música, e ainda é a mesma coisa, mas Lemmy é o único com uma banda".

O fim do ano de 2000 também contou com a muito aguardada (embora temporária) participação de Lemmy no Hawkwind, um evento que muitos tinham presumido que nunca iria acontecer. Mais um evento no Brixton Academy, desta vez apelidado de *Hawkestra*. O show foi filmado, mas nunca lançado – porque, como Lemmy comentou, foi um baixaria incrível.

"Ah, que desastre", disse à jornalista Scott Heller. "A pior coisa com a qual já estive envolvido. Não sei como o [líder do Hawkwind Dave] Brock pôde fazer uma coisa tão ruim. Ele não parecia saber mais o que estava fazendo. Não sei o que está acontecendo. Ainda me lembro das músicas, é ele quem se esqueceu de tudo. Mudou todas as músicas antigas e as transformou em medleys, entende? Um *greatest hits* – o beijo da morte, um medley. Isso é o que ele fez. No meio de 'Master Of The Universe' ele colocou uma parte de 'Time We Left...', e eu não sabia tocar a coisa desse jeito. Aprendi como se fossem duas grandes músicas separadas, e não uma música e meia ruim. Foi ideia dele colocar Sam Fox para cantar 'Master Of The Universe'. Isso foi mais uma ideia terrível, não consigo entender. Não sei no que ele estava pensando."

Acrescentou: "Brock costumava fazer a guitarra principal, mas agora nem pensou em fazer nada disso... E não parece dar a mínima. Acho que foi demais para ele de certa forma. É muita merda para organizar, então não conseguiu fazer tudo e não delegou nada para outras pessoas, então deu nisso... Muito ruim. Fiz dois ensaios, mas nenhum deles me preparou para o horror que foi a realidade!".

Uma maneira ruim de terminar o ano. As coisas tinham que melhorar...

Capítulo 16
2001-2003

O fato de o álbum seguinte do Motörhead ter se chamado *Hammered* foi algo bem apropriado, porque a palavra descreve a banda perfeitamente – pelo menos durante uma turnê que ocorreu em 2001. Uma turnê de ônibus em que a banda foi atingida por uma temida e violenta gripe...

"Ficamos detonados", disse Mikkey Dee. "A Rússia realmente nos pegou. Tinha uma gripe pegando em todo mundo, todos nós pegamos, exceto Lemmy, até que ele também pegou na Holanda, por isso tivemos que cancelar um show lá, ele também ficou mal. Ficou com febre, ugggh, passou mal mesmo! Eu disse a ele 'Certifique-se de que você está tomando penicilina direito, porque vamos para a Escandinávia e Rússia, vai fazer frio', e ele disse: 'Eu sei, já tomei tudo!'. Ele tomou todos os 10 dias de tratamento de uma vez. Acabou pegando a gripe de novo, mais tarde, e muito pior. Lembro-me dele no ônibus dizendo: 'Não consigo levantar, não tenho forças', e eu disse: 'Nunca te vi assim'...."

É justo dizer que até aquele ponto, o Motörhead, e Lemmy em particular, tinha um histórico impressionante quando se trata de resistência na estrada. Má alimentação, falta de sono, falta de roupas limpas e chuveiros, muita bebida e drogas, vida totalmente noturna, tédio sem fim, desconforto, constante exposição a um fluxo de vírus de milhares de pessoas gritando, suando todas as noites – essas coisas podem destruir uma banda em dias. Até então, o Motörhead tinha evitado abandonar sua agenda de turnês épicas pela resistência física, força mental e porque tocar ao vivo pagava suas contas, mas isso não poderia durar para sempre – especialmente para Lemmy, que já estava chegando aos 60 anos de idade.

Dee continuou, "Estávamos indo para Cracóvia [na Polônia] e Lemmy disse: 'Estou muito mal, não consigo nem ficar em pé', algo que não era de se estranhar, era a combinação de exaustão com gripe. Eu tinha 37 anos na época e estava nocauteado. Lemmy tinha uns 56... Eu não conseguia sequer levantar por três semanas, e ele ainda entrou no palco e fez shows com aquela maldita gripe e, no final, seu corpo estava pedindo para descansar. E foi isso que o médico disse também: 'Você vai desmaiar se não descansar'. Então foi isso o que fizemos. Paramos, cancelamos dez shows e voltamos a fazer shows somente seis meses depois. Foi um daqueles momentos, você tem que dar um tempo. Quando você faz turnês o tempo todo, não tem tempo para ficar doente. E, se ficar doente, sabe como você se sente. Não quer ninguém te visitando em casa, só quer dormir e ficar deitado, tudo dói, é terrível. Mas não podíamos fazer isso. Tínhamos que subir ao palco. A porra do meu cotovelo, ombros e pescoço, tudo doía muito. Íamos direto do hotel para o show, direto de volta para o hotel com 39 e 40 graus de febre. Eu bebi uns dez litros de água no hotel... Tinha que trocar a roupa de cama três vezes, ficava encharcada. Quando você está doente numa turnê, é terrível. Você só quer ir para casa, com alguém cuidando de você".

A saúde de Lemmy melhorou, mas ele perdeu peso e não se recuperou por um tempo, aparecendo inesperadamente magro num anúncio de TV para o chocolate Kit-Kat. "Bem, eu vou ter que recuperar tudo de volta agora que melhorei", comentou quando perguntado sobre sua perda de peso. "Estou melhor. Estava exausto, isso é tudo."

Seus hábitos pessoais também ficaram menos intensos nos últimos anos, ele revelou: "Bebo, mas não fico bêbado. Meio deprimente de certa forma... Ter que parar de se fazer de idiota." Perguntado se ele definia álcool como uma droga, ponderou: "É apenas uma questão de onde você está, qual é o costume da região, e com o que você pode se safar. Na Holanda, agora é legal fumar maconha. Mas em outros países é ilegal. Não faz nenhum sentido para mim. Legalizaram há muitos anos e não houve nenhum grande aumento na taxa de criminalidade. As pessoas apenas discretamente fumam sua droga, e nada acontece. Por que todo o mundo não faz isso? Porque há muito dinheiro nisso. Muito dinheiro ganho confiscando casas e carros de traficantes, além de grandes multas por posse de drogas. Quero dizer, nos Estados Unidos, se você for preso com um monte de maconha, eles simplesmente tomam sua casa. Um grande negócio para a polícia".

O tabaco, talvez a mais nociva de todas as drogas, permaneceu seu amigo, claro. "É grosseiramente unilateral", disse ele sobre a dura lei antitabagismo da Califórnia. "Quando podia, sempre havia áreas de não fumantes. Agora, não existe. A primeira coisa que você quer depois de comprar uma bebida é um cigarro. O problema é que eles não proibiram a circulação de carros. As pessoas estão sentadas num café na calçada da Sunset Strip, em Los Angeles, sem fumar, a três metros de distância do tráfego, respirando fumaça de escapamento. Parecem palhaços para mim. Se proibirem os automóveis, paro de fumar. Vou fazer o esforço, porque daí poderei ver que estão falando sério. Até lá, não me faça perder meu tempo."

Como sempre, as arenas de shows exigiam a presença do Motörhead, e em 2001 um novo tipo de estádio – o circuito de luta livre – virou a nova febre. Um lutador em particular, Triple H – Paul Levesque seu nome real – adaptou sua encenação para acomodar uma nova música do Motörhead, "The Game" (também o segundo nome artístico de Levesque). A canção foi coescrita por um compositor ligado a World Wrestling Entertainment (WWE), chamado Jim Johnston, e não é nenhuma "Ace Of Spades" ou "Overkill", com certeza. Como Lemmy admitiu: "Eu tenho que admitir, eu não acho que foi a melhor música que já fiz, mas é razoável e mostrou nosso nome para um novo público. Que o show continue!".

Questionado sobre qual seria o apelo da luta livre para ele, acrescentou: "A coisa é uma gozação... A luta foi menosprezada por esportistas de verdade. Eu particularmente não gosto, é um pouco óbvio, mas, ao mesmo tempo, há algumas grandes figuras. Na verdade, não é mais um esporte, é um show, um circo. É horrível, alguns deles não deveriam estar atuando, deveriam voltar a lutar. Mas parte dessa merda de novela é realmente muito engraçada... Os caras que conhecemos são verdadeiros cavalheiros".

Triple H se explicou: "A música que eles fizeram para mim ficou muito legal, e a imagem da banda com a minha ficou uma ótima mistura. Isso deixa a coisa mais emocionante para mim, para os fãs e para eles, porque eles estão prestes a lançar seu novo álbum na primavera. Lemmy pode até entrar numa briga, dar uma pancada em algumas pessoas com seu baixo... Você nunca sabe o que vai vir do Motörhead. Eu acho o som do Motörhead muito bom, é um som foda, e é essa a nossa imagem, é ótimo tê-los trabalhando com a gente".

Ele acrescentou: "Eu disse para os caras do WWE o tipo de som que eu queria na minha música, e no fundo o som que eu queria era praticamente uma descrição do Motörhead. Um dos produtores do nosso show me disse: 'Então, o que você está tentando me dizer é que você quer algo que soa muito parecido com Motörhead?'. 'Sim, exatamente como o Motörhead!' Então ele disse: 'Por que você não chama o Motörhead então?'. Não sabia que era uma opção, então ele fez alguns telefonemas, e uma semana depois me disse que eles tinham topado. Fiquei superemocionado, porque escuto o som deles há anos, é uma das minhas bandas favoritas. Assim, ter o privilégio de tê-los fazendo uma música para mim e ficar perto deles foi ótimo. Uma das maiores emoções da minha carreira foi estar de pé no Houston Astrodome e escutar eles tocando uma música que era só para mim, na frente de 68.000 pessoas. Não poderia ter sido mais legal...".

Era loucura, é claro, mas Lemmy manteve a cabeça no lugar, percebendo que a música poderia levar a uma exposição gigante da banda na América – e assim ele fez. "Diversão para toda a família, não é? Eles criam uma espécie de um ambiente pós-guerra nuclear", comentou. "Depois que gravamos a música, levaram a gente num voo particular até o Houston Astrodome para tocar na Wrestlemania, diante de uma multidão de 68.000 pessoas. O engraçado é que, depois que tocarmos, Triple H apanhou. O Motörhead trouxe sorte novamente! Fomos a primeira banda de metal a ir ao *The Tonight Show* com Jay Leno e fomos provavelmente a única banda cujas vendas caíram depois de tocar nesse programa..."

2001-2003

Em 2001, *No Sleep 'Til Hammersmith* foi relançado, desta vez como um CD duplo. Apesar de o esforço investido para montar o disco num novo formato ser apreciado pelos fãs, a banda tratou disso com a sua combinação usual de desgosto e resignação. Eddie Clarke afirmou: "Isso me irrita um pouco... Não há absolutamente nada que possamos fazer, porque nos anos setenta, quando fizemos todas as nossas negociações, assinamos nossas vidas em nome dessas gravadoras. Demos todos os direitos a nossas gravações e todos os álbuns, entende? Alguém já quis, no ano passado, dar uma mexida no *No Sleep 'Til Hammersmith* e colocar umas músicas extras e essas coisas. Achei um farsa... Deve ficar como é mesmo, e eles querem mudar e fazer uma capa nova e tudo mais. Acho que não se pode foder com um álbum clássico como aquele. Eu disse 'Custe o que custar!'. Quando falei com Lemmy, disse 'Vamos levantar o dinheiro de alguma forma', porque Lemmy não tem muito dinheiro também. Quero dizer, todos temos o suficiente para sobreviver, mas não temos muito mais que isso, aluguel e gasolina, esse tipo de coisa, mas há momentos como este, quando você realmente precisa de algum dinheiro a mais. Recebi uma carta de um cara que está fazendo isso, e ele disse que está tendo um monte de problemas para obter os contratos deles, está tudo nas letras miúdas. Fica tudo limitado ao direito ou não de incluir material antigo, quando o produto já está acabado".

Apesar do rancor que os membros da banda sentiam a respeito da exploração de seu catálogo antigo, as sessões de gravação de *Hammered* correram bem, assim como são sessões de álbuns em geral hoje em dia. Dee, que é guitarrista e vocalista, além de baterista, era parte integral da equipe de composição e estava curtindo o processo, disse ele: "Eu não iria ficar em qualquer banda que não curtisse. Com King Diamond, foi um grande momento por muitos anos: a razão pela qual saí foi porque tínhamos opiniões diferentes e não era mais muito divertido. Foi por isso que saí do Dokken também: não funcionava bem, muita briga na banda. Com o Motörhead, parece que nos encontramos. Temos uma boa energia, nos divertimos bastante, é ótimo. Musicalmente, eu e Phil escrevemos a maior parte das músicas, mas Lemmy escreve todas as letras e juntamos tudo. Fazemos tudo provavelmente em parcelas iguais na hora de decidir coisas, o que é bom, porque, caso contrário, não iria durar...

Embora não pareça importar muito, não vendemos grandes quantidades de discos, mas nossos shows estão sempre lotados. Tendo um novo álbum ou não, isso não parece importar. Realmente não pensamos muito sobre isso, mas é claro, é sempre bom lançar um bom álbum novo".

Depois de shows na Irlanda, Reino Unido, Áustria, Itália, Noruega, Dinamarca e EUA, o ano de 2002 chegou, e Lemmy começou a trabalhar em sua autobiografia, *White Line Fever*, coescrita por Janiss Garza. É um livro cativante, embora o sentimento de muitos jornalistas fosse de que ele comprimiu sua vida em poucas páginas. Como esse livro tenta demonstrar, Lemmy é um filósofo, um crítico e um orador – quando está de bom humor, obviamente –, e qualquer tentativa bem-sucedida para incluir toda a sua sagacidade e sabedoria em um único volume resultaria em algo com o tamanho de um *O Senhor dos Anéis*. *White Line Fever* não foi esse livro, infelizmente. O próprio Lemmy admitiu, dizendo apenas: "Foi ideia de um monte de gente que me dizia que eu ganharia um bom dinheiro com um livro. No leito de morte. É nesse momento que você deve escrever sua biografia, quando está morrendo, mas o problema é que, nessa hora, provavelmente não vai dar tempo. Então é melhor fazer isso agora. É apenas um monte de entrevistas... Ela agrupou tudo e editou, entende?".

Hammered foi lançado em 9 de abril de 2002 pela gravadora Metal-Is, propriedade da Sanctuary Records. "The Game" foi o single obviamente, com uma introdução do Triple H. Lemmy disse sobre essa música: "Tínhamos prometido que ele poderia aparecer no próximo álbum, fomos idiotas. E então percebemos que não sabíamos se ele conseguia cantar. Então pensamos, talvez pudéssemos pedir para ele dar um rugido 'Aaaagggh!' em algum lugar, e depois tive a ideia de um discurso ou coisa assim e ficou perfeito". O lutador acrescentou que não tinha ideia do que esperar quando gravou sua parte: "Eu não tinha a menor ideia! Não, tinha uma ideia geral – tínhamos falado sobre isso um pouco antes, e sabia que ele tinha escrito uma parte legal para os vocais, queria que eu cantasse com ele... Estava emocionado por fazer qualquer coisa com a banda, só queria uma desculpa para ir ao estúdio e vê-los gravar alguma merda!". O resto do álbum foi, você não ficará surpreso ao saber, muito bem: várias músicas que todo mundo pode curtir. Chegou perto de um *1916* ou *Overkill*? Não.

2001-2003

No entanto o público não se queixou naquele ano, quando o Motörhead entrou em ação nos EUA, com uma turnê. Em seguida, tocaram no Reino Unido, onde a última data era na Wembley Arena, um show em que o Hawkwind apagou todas as lembranças terríveis da *Hawkestra*, três anos antes, ao tocar como banda de abertura para o Motörhead. Lemmy juntou-se a sua antiga banda para uma versão de "Silver Machine". Imagine como essa experiência foi surreal para ele.

Essa formação do Motörhead, agora em sua segunda década, foi claramente o auge nesse ponto. Fazendo shows poderosos, com precisão e delicadeza ao mesmo tempo, a formação Kilmister/Campbell/Dee foi facilmente o *power trio* mais eficiente do planeta, com a possível exceção do Rush. Note-se que o Motörhead estava ciente de seus concorrentes recém-chegados na arena do rock. Robbie Williams, por exemplo – na época o maior astro da Grã-Bretanha –, chamou sua atenção. "Ele é um astro, mas não uma estrela do rock", declarou o Lemmy sobre o seu conterrâneo de Stoke-on-Trent. "Ele é o *pop star* clássico, mas é muito bom, gosto dele. Ele tem um senso de humor sobre si mesmo, o que é ótimo. Acho que ele provavelmente vai ser um astro pop por um longo tempo. Enquanto você mantiver o senso de humor sobre o que está fazendo... Não é um som profundo que vai mudar o esquema do mundo ou as coisas, é apenas entretenimento. Não deve ser político... Não gosto de astros do rock. Eles são nada atrativos para mim. O negócio é arrebentar no palco, é isso."

Hammered era um pouco mais sinistro do que álbuns do Motörhead mais recentes, talvez refletindo os momentos estranhos em que a banda estava vivendo. Excepcionalmente, os membros da banda não tinham certeza de como o disco seria bom durante a gravação, como Dee explicou: "Quando escrevi as músicas – geralmente, eu e Phil escrevemos, Lemmy faz todas as letras e em seguida montamos juntos –, quando escrevemos pela primeira vez essas músicas, pensei que elas estivessem superboas. Mas, então, quando começamos a gravar este álbum, pensei 'Isso vai ser o pior álbum de merda que já fizemos'. As músicas não saíram do jeito que imaginei. No final, tudo virou de novo e acabou sendo realmente muito bom. É mais melódico. E é mais obscuro, e é meio blues e rock clássico porque estamos ficando mais nesse clima do que antes. *We Are Motörhead*, o álbum anterior, foi extremamente poderoso e rápido, era um álbum agressivo, este não".

Ele se aventurou a dizer que o caráter reflexivo das músicas surgiu porque tinham sido compostas pouco depois dos ataques ao World Trade Center de 11 de setembro de 2001: "Você tem que ouvir este álbum dez vezes antes de gostar dele... Não é algo imediato. Por quê? Eu não sei. Eu e Phil voamos para Los Angeles em 10 de setembro e escrevemos essas músicas ao longo daquele mês de medo, entende? Era um clima ruim. Talvez isso tenha algo a ver com o clima do álbum. Eu fiquei pensando sobre isso depois. Este álbum é realmente muito mal-humorado, você sabe? E o mesmo vale para Lemmy, do jeito que ele fez as melodias do vocal".

A Sanctuary Records, proprietária da Metal-Is, estava no auge de seus poderes no início de 2000, embora a empresa tivesse entrado em dificuldades alguns anos mais tarde e fosse incorporada à Universal em 2007. Lemmy não tinha muito a dizer sobre ela, tanto na época quanto mais tarde, embora ele oferecesse as seguintes palavras de conselho irônico sobre gravadoras em geral: "Boas gravadoras estão sempre do seu lado. Elas não se juntam às pessoas que estão querendo te colocar para baixo, como a maioria das gravadoras faz. Elas não deveriam estar lutando do lado oposto ao seu, devem estar com você, certo? Nós e eles temos que vender nossos discos. Você pode achar que eles têm consciência disso, mas algumas pessoas têm suas cabeças enfiadas em seus rabos. É mais produtivo conversar com seu gato".

Mais uma vez mais, no entanto, a indústria pode ser esquecida temporariamente enquanto o Motörhead entregava sua mensagem com shows nos EUA, Canadá, Alemanha, Suíça, Áustria, Itália, Irlanda, Grécia, Finlândia, Reino Unido, Holanda, França, Espanha, Suécia, Noruega e Dinamarca. Dessa vez, Lemmy estava empunhando seu novo baixo, um baixo Rickenbacker exclusivo com um desenho de folhas de carvalho muito bem esculpido na frente. "Eles disseram, você quer projetar um baixo, e disse que sim", disse ele. "Acho que eles superestimaram minha capacidade, realmente, haha! Eu não sou tão bom artista, então eles contrataram um entalhador profissional de madeira. Eu desenhei para eles, mas eu diria que ficou exatamente como eu desenhei... Não pesa nada, é leve como uma pena. A Rickenbacker fez um braço com uma peça única que se liga no corpo do baixo. Eu não insisti em um baixo leve, acabou ficando assim, é ótimo. Acho que os Rickenbackers são bons para mim, porque sou um guitarrista que virou baixista, entende: eu gosto do braço fino. Gosto da forma estranha que ele tem também."

Em 2003, a banda ficou na estrada, apesar de Campbell ter sido obrigado a perder três shows quando sua mãe morreu. No seu retorno, o Motörhead tocou nos maiores estádios do país ao lado do Iron Maiden e Dio, com sua presença de palco dando peso ao relançamento de discos antigos que ocorreu naquele ano. Primeiro veio um produto da Sony chamado *Hellraiser: Best Of The Epic Years*, que reuniu músicas do Motörhead dos dois álbuns da Epic da década anterior. Então veio uma luxuosa caixa de cinco CDs da Sanctuary chamada *Stone Deaf Forever*, cujo título Lemmy explica da seguinte forma: "Temos 'Stone Dead Forever' e 'Stone Deaf Forever'... É só um jogo de palavras. É como 'Snake Bite Love' que é sobre cobras. 'Ace Of Spades' é sobre o jogo. Eu gosto de brincar com palavras...". Finalmente, a contrapartida de áudio para o DVD *Boneshaker*, intitulado simplesmente *Live At Brixton Academy*, veio no final do ano. Assim eram três gravadoras diferentes, todas explorando o mesmo catálogo do Motörhead ao mesmo tempo, no mesmo ano. Apesar de cada lançamento gerar renda para a banda, é compreensível que os membros viam cada nova coleção com desconfiança, especialmente porque a ideia geral era para que os compradores investissem em *Hammered* em vez de em material antigo.

Sinais de que a banda estava envelhecendo vieram naquele ano com notícias do tratamento médico de Lemmy para um sopro no coração e, mais bem-vinda, de uma estrela na Hollywood Rock Walk of Fame. Questionado sobre o problema no coração, o vocalista explicou que nesses dias ele preferia ir para a cama um pouco mais cedo à noite, dizendo: "Não é que eu seja obrigado, é que eu não sinto mais tanto prazer de ser o último a acordar. Tento ter mais horas de sono do que antes, basicamente porque não há mais tanta gente acordada até tarde para fazer companhia".

A história não contada do Motörhead

Sábias palavras, mas caso você esteja pensando que o Motörhead estava numa espiral descendente para sua aposentadoria, seja avisado com antecedência de que eles estavam prestes a renovar suas forças finalmente.

Capítulo 17
2004-2006

"Se você está com medo do Motörhead, você está ferrado..." Esse conselho veio de Cameron Webb, um produtor que começou a trabalhar com o Motörhead em 2004 e que continua a produzir seus álbuns até hoje. Não é exagero dizer que ele tem sido o responsável por uma grande parte do seu ressurgimento nos últimos anos para a vanguarda do movimento heavy metal – embora o Motörhead ainda não toque heavy metal.

Falando ao autor deste livro no *Classic Rock Presents Motörhead* em 2010, Webb explicou como acabou trabalhando com a banda. Sua estreia com o Motörhead foi com *Inferno*, lançado em 22 de junho de 2004, o álbum mais pesado deles em anos. "Eu conhecia o empresário deles, Todd Singerman", ele disse, "e eu ficava dizendo: 'quero produzir o próximo disco do Motörhead', mas Todd sempre disse 'Não, eu nunca vou deixar você fazer isso – você é muito bonzinho'. Então, de repente, ele me chama do nada e diz: 'O que você vai fazer amanhã à noite? Encontre-me para jantar com o Motörhead e, se eles gostarem, você vai produzir o próximo disco. Se não gostarem, então fudeu, mas vamos pagar o jantar!'. Então fomos até o Sunset Marquis e sentamos à beira da piscina, comemos e conversamos."

Ele continuou: "Falei sobre como queria fazer um disco realmente pesado para eles. Isso foi um erro, porque Lemmy gosta de tocar rock'n'roll

– não gosta de tocar música pesada – e ele disse 'Quero fazer um disco de rock'n'roll', e logo em seguida pensei que não iria ser contratado. Mas continuamos conversando, e eu disse: 'Gosto de dar liberdade às pessoas no estúdio, mas também sei pressionar', e ele disse 'OK – nos vemos amanhã para a pré-produção, no ensaio'. E foi isso – fiz o álbum *Inferno* em 2004. Funcionou muito bem".

Inferno foi uma explosão do início ao fim. Seu fundo pesado e moderno adequou-se às músicas perfeitamente: era quase como se, sem perceber, o Motörhead tivesse deixado marcada a sua identidade no álbum de forma mais honesta do que em qualquer outro álbum há pelo menos uma década. Dee reconheceu isso, explicando: "Fiquei de cara, essa merda é o que eu vou fazer pelo resto da minha vida. Minha carreira é isso. Se escrevesse músicas que não gostasse muito, e gravássemos álbuns muito pop ou qualquer coisa que não fosse Motörhead, seria diferente. Somos os únicos responsáveis por estar aqui tocando essa merda. Poderíamos ter uma conta bancária maior, mas seria obrigado a tocar algo que não gosto. É tudo um bônus. É ótimo ter o privilégio de viver daquilo que se faz, não há nenhuma dúvida disso. Depende de quanto você está disposto a levar a vida assim. Querer se tornar um super milionário sem fazer nada? Isso é o que eu gosto de fazer. Mesmo se tivesse 100 milhões de dólares, não iria parar de fazer o que faço. Seria como se alguém me dissesse que não poderia mais comer pizza ou se tivesse que parar de respirar".

Webb esteve sempre no centro de tudo o que aconteceu no álbum, dirigindo o Motörhead com uma atitude diplomática e um genuíno senso de disciplina. Uma figura tranquila, de óculos, ele não dá nenhum sinal exterior de poder estalar o chicote em qualquer banda – e muito menos nessa gangue em especial – mas, como ele explicou, não poupa ninguém quando o relógio do estúdio está correndo. "Eles são uma das bandas mais divertidas de se trabalhar, mas também uma das mais difíceis", disse. "Olha isso: imagine pessoas que festejam o dia inteiro, todos os dias. Essa é a vida deles. Agora olhe para mim: sou o único que tem que dizer 'Ei, podemos parar a festa por um minuto e trabalhar um pouco?'. Claro, não é bem assim que digo... Você só tem que encontrar os melhores momentos da festa. Lemmy veio dos anos 60 e 70, quando as coisas eram um pouco mais livres e as bandas faziam o que queriam, mas os tempos não são mais assim. Ele [Lemmy] sabe disso e é uma coisa que ele odeia a respeito dos dias atuais: o fato de não ser mais tão livre quanto costumava ser. Às vezes ele me olha como se eu fosse essa pessoa ruim que está dizendo 'Vamos fazer isso de novo', e ele diz 'Não quero fazer essa porra de novo!'. Isso é a coisa mais difícil para mim. É também muito agradável, no entanto. Eles contam histórias incríveis e são divertidos."

Perguntado sobre como o Motörhead reage quando ele pede que a banda grave a mesma faixa várias vezes, respondeu: "Depende de quão cedo ou tarde do dia seja. Se for cedo e eles fazem uma gravação que acham que ficou muito boa e eu acho ruim, tenho um pouco mais de liberdade e digo: 'Vamos lá, gravem mais uma?', e fico orientando o que acontece. Mas, no final do dia, você tem que estar armado e dizer: 'Simplesmente façam! Sei que vocês podem fazer melhor que isso'. Em seguida, eles vão dizer: 'Mas essa ficou perfeita', e você diz: 'Não, não, não, vamos lá. Tudo que quero é mais uma. Façam o que quiserem, mas façam!'. Sou muito persistente e vou tentar novamente no dia seguinte e no próximo se precisar... Você tem que ajudá-los a ser quem são, porque eles já fizeram isso muito na vida, não é como se fosse a primeira vez que estão no estúdio. Na verdade, são mais bem informados do que eu sobre o estúdio".

Segundo os próprios músicos, o Motörhead sempre gravou da mesma forma — isto é, tendo escrito e ensaiado as músicas no último minuto e, em seguida, exigindo que o produtor transformasse aquilo na melhor performance deles no estúdio. Webb foi, obviamente, o homem certo para o trabalho, devido a sua capacidade de pressionar o trio a trabalhar de verdade, quando necessário. "Quando estamos na estrada, não escrevemos", explicou Campbell. "Preferimos beber em vez disso. Gostamos de fazer tudo bem rapidamente quando temos que escrever músicas... Não escrevemos nada na estrada realmente. Apenas reservamos certo tempo para escrever, entrar em um estúdio de ensaio e arrebentarmos as músicas." Lemmy acrescentou: "Nós sempre trabalhamos em pânico. É assim que fazemos. Prazo, entende?".

Fazer turnês no ano, como sempre uma jornada pela maior parte do mundo civilizado (e menos civilizado), incluindo a América do

Sul, um continente amado pelas bandas de heavy metal por décadas, pelo entusiasmo dos fãs. "Tocamos no Brasil com o Iron Maiden e o Skid Row para 68.000 pessoas, era inacreditável", lembrou Lemmy. "Eles ainda acreditam no rock'n'roll, na magia da coisa, assim como eu, enquanto as plateias na Europa e América têm aquela indiferença e a sensação de 'me entretenham', o que não é muito propício para um bom show. Então pau no cu deles!" Suíça, Alemanha, Itália, Espanha, Áustria, Holanda, Hungria, Bélgica, Suécia, Finlândia, Portugal, República Tcheca, Polônia, Irlanda, Dinamarca e Noruega foram visitados pelo Motörhead em 2004. Pontos altos: um show exclusivo para convidados no Royal Opera House, em Londres, e uma data no Hammersmith Apollo com uma banda chamada The Class como abertura. O último evento foi filmado para ser incluído em um *reality show* chamado *Rock School*, que acompanhava a evolução divertida de um bando de alunos de uma escola pública sendo "ensinados" por Gene Simmons do Kiss a serem astros do rock. Wurzel juntou-se ao Motörhead no palco para "Overkill" neste show.

A indústria fonográfica dignou-se a tomar conhecimento do Motörhead praticamente pela primeira vez em suas três décadas como banda, concedendo a eles um Grammy em janeiro de 2005. Estranhamente, o prêmio não celebrou qualquer uma das músicas de *Inferno* ou até mesmo uma música mais antiga, ao vivo ou reeditada do catálogo: foi para um *cover* da música "Whiplash", do Metallica, gravada para um tributo chamado *Metallic Attack*. Talvez ligeiramente mal-agradecido, Lemmy disse depois: "Isso realmente me deixou puto, você sabe? Eu estou lá com um Grammy na mão, o que eu fiz para conseguir isso? Um *cover* ruim de 'Whiplash'? E toda a merda que fizemos ao longo dos anos? Não ganhamos nada por isso. Então fodam-se... Nunca escutaram uma música do Motörhead, obviamente. Eles nunca acharam que valesse a pena, mas eu acho que é bom. Fizemos três discos consistentemente bons, os três últimos... Mas somos considerados sujos na visão deles. Somos a merda... Aqueles que ninguém quer saber, não é? Somos o verdadeiro rock'n'roll. Então você vê pessoas como Bruce Springsteen, que fica com todos os prêmios. E não o considero como rock'n'roll. Ele teve sorte, tinha umas músicas boas, isso é tudo. Você sabe que a maioria dos álbuns dele é enrolação. Eu não acho que ele seja nem um pouco bom. Mas esse é o tipo de pessoa que eles curtem. 'Vamos dar todos os nove prêmios para esse cara!' Isso é estúpido, é o nepotismo descarado".

Para falar a verdade, a versão do Motörhead de "Whiplash" é excelente para quem é fã da versão original. Em vez de copiar exatamente a batida alternativa e fora de compasso do *riff* original, Lemmy e Phil Campbell tocaram com uma levada diferente, dando um ritmo inconfundível, e os vocais de Lemmy transmitem uma espécie de prazer enlouquecido que os originais de James Hetfield, gravados quando ainda era bem jovem, deixavam a desejar.

No entanto a irritação de Lemmy era compreensível. Trinta anos de álbuns e *singles*, e um Grammy concedido por um *cover* totalmente descartável? Sua raiva parecia combinar com um ressentimento geral com relação ao sistema americano, que recentemente havia dado sua mais assustadora virada dos últimos anos com a reeleição do presidente George W. Bush. "Acho que a América vai se foder agora que George Bush está de volta para mais quatro anos", ele suspirou. "Ele vai lançar as suas Cruzadas – consigo prever isso chegando. Porque isso é tudo o que ele consegue fazer, ele tem que desviar os olhos do público para fora da economia de alguma forma... Ele é, obviamente, apenas um idiota, porque é inteligente. Foi eleito novamente, entende? Em várias regiões da América ele é muito impopular, mas, nos estados do meio país, eles acham que ele pode protegê-los mais que qualquer outro. Porque ele é linha-dura, e é isso que as pessoas querem lá. Essas são as pessoas que andam com armas guardadas na caçamba de suas caminhonetes, que disputam queda de braço e esse tipo de merda. Quero dizer, há pessoas assim em outros países também, mas há mais deles nos Estados Unidos, e eles conseguem eleger quem querem, é isso. Não se pode simplesmente dizer que essas pessoas não têm direito de voto. Essa é a razão pela qual Gerhard Schröder está no poder em Berlim. Não é porque ele é o melhor cara para o trabalho, certo? Mas não há alternativa, mesma coisa para Blair, na Inglaterra, ou para Bush. E não importa o quão apertado tenha sido a votação, Bush ganhou por um triz."

Como ele disse em entrevista à *Classic Rock Revisited*: "Penso como você, o cara é um desastre. Não há ninguém para substituí-lo. A melhor aposta é... Não acho que exista uma melhor aposta. Acho que os americanos confiam demais nos outros. Você confiou que o Bush faria um bom trabalho, mas não fez. Acho que muita gente não quer admitir que estivesse errado. A América é governada por extremos. Ou você é extremamente violento ou extremamente aberto ou extremamente religioso. Nunca é um país onde as pessoas tentam achar um meio-termo. A América sempre foi muito assertiva, porque todo mundo vem para cá de outros lugares. Hoje é a nação mais poderosa do mundo e é preciso apenas uma pessoa para desviar esse poder. Invadir o Iraque é como invadir o Vietnã. Dois mil soldados estão lá e não voltaram ainda para casa porque Bush queria o petróleo. Agora conseguiu o que queria, e os preços da gasolina subiram. Os preços estão apenas começando a subir enquanto ele está no cargo. Tenho certeza de que está ganhando muito dinheiro desse petróleo. Acho que todos os políticos são idiotas".

No que diz respeito à política, nada tinha mudado para Lemmy desde a sua juventude: "Eu me lembro, em 1966, quando Harold Wilson foi eleito na Inglaterra. Eu fui vê-lo falar na praça pública em Manchester. Lembro-me de pensar: 'Esse cara é um mentiroso de merda'. Notei que não havia ninguém em quem votar, havia apenas um cara para votar contra! Quando a única escolha que você tem é votar no menor dos males, significa que a coisa não está boa. Você precisa ter alguém em quem pode acreditar e que vai justificar essa confiança. Kennedy foi o último bom presidente. Olhando para trás agora, Clinton não era tão ruim. Hoje ele parece muito bom. Todos reclamavam quando ele estava lá, mas hoje não temos como reclamar dele".

Claro que a vida política na América ficou completamente diferente depois de 11 de setembro, considerou: "O governo mantém as pessoas com medo. É como com os nazistas na Alemanha. Hitler tinha o incêndio do Reichstag [prédio do parlamento alemão], George Bush tinha o 11 de setembro. Eles usaram isso para forçar as leis por decreto. Antes era a ameaça comunista, agora é a ameaça terrorista. O governo está tomando nosso direito de livre escolha em nome da liberdade. E Tony Blair é apenas um eco de Bush. Na Inglaterra, nós o chamamos de o 'poodle de Bush'. Descrição perfeita".

Isso o levou a outra explicação sobre seu interesse na Segunda Guerra Mundial – um assunto que poderia ter preenchido este livro se ele quisesse (e se esse fosse o caso). "A Segunda Guerra Mundial é o evento mais importante no século 20. Ela mudou a vida de todo mundo, mudou a sua, mudou a minha. Mudou o mapa do mundo, mudou as fronteiras da Polônia em mais de 400 quilômetros! Eu acho que não estar interessado nisso seria estranho. Faço muita pesquisa sobre essa guerra, existem vários livros brilhantes. Por exemplo, *Berlin: The Downfall 1945*, escrito por Anthony Beevor. Ou *The Last Battle*, por Cornelius Ryan. E *Bomber*, por Len Deighton. Este é ótimo também. Ele me fez escrever a nossa música 'Bomber'. Fala de uma pequena vila que foi bombardeada pela RAF [força aérea britânica] por engano. Eles fizeram um ataque em Krefeld. É sobre as pessoas nos bombardeiros e as pessoas no chão... Eu não coleciono apenas material nazista, eu coleciono objetos de todos os países do Eixo [países aliados de Hitler] e de países que nem sequer são mais mencionados como antigas partes do Eixo, como a Letônia, Lituânia, Estônia, Finlândia e Hungria. Tudo bem, no final, tudo o que eles disseram foi: 'Nós não somos nazistas', quando viram que os alemães estavam perdendo. Mas, cinco anos antes, diziam: 'Yeah!'."

Em outubro, Lemmy foi convidado – para surpresa geral – para discursar na Assembleia Galesa (parlamento do País de Gales após a devolução da Inglaterra, em 1998), sobre o assunto das drogas. O membro do parlamento (equivalente a um deputado federal no Brasil) do partido conservador (Tory) que o convidou, William Graham, disse: "Francamente, os jovens estão mais propensos a ouvi-lo", referindo ainda que qualquer campanha antidrogas provavelmente atingiria o público-alvo através de um astro do rock, "por mais que tenhamos vários comitês e continuemos gastando um monte de dinheiro". Tendo visto Lemmy em um documentário de TV recente intitulado *Live Fast Die Old*, em que o vocalista falou veementemente sobre seu ódio à heroína, Graham e sua equipe pediram a Lemmy se ele poderia discursar no Parlamento em Cardiff antes de um show do Motörhead na cidade. Ele disse à BBC que, apesar de Lemmy ter "uma reputação de explorar os limites da experimentação em todos os aspectos da vida", ele tinha mostrado no documentário porque acreditava que a heroína não apenas "apaga seu potencial artístico, ela pode apagar a sua vida". E acrescentou: "É uma mensagem poderosa, dita com toda a compreensão adquirida com o estilo de vida peculiar que Lemmy tem seguido. É uma visão de vida que merece maior consideração".

"Lemmy está levando essa oportunidade incrivelmente a sério, e seu empresário diz que ele está escrevendo um discurso", disse Graham – e você pode provavelmente prever o que aconteceu em seguida. Presumivelmente, os membros da Assembleia ficaram horrorizados quando Lemmy levantou-se e aconselhou-os a legalizar a heroína, com o fim de tributar, regular e manter os usuários longe das mãos de traficantes: a ideia já havia sido muito recomendada, inclusive sugerida muitas vezes por várias pessoas de boa cabeça. Ele também relatou que Sue, sua namorada já falecida há alguns anos, tinha experimentado a droga "para ver como era" e morreu de uma overdose em menos de três anos. Contou também que já havia delatado um traficante para a polícia, mas ele havia sido condenado a apenas seis meses de prisão. Lemmy disse sobre a heroína: "Ela transforma pessoas em ladrões e mentirosos. Remove-os do círculo social. Tudo o que pensam é na droga... O motivo que os leva a usar a heroína em primeiro lugar é porque eles ficam indiferentes ao sofrimento. Há mais heroína na rua hoje do que nunca".

"Eu nunca usei heroína", ele acrescentou, "mas, desde que me mudei para Londres em 1967, já andei com viciados casualmente quase todo dia. Odeio a ideia até mesmo ao dizê-la, mas a única maneira de tratar do problema da heroína é legalizá-la. Se fosse prescrita, pelo menos dois terços dos traficantes iriam desaparecer e haveria registros de quem estava usando. Se um viciado tiver um abastecimento regular, a maioria será capaz de trabalhar. Eles nunca vão se reabilitar até que alguém – você – lhes dê uma chance".

Graham disse, com diplomacia louvável, dada a situação: "Lemmy tem certamente uma solução alternativa para o que está sendo tentado atualmente. A mensagem é contra as drogas. Se isso é uma maneira de impedir que as pessoas destruam suas vidas, então pode ser perfeitamente apropriado".

Depois, Lemmy comentou sobre Graham, "Ele ficou muito envergonhado. Meio que se distanciou imediatamente. Mas, aparentemente o assunto foi levantado algumas vezes depois por vários deputados de ambos os lados, então talvez eu não seja apenas uma voz no deserto".

Em outros lugares ele teve uma chance mais livre para expressar seus pontos de vista sobre o assunto, como em uma entrevista com o jornalista Roger Lotring, na qual disse: "As drogas são diferentes. Algumas delas deveriam ser descriminalizadas, outras deveriam ser erradicadas. Deveriam matar quem usa heroína. A pessoa vai morrer de qualquer jeito, não vai? E deveriam legalizar o *speed* como costumava ser. Agora é considerada uma droga perigosa. É besteira, cara. O *speed* não é como a heroína. Maconha não é tão bom quanto o *speed*, é mais fraca que a bebida. A maconha deveria ter sido descriminalizada 20, 30 anos atrás. Não havia nenhuma evidência para criminalizá-la. Não prejudica o seu julgamento, não torna ninguém agressivo. Por que a maconha?... Dizem que leva a algo mais forte. Bebida também. Uma tragédia pessoal também pode levar alguém a usar heroína. Essas pessoas têm a cabeça enfiada no rabo. E o problema é que é a geração hippie que está fazendo isso. Eu não posso acreditar".

Mais um assunto relacionado a drogas: o próprio Lemmy não conseguiu obter visto de residência nos EUA por ter sido pego várias vezes com drogas há mais de 40 anos, apesar do fato de ele e sua banda terem gerado centenas de milhares de dólares em renda para a economia americana, graças às turnês do Motörhead. "Eles não vão me dar o *green card*", explicou, "porque no dia de Ano-Novo de 1971 fui preso com dois comprimidos para dormir. É isso aí. Fui perdoado dessa na Inglaterra, mas não aqui. E eu não fui preso aqui. Qual é a porra do problema dessas pessoas? Nunca ouviram falar de reabilitação? Continuam falando dessa merda, mas ela não se aplica a pessoas como eu...".

Em 2005 o Motörhead passou pela Suécia, EUA, Canadá, México, Alemanha, Holanda, França, Espanha, Itália, Noruega, Finlândia e Austrália. Também fizeram uma longa turnê pelo Reino Unido, incluindo uma aparição no *Download Festival*. Sua vontade de abraçar essa agenda brutal de shows tornou ainda mais claro que o Motörhead longe da estrada não é realmente uma banda. Como Lemmy colocou, "Em casa, você engorda e não toca. Se é um baixista, não toca sozinho. Faz você se sentir como um idiota do caralho. Fico em casa, às vezes eu saio e faço uma ou duas músicas com alguém. Isso é fácil, porque costumo tocar guitarra ou um baixo emprestado, o que é divertido, mas não te deixa preparado para estar de volta à estrada".

As turnês também representam a oportunidade de Lemmy se conectar com o resto da humanidade, uma vez que ele evita e-mail e a internet em geral: uma máquina de fax e um telefone celular são o mais próximo que chega do mundo moderno das comunicações. "Não gosto de computadores", grunhiu. "Eles serão a morte da humanidade, acredite. A internet vai matar a humanidade porque não conseguimos usá-la, não sabemos como usá-la. Quero dizer, o maior sistema de comunicação já conhecido pelo homem foi inventado. E usamos para fazer o quê? Pornografia infantil. Não é maravilhoso? Sempre apelam para o menor denominador comum e em seguida a coisa fica nisso... E todos podem ser igualmente ouvidos, o que não é uma boa ideia. Porque se algumas pessoas fossem ouvidas, elas iriam foder com tudo. Uma em cada cinco pessoas não consegue engraxar seus malditos sapatos... Acho que a própria internet é a morte. O mundo vai acabar com todo mundo sentado em sua sala digitando alguma merda, entende? Isso é a morte do contato real entre seres humanos. Por outro lado, talvez eu esteja ficando um pouco velho e sombrio... Quer dizer, todas essas pessoas com esses nomes virtuais se fazendo de bonitões e bacanas provavelmente têm óculos fundo de garrafa, são dentuços e têm uma perna de pau. Além das putas e tudo isso."

No início de 2006, o Motörhead voltou a trabalhar com Cameron Webb para o seu próximo álbum *Kiss of Death*. Lançado em agosto, o disco tornou óbvio que o som do álbum anterior, Inferno, não tinha sido o resultado de um acaso não intencional. "God Was Never On Your Side" mostrou Lemmy com seu talento para a desgraça lírica como nunca antes visto. "Kingdom of the Worm" – primeiro *single* do álbum – foi um comentário mordaz sobre o mundo moderno, e outra música, a pesada "Going Down", foi uma coautoria com seu filho Todd Campbell. No geral, o Motörhead manteve sua fórmula. Como Campbell disse ao jornalista Steven Rosen, "Queremos evoluir – mas nós não queremos evoluir de modo que a banda fique irreconhecível. Escrevemos músicas para nós três, não as escrevemos para qualquer outra pessoa, não escrevemos para as pessoas que compram os discos. Sei que é uma coisa estranha de se dizer, mas não escrevo para as pessoas compram, porque nós escrevemos o que queremos escrever para nós três. E isso é parte do que nos manteve unidos... Se você estiver numa banda como a nossa e começar a escrever com outras pessoas em mente, é como o beijo da morte de verdade. Porque a pureza vai sumir".

Perguntado pelo jornalista Paul Du Noyer se *Kiss of Death* representava um bom momento para os ex-fãs voltarem para o mundo do Motörhead, Lemmy declarou: "Se eles tiveram esse lapso de julgamento singular, acho que seria uma boa oportunidade. Somos uma das poucas bandas que nunca vai deixar você decepcionado. Sempre fomos fiéis a tudo que acreditamos. Tivemos uma boa ideia no começo e não a estragamos demais, gosto disso em nós. Muitas bandas ficam confusas e mudam os planos, e é sempre fatal. Na verdade, nunca fiz qualquer tipo de plano, tocamos o que gostamos. Não gostamos de pessoas dizendo o que devemos fazer: 'Corte o cabelo, está fora de moda'. Foda-se! Que acha disso? Esse é o meu jeito ainda. Não gosto que me digam o que fazer: 'Que porra você sabe sobre isso? Você passa o dia sentado ouvindo pesquisas de opinião'".

Consistência – esse traço subvalorizado – agora parecia ser típico daquilo que o Motörhead fazia pela primeira vez desde os anos oitenta, mais uma vez graças à intervenção de Webb, mas também devido à solidez do trio. Como Mikkey Dee explicou: "A situação está muito estável, é divertido, tocamos muito bem, continuamos lançando bons discos, estamos passando por uma boa fase. Acho que estamos indo muito bem. Tão bem quanto você possa imaginar, em turnê o tempo todo. Acho que está tudo bem – melhor do que nunca, na verdade. Um pouco, acho que é porque ainda fazemos boas músicas e bons discos, e um pouco acho que é porque o rock pesado está voltando em vários países".

Ele acrescentou: "O Motörhead é uma banda que diz para as gravadoras e as pessoas ao seu redor para se foderem. Se não gostam de nós, não damos a mínima, você sabe o que quero dizer? Várias bandas de hoje dão ouvidos demais para as gravadoras – vamos tocar, porra, gravar e ter criatividade, e vocês fazem o seu trabalho. Acho que o Motörhead sempre foi uma banda que disse: 'Olha, isso é o que temos que fazer, se você não gosta, tudo bem, nos dispense, livre-se de nós ou trabalhe conosco, mas não vamos mudar por causa de você ou de qualquer outra pessoa'. O Motörhead tem feito o que os membros da banda querem fazer, e essa é a regra. Quando saímos do palco, colocamos as mãos nas nossas bolas e dizemos: 'Ei, faça isso se puder'... Realmente não nos importamos como é a nossa aparência. No Motörhead, a roupa que o Lemmy coloca de manhã é a mesma que ele usa na hora do show, não há nenhuma diferença. Ele nem mesmo tira seu chaveiro do bolso...".

Entretanto essa estabilidade recente não significa que o Motörhead tivesse encontrado um modelo previsível. Eles mesmos nunca souberam como o seu som iria sair, como disse Campbell: "Quando comecei este disco, ia tocar um solo de guitarra no estúdio e dizia: 'Bem, o que acham?', e alguém dizia: 'Ah, isso é brilhante', e outra pessoa dizia: 'Essa é a pior coisa que já ouvi na minha vida'. E eu ficava lá pensando: 'Bem, é brilhante ou é uma merda?'. E as coisas ficavam confusas, você pode mudar um pouco e deixar outro pedaço e as coisas ficam diluídas e a pureza some – então apenas escrevemos o que sentimos que seja bom naquele momento".

Lemmy resumiu, dizendo: "Bem, estamos fazendo coisas boas. Realmente não vejo qualquer razão para mudar isso. Mudamos dentro do nosso gênero. Variamos o que fazemos dentro dele. É como Hendrix ou os Beatles. Se é uma visão que vale a pena, por que mudar? Assim, enquanto fazemos mudanças, nunca perdemos a direção geral, porque temos que manter a coisa viva, cara. Rock'n'roll merece ser mantido vivo e nós somos uns dos únicos filhos da puta que parecem se importar. Muita gente por aí certamente não".

Shows nos EUA, Espanha, Itália, Suíça, Croácia, Polônia, Áustria, Reino Unido, França, Bélgica, Islândia, Holanda, Alemanha, Suécia, Hungria, Noruega, Finlândia, Dinamarca e Irlanda fizeram de 2006 um ano pesado para os padrões de qualquer banda normal, mas o Motörhead manteve suficiente senso de humor após intermináveis diferenças de fuso horário para patrocinar um time de futebol, usando o uniforme do Snaggletooth. A equipe era o Greenbank B, para jogadores abaixo dos dez anos de idade de North Hykeham, em Lincoln, na Inglaterra.

2004-2006

O acordo de patrocínio diz tudo o que você precisa saber sobre o Motörhead: assim como sua música, sua filosofia de vida é aquela que gira em torno de celebrar o surrealismo da vida e não se importar muito com as pequenas coisas. Todos nós poderíamos aprender com isso.

Capítulo 18
2007-2008

Em 2007, a vida continua a ser mais ou menos como sempre tinha sido para o Motörhead, o que significa uma combinação de turnês capazes de deixar qualquer um aleijado, períodos de insanidade absurda e pouquíssimo tempo para descansar. No meio dessa agenda de shows, o mais surreal foi no *Meltdown Festival*, no Royal Festival Hall, em Londres. O festival, montado por Jarvis Cocker (vocalista da banda Pulp e bobo da corte cultural da era moderna) pode ter sido significativo em alguns aspectos, mas não para Lemmy, que desdenhou: "*Meltdown*, que porra é essa? Ah, sim, aquela coisinha no Royal Festival Hall... Foi apenas mais um show para mim, cara. Não mudamos nada do que sempre fazemos, sabe? Fazemos o nosso melhor em todos os shows. É bom para colocar mais uma marca no cabo do revólver, mas nada além disso. Esse Jarvis é uma espécie de herói na Inglaterra, certo? Eu tenho vivido na América há 17 anos...".

Ainda assim, Lemmy continuava ao menos parcialmente em contato com a cultura moderna, expressando um amor particular por uma das bandas mais novas na área: "Eu escutei muito Evanescence, acho que eles estão arrebentando. Excelente produção, excelentes músicas, excelente arranjo. A menina, Amy Lee, tem uma voz excelente. E eu nem sequer simpatizei com ela, o que é uma coisa comum em relação a vocalistas femininas, entende o que quero dizer? Acho que são ótimos. Fui vê-los em Vegas... A garotada sempre vai curtir rock'n'roll! Não tem como evitar. Eles vêm tentando desde 1958. Não importa quanta merda sentimental apareça nas paradas. O Hip Hop agora é uma piada, e o rock'n'roll sempre estará por aí. Sempre, de uma ou outra forma".

De forma apropriada para uma banda que viajou no espaço de um ano para (respire fundo) Venezuela, Brasil, Chile, Argentina, França, Suíça, Suécia, Grécia, Holanda, Itália, Espanha, Alemanha, Bulgária, República Tcheca, Eslovênia, Finlândia, Japão, Noruega, Austrália, Nova Zelândia, Reino Unido e Dinamarca, o Motörhead lançou outro álbum ao vivo, *Better Motörhead Than Dead: Live At Hammersmith*, em julho. Agora que os fãs de rock estavam vivendo na era do compartilhamento de arquivos, é difícil avaliar qual foi o impacto: o mesmo poderia ser dito da segunda reedição de *No Sleep 'Til Hammersmith*, lançado no início de 2008, uma redundância desnecessária. Uma vez que as performances ao vivo do Motörhead eram facilmente encontradas no YouTube, a ideia de ter não um, mas dois álbuns ao vivo no mercado ao mesmo tempo, era discutível. Essas gravadoras...

Durante a gravação de outro álbum com Cameron Webb, Lemmy foi excepcionalmente sincero sobre sua vida privada, confessando que usa Viagra: "Eu ainda uso de vez em quando. Se o 'Percy' não está apontado para o céu, ele precisa de um pouco de pressão, sabe? O que há de errado nisso?". Ele ainda revelou que a sua taxa de ataque com o sexo feminino era agora menor do que costumava ser. "As oportunidades estão diminuindo porque estou velho", ele ruminou. "Mas não estou reclamando, ainda consigo o suficiente para ficar alegre."

"É bom ser popular, não vou negar, entende?", acrescentou. "Mas agora estou velho demais para certas coisas. Houve um tempo em que eu dava mais trabalho para as meninas, mas chegando aos 60, a coisa fica mais complicada. Ainda não ficou *totalmente* complicada, acredite em mim, mas não é a mesma coisa de quando tinha 25 anos. Você nunca assume que está ficando mais devagar, até que ele para! Daí você pensa: 'Merda, como isso aconteceu?'... Sou um apaixonado por todas as mulheres com quem já estive. É por isso que eu não conto vantagem.

Acho que isso é terrível, sexo é realmente algo entre duas pessoas, nunca deve ser mencionado com ninguém..."

Motörizer, o novo disco, foi lançado em agosto, mas faltava a arte de Joe Petagno, de quem a banda havia se despedido. Como o artista disse: "Eu recebi um e-mail do empresário deles afirmando: 'Precisamos que você assine uma autorização para que possamos ir atrás desses imitadores que estão nos roubando'. Minha resposta foi: 'Envie para mim que vou dar uma olhada'. O que recebi foi um documento me pedindo para passar para eles os direitos de mais de 30 anos de trabalho. Não podia acreditar. Liguei para eles imediatamente e disse que deveriam estar loucos, mandei todo mundo se foder e fui embora sem que ninguém roubasse minhas propriedades intelectuais. Alguns dizem que não é verdade, que é tudo um mal-entendido, mas tudo está documentado e não se pode argumentar com fatos. Deveriam ter mostrado mais respeito, e a coisa só ficou pior quando ninguém ficou do meu lado. Foi um ato imprudente deles, porque sempre fui mais importante para eles do que eles eram para mim. Não era dependente deles para nada, tinha e ainda tenho clientes em todo o mundo, a minha arte aparece em publicações, música, publicidade, cinema, vídeo, quadrinhos, peças de colecionador, jogos e arte, isso para não mencionar o meu próprio *merchandise*. Nunca estive no bolso de ninguém, sou meu próprio chefe, sempre fui e sempre serei, porque sei o meu próprio valor. Minha arte é sempre consistente com os tempos e as músicas ou produtos que representa, e com mais de 250 capas de disco com meu crédito e 45 anos no negócio, estou aqui para ficar".

Por trás da capa, que traz um escudo dividido em quatro partes (com as bandeiras da Inglaterra, País de Gales e Suécia, além do Snaggletooth), a música no *Motörizer* era uma agressão sonora, cujos efeitos não desaparecem facilmente. "Runaround Man" – uma música incomum com influências rockabilly – e a imortal "Rock Out" (que tem o refrão "Rock out with your cock out") foram os pontos altos, mas o disco inteiro apresentava a produção pesada, sólida e intensa de Webb.

"*Motörizer* é um bom álbum, mas, como sempre, todos foram bons álbuns", Lemmy disse ao jornalista Keith Carman. "Espero que as pessoas curtam. Aconselho todos a comprar duas cópias. Você não vai se decepcionar. Por que não três? Se não gostar, serve como uma daquelas bolachas para colocar o copo de cerveja... Uma das músicas é sobre o Iraque, 'When The Eagle Screams'. Eu escrevi porque sei da história dessa guerra. Estudei isso, e este é um excelente exemplo de jovens sendo mandados para a morte por causa de dinheiro. O interesse vencendo a lógica. Todo mundo sabia que não havia armas de destruição em massa no Iraque, porque tudo o que eles tinham de armas foi vendido por nós. Vou lhe contar uma história engraçada. Quando os britânicos invadiram o Iraque junto com vocês [os americanos], nós não tínhamos uniformes para usar no deserto. Só o verde e o cáqui, porque tínhamos vendido todos os uniformes de deserto para o Iraque, três anos antes. Não é ótimo? Odeio políticos. São uns canalhas."

Ao escutar de um jornalista que o álbum era bom, Lemmy respondeu: "Bem, é o que se espera! Tenho bastante prática. Aqueles dois [Phil Campbell e Mikkey Dee] pensaram em alguns *riffs*, e eu cheguei com algumas músicas completas. Às vezes fazemos tudo junto, é estranho e difícil de descrever. No *Motörizer* há umas seis músicas que eles fizeram o *riff*, quatro músicas que eu fiz e três que fizemos juntos. Gravamos e depois eu arrumei tudo com o Pro-Tools [*software* para mixagem e edição de gravações], cortei as faixas em picadinho e depois fui emendando. No fim, chegamos ao produto acabado. Funciona, você sabe, é o método que funcionou para nós. Eles gravam o seu material no estúdio em primeiro lugar, para termos a guitarra e a bateria, então coloco o baixo e os vocais, fico sozinho fazendo a minha parte".

Ele prestou homenagem a Webb, dizendo: "O produtor está sempre no controle, até onde eu vejo. Eu às vezes insisto em tentar algo e ele insiste em dizer-me que não vai funcionar. É um grande produtor, sabe como fazer o seu trabalho. Grava o que você toca. Não importa o quão alto o som esteja, ele grava. Cameron Webb foi quem fez os últimos três álbuns do Motörhead".

Lemmy agora estava na mídia como uma espécie de avatar do rock, teimoso e com verrugas nas bochechas, seja numa participação especial na série americana de TV *Californication* ("Eu nunca vi o programa. Alguém perguntou e eu disse: 'Sim', não sei que diabos é aquilo. Só disse umas duas palavras."), seja dando sua bênção a um boneco feito em sua homenagem ("Eu disse: 'Então, você vai colocar um pau nele?'. Eles disseram: 'Não'. Eu disse: 'Bem, então não vai conseguir muita ação'."), ou ainda aparecendo como um motorista de limusine em um vídeo da banda australiana Airbourne. Em anos anteriores, aparições como essas poderiam ter provocado uma ligeira sensação de que Lemmy estava se exibindo muito à custa do rock, mas nos últimos anos isso já era aceito, simplesmente porque ele tinha pagado suas dívidas e porque o Motörhead estava fazendo alguns dos melhores álbuns de sua carreira. Ele até apareceu no jornal *The Sun*, em junho de 2008, num artigo levemente satírico que descrevia como ele e o Jimmy Page (guitarrista do Led Zeppelin) eram incapazes de trocar números de celular.

"Os lordes do rock Lemmy e Jimmy Page entenderam-se tão bem no *afterparty* do Mojos que decidiram trocar números de celular, mas seus esforços no sentido de trocar informações foram prejudicados pela tecnologia – porque a dupla de idosos não conseguia usar seus telefones direito. Um espectador revelou ontem à noite: 'Eles ficaram um bom tempo parecendo confusos tentando adicionar números a suas listas de contatos nos seus celulares. Pareciam dois homens das cavernas descobrindo novos objetos brilhantes numa floresta'. Mas um futuro encontro monumental entre Led Zeppelin e Motörhead pode ainda ocorrer, porque os velhinhos desistiram da sua luta com os telefones e anotaram seus respectivos números nos guardanapos antes de se despedir."

Um pouco mais a sério, a imprensa alemã revelou que Lemmy estava sendo investigado pelas autoridades na cidade de Aurich, porque vestiu o que parecia ser um quepe nazista numa foto publicitária. Na lei alemã, "propaganda anticonstitucional" – ou qualquer tentativa de propagar o nazismo – é ilegal, enquanto um artigo legal proíbe qualquer símbolo "anticonstitucional", incluindo insígnias nazistas, bandeiras e saudações. Essa história dissipou-se rapidamente, mas mais uma vez Lemmy viu-se convidado a falar sobre seus hábitos de colecionador e seu interesse pelo Terceiro Reich. "Eu nasci no ano em que a Segunda Guerra Mundial terminou, não se esqueça", ele começou. "Então, é muito mais pessoal para mim do que para você, entende? Quer dizer, para os jovens é como algo lá no passado, nas profundezas do tempo. Para mim, é como se estivesse logo ali. Naquela época, os caras estavam voltando para casa com medalhas e coisas assim. Por isso, é natural eu ter interesse nisso, porque foi a coisa mais importante que aconteceu com a gente. Aquela guerra matou um monte de gente... Tenho uma pequena bandeira quadrada que era uma peça pessoal de Hitler. Era uma faixa funeral que veio da Casa Marrom, em Munique, no final da guerra. Assim ela nunca tinha sido usada. É um verdadeiro tesouro, e estou muito satisfeito com isso. Mas tenho um monte de coisas interessantes. Tenho várias bandeiras... Quer dizer, o uniforme da SS é foda, fantástico! Eles eram os astros do rock da época. Tem uma aparência excelente... Mas não me venha dizer que sou um nazista porque eu tenho esses uniformes."

"Minha namorada é negra", Lemmy disse a Valerie Potter. "Eu sou um péssimo nazista então – você nunca a levaria para um comício em Nuremberg! Mas Hitler era um homem interessante. O problema é que as pessoas não percebem que ele era apenas um homem. Não era um monstro, ele não foi feito por simbiose, ele era um homem, como todo mundo. E esse é o problema, porque, quando você percebe isso, então tem que examinar a si mesmo, porque ele veio do mesmo grupo de genes que você. Se colocar nele o rótulo de monstro, fica muito fácil."

Além dos próprios shows (que os levaram a tocar no Reino Unido e na Alemanha, Áustria, França, Suíça, Bélgica, Noruega e Espanha), o Motörhead participou de uma turnê com Judas Priest, Heaven and Hell e Testament por todos os EUA, chamada *Metal Masters Tour*. Vivíamos então a era dos shows de heavy metal no formato pacote, com eventos similares como o *Gigantour* e *Unholy Alliance*.

"Estamos na estrada sete meses por ano", Lemmy comentou. "Isso é o que uma banda deve fazer. Você tem que provar que você pode tocar ao vivo. Qualquer um pode fazer milagre no estúdio, por isso uma boa banda tem que ser capaz de arrebentar no palco. E, felizmente, sempre fomos capazes de fazer isso. Ainda curto tudo isso da mesma forma. Adoro estar lá me exibindo, porque, vamos ser sinceros, isso é o que todos nós estamos fazendo lá. 'Olhe para mim!' As meninas sempre foram um grande incentivo, mesmo que você tenha músicos que digam algo assim 'Oh, eu tenho uma mensagem para vocês'. Bem, besteira! Não tenho uma mensagem para ninguém, exceto [para as pessoas] do sexo feminino, e minha mensagem é: 'Venha para meu camarim depois do show', entendeu? Não temos muitas mulheres hoje em dia na nossa plateia. Só tem marmanjos querendo estar em uma banda como a nossa. Mas ocasionalmente conseguimos algo."

Depois do *Metal Masters* a banda fez mais shows na Europa, mas alguns shows que foram sentimentalmente importantes para Lemmy ocorreram em outubro. Desde 2000, Lemmy estava tentando iniciar uma carreira paralela no rockabilly, afastando-se do som influenciado pelo rock'n'roll que o Motörhead fazia, para fazer este tipo de som propriamente dito. O primeiro passo nessa direção foi um álbum solo, na virada do milênio, que não conseguiu um impacto porque a gravadora americana não tinha comercializado com qualquer entusiasmo real. Dois anos mais tarde, no entanto, ele tentou fazer rockabilly de novo, formando uma banda com topetudos profissionais, Slim Jim Phantom, do Stray Cats, e Danny B. Harvey, do Rockats. Com o nome de The Head Cat, o trio começou a vida como uma banda *cover*, fazendo versões de Buddy Holly, Johnny Cash e Elvis Presley, que eles gravaram para o seu álbum de estreia, *Fool's Paradise*, de 2006. Um ano depois, um DVD intitulado *Rockin' The Cat Club: Live From The Sunset Strip* apareceu, e shows ocasionais rolaram de tempos em tempos.

No final de 2008, no entanto, o baterista Phantom quebrou o braço, e vários shows foram cancelados. Um comunicado efervescente da imprensa descreveu o Head Cat como um "combo cheio de energia que não faz prisioneiros", que foi formado "apenas para lembrar ao mundo como rock'n'roll deve soar". E continuou: "Esqueça todos esses *posers* do rock atual que não têm nada de novo a dizer, fazendo-se passar por algo real. Quando se trata de rock'n'roll de verdade, esses três caras já viveram, respiraram, sangraram o que se define como exemplo de vida que todos vocês rebeldes, *rockers* e desajustados se esforçam para seguir!". Parece com alguém que conhecemos?

Lemmy invocou o espírito dos grandes nomes dos anos 50 quando disse: "Estou tentando dar as pessoas aquele sentimento que tive a primeira vez que ouvi 'All Shook Up' ou 'Good Golly Miss Molly'. Quero que todos sintam aquele arrepio na espinha, porque é a melhor coisa que já senti. É melhor do que transar. Além disso, claro, estou ligado a esse estilo de vida idiota de músico de rock no qual sou um cara do mal, sabe o que quero dizer? Mas mesmo isso não é o principal. Contanto que você possa fazê-lo no palco, pode ficar tão fodido quanto queira, desde que possa ir lá e tocar... Se conseguir criar aquele arrepio na espinha da garotada, então isso é tudo. Esqueça arte e tudo isso – isso é besteira. É para isso que o rock'n'roll foi inventado em primeiro lugar e, até onde eu sei, é isso que o rock continua sendo".

Com suas duas bandas ocupando um espaço cultural separado por meio século de distância, não é de se admirar que Lemmy tivesse uma opinião sobre qual delas mais lhe convinha. "É como outro planeta agora, não é?", disse. "As pessoas pensavam diferente, pareciam diferente, faziam as coisas de forma diferente, filosofavam diferente sobre o seu destino. Era diferente. E não mudou para melhor, sabe? Não é engraçado como as coisas nunca parecem mudar para melhor? Eles melhoram as coisas e no fundo está sempre pior! Não há semelhança alguma com o mundo de onde saímos. Quero dizer, nem sequer tínhamos toca-fitas na época. Tínhamos uma coisa como uma mala que pesava uns 70 quilos. E comprávamos fitas, fitas enormes de rolo, sabe? A bateria não era microfonada, e não havia mesa de som. Quando apareceu, usávamos a da própria casa de shows. Você tinha um amplificador, de 30 watts."

Dito isso, novos fãs do Motörhead estavam saindo da toca o tempo todo. "Sempre encontramos um monte deles. Isso é uma coisa normal", explicou. "Quando saímos para beber, vamos a algum bar e encontramos com as pessoas, e elas sempre perguntam: 'Ei, você toca em uma banda, não toca?', e daí reconhecem: 'É no Motörhead! Conheço o Motörhead, cara! Mas não é meu estilo' e blá-blá-blá e daí você coloca esses caras na lista de convidados do show – 'Venha ver nosso show' –, e eles ficam de cara. Não sei o que acontece, mas algo acontece todas as noites quando fazemos um show. Não somos os melhores músicos do mundo e não escrevemos as melhores músicas do mundo. Mas algo acontece. Acho que é real, não é uma fraude. Assim, meu conselho para o público é: 'Venha conferir', porque eu diria que você está perdendo uma música boa de verdade. Especialmente ao vivo. Não somos uma banda de estúdio. Ao vivo é uma história diferente. Vamos lá e arrebentamos violentamente, é real, é honesto."

"Entendo o rock'n'roll", acrescentou. "Eu me lembro de quando não havia nada. Lembro-me de antes do primeiro disco do Elvis. Lembro-me do momento em que o primeiro disco dele saiu, certo? Assim, tenho escutado tudo que apareceu desde então. E não estou muito impressionado. Então acredite em mim quando eu disser que fazemos um bom show, e nós realmente fazemos shows bons pra caralho! E, se fizermos um show de merda, eu vou ser o primeiro a admitir, sabe? Quero dizer, nosso show é porrada, fazemos rock'n'roll, isso é o que fazemos. Não fazemos nada além disso, certo? É para isso que estamos aqui."

A agenda de shows da banda poderia virar algo exagerado um dia. "Eu tenho diabetes tipo 2, já faz uns anos, sabe?", ele explicou. "Não vai mudar nada no meu estilo de vida, só tomar os comprimidos e torcer pelo melhor. Você não pode parar tudo que faz, porque isso seria uma vida totalmente diferente e não estou interessado nisso." A música e a emoção de tocá-la para seu público é o que o mantinha ativo: "Todos temos nossas músicas favoritas e queremos tocá-las, é muito simples. Assim como qualquer outra coisa que decidir entre três pessoas. Algumas músicas realmente não ficam boas ao vivo, mas são boas no álbum, e vice-versa. 'Ace Of Spades' não é ruim, é uma boa música. Tivemos bastante sorte com todas as nossas músicas, nunca é um esforço tocá-las. Tenho vontade de tocar qualquer uma delas... Não toco nada que eu tenha vergonha – e isso é uma grande coisa, entende?".

Capítulo 19

2009-2010

A pátria adotiva de Lemmy ganhou um novo presidente em janeiro de 2009. Apesar de uma onda de otimismo inflamado nos EUA, o vocalista do Motörhead foi um pouco mais cauteloso sobre Barack Obama, como era de se esperar.

"Ele não teve a experiência de ser um filho da puta", alertou depois que Obama passou seus primeiros meses no cargo. "Isso é o resumo dessa história. E não há bastardos maiores do que os do Partido Republicano, entende? Obama deveria ter sido um pouco mais sutil, porque falava muito e agora não faz nada. Acho que está tentando, tenho que admitir isso. Acho que ele está tentando com vontade, mas está sendo detonado pelos republicanos o tempo todo e é só ele, sabe? E ele não tem culhão para mandá-los embora. Ele deveria simplesmente deixar a casa limpa. Não sei o quão desesperado ele vai ter que ficar antes que seja obrigado a fazer isso. Mas será tarde demais se não tomar essa atitude em breve."

E acrescentou: "Ele deveria ter Dick Cheney como seu companheiro de chapa – tenho certeza de que teria sido mais popular do que Joe Biden. Sarah Palin é a única que me impressiona. Meu Deus, doidona. Por que falar dessa mulher? É louca. A porra da mulher é uma farsa!".

Quanto ao Motörhead, eles continuaram teimando em não ir embora. Todo jornalista naqueles dias perguntava a Lemmy quando ele planejava se aposentar ou que tipo de música ele queria que tocasse no seu funeral. O efeito combinado disso tudo era inevitável: Lemmy demonstrando seu mau humor de forma ainda mais ácida do que o habitual. "Tenho certeza de que isso vai se tornar claro de repente um dia, será natural", disse. "Não tenho medo de morrer. Por que ter medo do inevitável? Só espero não ser em um hospital cercado por idiotas e tubos no nariz. O meu lema é 'comer, beber e ser feliz, porque amanhã todos morreremos'. Por mais que você seja ultracuidadoso, você vai morrer de qualquer jeito, então por que não se divertir?".

Quanto aos ecologistas, ele deixou claro que não espera que o meio ambiente se recupere de seu estado atual num futuro próximo. "Não se engane", rosnou. "Tudo acabou. Muito em breve estaremos todos extintos ou vivendo como ermitões em cavernas lacradas, porque estamos envenenando o ar que respiramos, a água que bebemos e os alimentos que ingerimos. Alguma pergunta? E sabemos disso, mas os empresários precisam mais de dinheiro do que de bem estar para seus filhos. Não é maravilhoso? Você sempre pode contar com a humanidade."

Ainda assim, ele tinha seus próprios problemas. O Motörhead tinha um ano inteiro de shows pela frente, em 2009, incluindo datas em Dubai, Argentina, Brasil, Colômbia, Suécia, Dinamarca, Holanda, Espanha, Alemanha, Romênia, República Tcheca, Inglaterra, Itália, França, Polônia, Ucrânia, EUA, Canadá, Bélgica e Irlanda. Uma longa turnê pelo Reino Unido com o Girlschool e o Damned também foi incluída no meio de mais shows nos países europeus de sempre e na Rússia. Adicione cinco shows com o Head Cat nos EUA, e isso vira uma lista bastante exaustiva de compromissos, para os quais Lemmy esperava que seus capangas Mikkey Dee e Phil Campbell dessem o máximo. No entanto, a falha ocorreu no verão, quando Dee concordou em aparecer no *Kändisdjungeln*, a versão sueca do programa de TV *I'm A Celebrity... Get Me Out Of Here!* (reality show inglês com celebridades confinadas em lugares exóticos). Embora o programa tenha sempre atraído certa antipatia pela falta de uma lista de convidados de primeira linha (alegadamente porque os produtores não pagavam as celebridades para participar, simplesmente ofereciam umas férias na Malásia), Dee pareceu curtir a oportunidade, terminando em terceiro lugar.

"Houve uma falha de comunicação na verdade", Lemmy disse no site *Noisecreep*. "Nosso empresário não sabia que ele havia se inscrito para este *Kändisdjungeln* quando agendaram a turnê. Não queríamos que ele cancelasse, porque o pessoal desse show poderia processá-lo ou algo assim." Em vez disso, o baterista Matt Sorum, ex-Guns N' Roses, foi convidado a ocupar o lugar de Dee nos shows americanos do Motörhead, uma oferta que aceitou de bom grado. "Matt aceitou na hora, imediatamente", disse Lemmy. "Isso é muito raro, muitos não iriam aceitar em curto prazo."

"Fiquei totalmente encantado e muito honrado em receber o convite", Sorum disse à *Classic Rock*. "Recebi uma mensagem do Lemmy e liguei de volta na hora dizendo: 'Por que você está me enchendo o saco?'. Eu estava em casa, à beira da piscina, passando bronzeador na minha namorada e agora estou aqui. Foi uma das coisas mais desafiadoras que já fiz. Foi a melhor turnê que já toquei, perdi alguns quilos e ganhei umas 25 bolhas, o que é ótimo!"

Após resolver esse problema, Lemmy foi confrontado com outros ao longo do ano, o mais trivial foi sua busca por um apartamento novo ("Estou procurando um lugar um pouco maior do que tenho hoje, mas não um *château* no meio do parque. Não estou procurando nada grande"), e o mais grave foi o fim da gravadora do Motörhead, a SPV/Steamhammer. Embora a empresa tenha retomado os negócios pouco depois, por um tempo parecia que o Motörhead ficaria sem teto mais uma vez. Perguntado se tinha perdido dinheiro por causa da falência da SPV, Lemmy riu: "Não. Recebemos adiantado". No entanto, assuntos de negócios pareciam um pouco incertos de forma geral, até com a Rickenbacker, que não aproveitou ao máximo a produção do baixo que Lemmy tinha projetado. "Eles realmente não são bons nesse tipo de coisa", suspirou. "Vendiam apenas pela internet, certo? Venderam todos em um mês. Daí pararam de fazer, isso é o que chamo de perspicácia nos negócios. É brilhante. Não sei quem decide nessa merda lá em cima. No nosso último show em Las Vegas, ficamos mais um dia [na cidade] e fomos até uma loja de instrumentos no dia seguinte. Tinha o meu baixo exclusivo lá, por 18.000 dólares. E tinham vendido um na semana anterior."

Sem se referir a qualquer empresa em particular, mas definitivamente canalizando sua ira para as gravadoras em geral, Lemmy bradou: "Sempre tivemos o controle e é por isso que tivemos problemas com gravadoras. Porque exigimos o controle daquilo que lançamos, porque sabemos o que queremos lançar. Não estou preocupado com o que eles pensam, porque eles não sabem nada sobre rock'n'roll nem sequer se preocupam com isso. Só querem o dinheiro, vender seu produto. Bem, eu não sou uma merda de um produto! Sou um ser humano e mando no produto! A United Artists ficava pedindo um *single* que estourasse nas paradas, então lhes demos algumas músicas que já tínhamos gravado e eles não gostaram muito. Demoraram séculos para lançar, então a Bronze fez a mesma coisa. A Bronze foi melhor, porque nos deram mais controle sobre o que fazíamos. Agora, os caras da SPV são perfeitos... Eles simplesmente faliram na verdade. Mais um aliado do Motörhead que cai por terra... Não sei se vamos virar uma banda que só faz lançamentos pela internet, como algumas bandas fazem, ou se vamos começar nosso próprio selo, mas não temos o dinheiro suficiente para isso. Também não podemos permitir uma ação judicial, isso nos quebraria".

Mesmo assim, tudo continuava bem. Lemmy continuava sendo aplaudido por uma onda de apoio que vinha das legiões da internet, em resposta à mais recente acusação de que seu hábito de colecionar *memorabilia* nazista fazia dele um nazista. "A última vez em que alguém escreveu na internet que sou um nazista, houve uma enxurrada de protestos. Centenas de pessoas escreveram dizendo: 'Não, ele não é'. O que é bom, muito bom, entende? Não tenho computador. Bem, agora tenho, para falar a verdade, alguém me deu um na Alemanha, mas ainda não liguei. Não sei como usá-lo. Sou um idiota da era da informática... As pessoas têm tanto medo dos nazistas. Deveriam parar de se preocupar com eles. Eles se foram. Os nazistas sumiram. Você deveria se preocupar com o seu governo, aquele que está lá agora. É com isso que você deveria se preocupar."

O debate interminável sobre a coleção de Lemmy tinha ganhado impulso recentemente, quando David Draiman, o vocalista judeu da banda americana Disturbed, falou sobre o assunto na revista *Revolver*.

"Isso é um tabu imenso, ofensivo para mim", disse ele. "Não entendo o fascínio. É uma imagem muito provocativa e é por isso que as pessoas a utilizam. E, se esse for o seu objetivo, acho que estão conseguindo." Disse também que músicos como Lemmy e Jeff Hanneman (guitarrista do Slayer) colecionam essas coisas sempre afirmando não serem adeptos da filosofia por trás delas. Draiman continuou: "Não dou a mínima para quem você é. Se você estiver ligado a simbolismo nazista, vai ter um problema comigo, porque não entendo como alguém poderia pensar que é legal usar algo em seu corpo que simboliza a aniquilação e o genocídio do meu povo. Eu não concordo com isso, não há desculpa nem explicação".

Lemmy não abordou a declaração de Draiman, e a discussão ficou quieta por algum tempo. Numa reportagem para a *Rolling Stone*, que mostrava sua coleção, Lemmy explicou: "É muito engraçado, porque mostrei minha casa, que parece um santuário ao nazismo. Mas é apenas a minha coleção. Quero dizer, você não pode colocar tudo no armário, não vai caber. Só coleciono o material, não coleciono as ideias".

Apesar de tudo isso, a vida ainda era divertida. Uma série de shows com o Damned foi caótica, como esperado, deixando ambas as bandas ansiosas para tocarem juntas novamente. Como disse Captain Sensible (do Damned), na preparação para a turnê: "Haha... Estamos trabalhando com o Lemmy novamente. Excelente! Ele é o cara mais verdadeiro que existe, a antítese absoluta de tudo o que o Simon Cowell [jurado inglês do programa de 'calouros' americano *X-Factor*] representa. E só por isso já deveríamos ser gratos a ele. Esta turnê será uma celebração de tudo o que é rock'n'roll... Coitados dos *roadies*, é tudo o que posso dizer!".

Entre as datas dessa turnê interminável, Lemmy gravou (com Dave Lombardo, baterista do Slayer) um *cover* do hit "Stand By Me", para a trilha sonora de um vídeo de skate chamado *Extremely Sorry*. O *cover* de Lemmy/Lombardo foi uma versão surpreendentemente melosa, porém faz sentido, devido ao estilo de música que Lemmy fazia com o Head Cat – uma banda que, imagino, tem uma importância quase tão grande para ele quanto o Motörhead.

Essa banda [Head Cat] também se manteve ativa naquele ano, com Lemmy explicando a missão do grupo da seguinte forma: "Conheço Slim Jim Phantom desde os anos noventa quando ele estava no Stray

Cats... Estávamos no estúdio e peguei uma guitarra acústica. Começamos a tocar algumas músicas antigas. Percebemos que sabíamos todas as músicas. Fizemos um álbum há uns dez anos. Só queríamos fazer um álbum, lançá-lo e acabou, sabe? Em seguida, a gravadora fodeu com a gente, lançou o álbum, mas não contou para ninguém. Sentimos que valia a pena ir para a estrada com essa banda, porque não tínhamos muito tempo com o Motörhead, estamos sempre trabalhando pra caralho. Com o tempo que eu tenho sobrando, sempre fazemos uns showzinhos".

Ainda assim, o Motörhead permaneceu como prioridade. Manter a banda unida era, como sempre, a principal preocupação de Lemmy, e ele revelou que sua política era a de dividir a renda das músicas em três: entre Dee, Campbell e ele mesmo. "Dividimos porque esse é exatamente o tipo de pessoa que sou!", disse. "Sinto essa obrigação. Ninguém precisa de um cara recebendo todo o pão, não é certo. Não é bom para a banda como uma entidade. Pete Townshend, do The Who, pegava toda a grana para ele... Jesus Cristo! Será que não vai chegar a um ponto em que o dinheiro não é tudo? Não vou morrer sem dinheiro, mas não sou rico. Você tem sorte se empatar o que recebe ao fazer shows... Deveríamos ter saído em turnê com o AC/DC. Eles recusaram o convite este ano. Escolheram o Cheap Trick. Também deveríamos ter feito uma turnê com o ZZ Top, mas o empresário deles não gosta do Motörhead – provavelmente porque somos uma banda muito difícil de acompanhar. Tocamos, arrebentamos e na saída cortamos a garganta deles."

No final de 2009, o Motörhead anunciou que um novo álbum seria gravado no início do ano seguinte. Mantendo a produção de Cameron Webb por razões óbvias, a banda agendou as gravações no Longwave Studio, em Cardiff, no País de Gales, em fevereiro – e desta vez um novo método de lançamento seria testado. Antes disso, mais uma temporada de shows estava à frente, bem como alguns extras, como a participação de Lemmy no novo álbum solo do ex-guitarrista do Guns N' Roses, Slash. A música "Dr. Alibi", com letras escritas por Lemmy, contava a história surpreendentemente sincera de sua decisão de manter seu estilo de vida de festas e exageros depois de receber o diagnóstico de diabetes e hipertensão, alguns anos antes. Como

Slash explicou: "Isso foi outro grande momento, receber Lemmy no estúdio. Porque Lemmy foi um daqueles caras que eu admirava muito, e ainda admiro. Quando eu era criança, era um desses fãs de Lemmy que se curvaria frente a sua presença. E ficamos amigos, ele meio que me colocou sob sua asa, sempre foi muito legal comigo. Lemmy é um daqueles caras que podem ter uma atitude realmente séria se quiser, mas é um cara muito tranquilo. Eu sempre achei que a presença dele causava um tipo de intimidação, mas ele sempre foi muito legal comigo. E tive a oportunidade de trabalhar com ele, toquei em um de seus discos [*March ör Die*] e fiz um monte de shows com eles. Perguntei se ele tinha interesse e enviei-lhe a música. Ele aceitou de imediato e veio para o estúdio... Tomamos uma garrafa de Jack Daniels e comemos uns pacotes de batata frita, e isso me lembrou de quando eu era músico de estúdio. Era ótimo. E a música é sobre como o médico lhe disse que ele tinha que mudar o estilo de vida, e depois outro médico disse: 'Não, você pode continuar'. É uma coisa muito pessoal, estou realmente honrado".

Uma triste notícia veio em maio de 2010, com a morte por câncer de Ronnie James Dio, com quem o Motörhead excursionou em muitas ocasiões. Lemmy escreveu: "Estou realmente arrasado, especialmente porque ele parecia muito animado no *Golden Gods Show* promovido pela revista *Revolver*, no dia 8 de abril, em Los Angeles. *Bon voyage*, Ronnie. Descanse em paz. Estou arrasado mesmo". Além de sua dor pessoal, outra grande consequência da morte de Dio, com a idade de 67 anos, foi que Lemmy era agora o artista do rock pesado e/ou metal mais velho em atividade... E continuava fazendo turnês! Dio nasceu em 1942, três anos antes de Lemmy, como ele ponderou: "Além de ser um grande amigo meu, ele agora me deixa no papel do mais velho".

A morte de Dio deve ter feito Lemmy pensar ainda mais sobre o processo de envelhecimento. "Quando você tem seus vinte anos, você acha que é imortal", Lemmy disse a um jornalista. "Aos trinta, você espera que seja imortal. Aos quarenta, você só reza para não doer muito, e quando você chega à minha idade, você se convence de que vai acontecer a qualquer momento. Não pensar muito na morte? É difícil não fazer isso quando você tem 65 anos, meu filho."

O ano de 2010 marcou o aniversário de 35 anos da banda, mas Lemmy não tinha planos para comemorar. "Estou um pouco cansado de comemorar o fato de ser velho", disse. "Poderíamos lançar um disco novo anonimamente com outro nome e ver o que acontece. Mas você não vai conseguir disfarçar os malditos vocais... Não estou preocupado em comemorar 35 anos de banda, que porra é essa? Quem se importa? Fica melhor se estiver em algarismos romanos, XXXV."

Apesar do baixo astral, o Motörhead ainda estava tocando com tudo, enquanto trabalhava pesado. A banda passou pela América, Holanda, Portugal, Brasil, Alemanha, Espanha, Suíça, França, Bélgica, Itália, Dinamarca, Suécia, Noruega, Hungria e uma longa, longa tour pelo Reino Unido. Lemmy ainda estava mantendo os olhos abertos para as garotas, para adicionar à sua conta que já chegava aos quatro dígitos de conquistas. "Ocasionalmente eu ainda persigo as mulheres", disse alegremente. "Fomos num *strip club* na noite passada. Um muito bom. Fomos a uns outros nos primeiros dias que não eram muito bons. Não escuto muita música, acabo ligando a TV, vejo *Law & Order: Special Victims Unit*. Tenho um desejo secreto pela Mariska Hargitay, filha de Jayne Mansfield. Parece que ela tem os peitos iguais aos da mãe. É difícil dizer com aquelas roupas, entende? Ela faz o papel de uma policial linha-dura. E não é o uniforme, porque ela não usa. Ela fica à paisana."

Junto com as perguntas incessantes de jornalistas sobre datas comemorativas, vieram as perguntas ocasionais sobre uma possível reunião da formação com Phil Taylor e Eddie Clarke, que agora eram parte de um passado tão distante que parecia ser de outra banda. Lemmy descartou a ideia imediatamente, dizendo: "Não, porque esses dois caras que estão tocando comigo agora estão ao meu lado por mais tempo que os dois originais. Phil está comigo por 26 ou 27 anos, e Mikkey por mais de 19. Eles já tocaram 'Ace Of Spades' e 'Overkill' mais vezes do que os outros dois. Por que eu deveria colocar Phil e Mikkey de lado, para tocar com caras que provavelmente nem conseguem tocar direito mais? Eles estão sem prática, fora de forma. É ridículo pensar nisso, seria um ato de nostalgia. Eu sou mais ligado ao agora e ao futuro".

Um dos benefícios de ficar de pé por um tempo é que as pessoas tendem a desenvolver um senso de respeito por você, e isso é mais do que verdadeiro no caso do Motörhead. O vocalista do Wildhearts (e artista solo) Dave "Ginger" Walls, cuja banda tocou com Motörhead naquele ano, disse: "Quando eu era criança, eles eram o que existia de mais extremo na música: o estilo de vida mais extremo também. Aquela história de que a grama de seu jardim não vai mais crescer foi exatamente o que eu queria em relação à música. Ao longo dos anos acabei conhecendo Lemmy: a banda dele representa algo muito maior do que a música – eles são os parâmetros. Eles aproximaram headbangers e punks e criaram um gênero musical. Sem o Motörhead, não haveria Metallica e Venom. Eles foram os primeiros alquimistas da música extrema: misturando gêneros antes que ninguém sequer pensasse em fazer isso. Ainda hoje, Lemmy está vivendo essa vida – sendo fiel ao que prega. É a prova viva de que você não tem que seguir as regras: você pode viver o que você quer da vida. Só porque alguém diz que algo vai te matar, não acredite – experimente. Andar pela rua pode te matar. Não tenha medo da morte, e ela não vai lhe incomodar. Ele é um personagem clássico, num momento em que estamos ficando sem personagens clássicos. Para mim, ele é mais valioso agora do que jamais foi, e eu amo esse cara. Não existem muitos caras que eu possa dizer que amo, mas eu realmente o amo".

Para quem chega numa certa idade, a música que as pessoas mais jovens escutam deixa de ter relevância; e, se você toca em uma banda como o Motörhead, essa irrelevância pode tornar-se algo irritante. "Tudo parece muito igual a meu ver", disse Lemmy. "Acho que era isso que meu pai dizia sobre a nossa música. Eu deveria ficar irritado com eles. É assim que funciona. A música dos jovens deve irritar as pessoas mais velhas. É por isso que ainda estamos tocando, porque a nossa música irrita muita gente. E, se a música deles me irrita, acho que provavelmente está certo."

Mesmo quando estava tentando ser objetivo, Lemmy não conseguia encontrar nele mesmo algo otimista sobre música moderna: "Realmente não acredito que melhorou. Pergunto-me se talvez tenha melhorado e não sei, porque estou mais velho ou algo assim. Mas realmente pensei sobre isso, e acho que essa música não está ficando melhor – está ficando pior. As coisas que eles mostram na MTV são uma piada. As pessoas que têm a maior plateia, você nunca vê na MTV ou no rádio. Eles colocaram só aqueles idiotas que vão fazer uma música de sucesso e depois desaparecer. Elas são, obviamente, bandas fabricadas como as Spice Girls. Eles são os Monkees. Eles colocam anúncios no jornal: 'Precisa-se: garota de 1,75m, peitos grandes e boa aparência'. É como publicidade para uma garota de programa".

Ele continuou: "O que existe de novo é como e-mails de spam para mim: vão direto para a lixeira. Essas novas bandas usam *playbacks* de instrumentos. Bem, se você é tão bom, então toque sozinho! Sinto como se estivesse ouvindo meu pai falando, mas sou eu. Ele não gostava do que ouvíamos, mas pelo menos o que ouvíamos eram músicos de verdade. Fomos criados ouvindo música boa, com dois minutos e meio de duração. Você sabe o tipo, tem solos de guitarra — você tinha 20 segundos para tocar o melhor solo que podia. As novas bandas são um bando de cagões. A música deles é cheia de queixas e lamentações! Música costumava ser feliz, agora é tudo desgraça e reclamação. Eles são todos uns vendidos querendo um dinheirinho rápido e fácil. São bandas de um sucesso só, depois acabam. Não entendo isso — eles tocam música nervosa e vivem sentados na frente do computador. A diversão deveria ser a música e transar, não o computador. Eu sei como fazer uma turnê, não precisa de um *laptop*. Esses caras precisam aprender que homens de verdade não digitam — eles trepam na estrada... eles deveriam virar secretárias se querem ficar digitando".

Mikkey Dee compartilhou essa visão, dizendo: "A indústria da música mudou. Antigamente, os artistas tocavam e escreviam o que pensavam que era bom. Depois eles gravavam um disco e, se alguém gostasse, ótimo. Hoje há muito negócio envolvido em toda essa situação. As gravadoras e os empresários de hoje criam essas bandas artificiais, apenas um produto para ganhar dinheiro. É apenas uma máquina de fazer dinheiro. Se você for bem-sucedido na música e vender uma grande quantidade de discos, você faz um monte de dinheiro, e é isso que esses babacas sabem. Então eles só criam a mesma merda em diferentes formações. Quer dizer, olhe as Spice Girls e os Backstreet Boys e tudo mais. A garotada enlouquece com isso. Excelente, isso é ótimo. Mas, quando essas crianças chegarem à minha idade e começarem a pensar sobre o seu gosto musical lá atrás, eles vão sentir pena deles mesmos. 'Que merda era essa que eu cresci ouvindo? Que tipo de música era aquela?', eles vão dizer. 'Cara, eu não posso acreditar que isso foi a minha vida por uns 10 anos. Todas essas bandas de merda'.".

Ele tinha razão. A banda também compartilhou uma visão particularmente draconiana sobre samplear. Como Lemmy disse, "Bem, se você quiser ser um músico, não precisa de *samplers*. Você pode fazer isso sozinho. Todos aqueles primeiros discos de rap usavam a porra do som da caixa de bateria do John Bonham [baterista do Led Zeppelin]. Umas dez bandas usaram. Quero dizer, se você não pode bater numa maldita caixa, terá sérios problemas para ser um músico, supostamente. Quero dizer que não é tão difícil, certo? Dê uma porrada! Se puder aprender a fazer isso, pode ser produtivo. Talvez você vá acertar também em uma das outras peças da bateria e saia alguma música de verdade no fim da história".

O Motörhead mantinha um olhar atento à morte lenta da indústria fonográfica devido aos *downloads*, legais ou não. Em 2001, Lemmy tinha aprovado o ataque do Metallica ao Napster, dizendo: "O Metallica está certo sobre essa merda de Napster. Aquele idiota [Fred Durst, um apoiador do Napster] do Limp Bizkit parece que está dizendo: 'Venham... por favor, roubem meu dinheiro'. Você quer lançar discos de graça? Quer destruir minha carreira? Eu não mereço ser pago pelo meu trabalho? É como o encanador que vem na sua casa e conserta a tubulação, quando ele estiver saindo, simplesmente diga: 'Tchau e muito obrigado'. Claro que isso não funciona, ele quer o dinheiro dele e eu quero o meu... Eu digo: foda-se a indústria. Sempre disse. Mas você me paga pelo que eu faço. Estou há anos escrevendo músicas e mais músicas, porque é a minha arte, entende? Não é apenas uma merda descartável. As gravadoras tentam fazer parecer algo descartável, mas não é. Todas as músicas que eu fiz me dão bastante orgulho – algumas menos do que outras, mas mesmo assim, se eu ficar acordado a noite toda escrevendo uma música e você vai dormir, eu ganho para isso, você não! Essa é a moral da história".

Ele acrescentou que a indústria deveria ter previsto essa mudança com a entrada para os *downloads* anos atrás: "Sim, eles estão se matando, não é? Eles são muito burros para perceber... Isso começou vários anos atrás e não se deram conta, continuaram fazendo o que estavam fazendo, cegos para qualquer conselho, cegos para qualquer tipo de prova. Continuaram cobrando preços altos por CDs e se aproveitando das pessoas. Agora estão pagando o preço. Acho que todos vão estar fora do mercado em dez anos. Tudo vai estar na internet".

Como sempre, o desgosto de Lemmy em relação às estratégias das gravadoras era inesgotável. Como ele colocou, "Estas novas bandas ainda não tiveram tempo para aperfeiçoar um estilo, elas têm que ter um lançamento de sucesso três semanas depois de estarem formadas, muitas delas conseguem e então são simplesmente descartadas pelas gravadoras. Acho que chegou a um nível muito nojento. E agora as gravadoras estão desesperadas com a perda de dinheiro, mas mesmo assim ainda não entenderam o recado. Ainda não entendem o porquê. Música pré-fabricada é isso. Não é duradoura. As pessoas não sentem nenhum apego a ela. Porque é uma merda produzida em série, sabe?".

Quanto à inundação constante de reedições e coletâneas de material do Motörhead, ele disse: "Já vi tantas coletâneas de merda... Eles muitas vezes estragam um novo álbum, colocando faixas bônus nele. *Kiss Of Death* não era para ter 'R.A.M.O.N.E.S.' (como saiu na versão da gravadora Sanctuary desse disco), e lutei como um filho da puta contra isso, mas não podia fazer nada. Consegui que aquela música fosse retirada no final, mas a primeira prensagem acabou saindo com ela. O que você pode fazer? Eles nem te avisam o que vão fazer. Você só descobre depois que já aconteceu, e eles dizem 'Que pena, é tarde demais para mudar agora'. Essa é a frase que eu mais odeio em todos os meus anos convivendo com a indústria fonográfica: 'É tarde demais para mudar a essa altura'".

Ainda assim, quando se trata de música, Lemmy tem uma profunda e duradoura crença de que o rock nunca vai embora. "Há um monte de merda e um monte de coisa boa", observou. "É justo que a mídia esteja dando atenção para a música pesada agora, porque não vai acabar, mais uma vez, e as pessoas querem ouvir cada vez mais. E eles não conseguem ficar longe desse tipo de som. Mas a mídia continua tentando mandar o rock'n'roll dormir. Quando o rap entrou, era para ser a morte do rock'n'roll de novo, certo? Quando o emo entrou, quando a new wave e o punk chegaram, era para ser a morte do rock'n'roll. É muito engraçado, no decorrer dos anos, ver tudo isso passar. O rock'n'roll sempre levanta sua cabeça feia de novo – 'aqui estamos nós, cara!' Aprenda a lidar com isso."

Ele continuou: "Por que lançar novamente esse tipo de material? Se estiverem fora de catálogo ou algo assim, tudo bem, mas por que não lançar na versão original? Ah, claro, porque algum cara da gravadora quer arrumar um emprego para um membro da família ou algo ridículo assim! E daí essas gravadoras gananciosas adicionam faixas-bônus ou músicas ao vivo e fodem totalmente com o álbum original. Se foi bom o suficiente para que a gravadora assinasse um contrato e lançasse o disco original, por que adicionar todas essas merdas extras? A maioria das vezes as faixas-bônus são de álbuns diferentes ou as faixas ao vivo são de uma formação diferente: como já disse, só fode com a versão original e com as pessoas que estavam envolvidas na gravação original. Toda vez que eu penso nisso, só quero pegar uma espada e empalar o cara que teve a ideia – 18 anos depois. 'Ei! Lembra-se de mim?' Na verdade, um machado seria provavelmente melhor. As pessoas tendem a ter mais medo de um machado do que de uma espada, não é?".

No caso de você achar que estamos exagerando nesse assunto, deve se salientar que Lemmy não é parcial quando se trata de sua antipatia geral pelas empresas e o sistema: ele odeia a todos igualmente. "Nos Estados Unidos, metade das pessoas não sabe ler ou escrever. É inacreditável", ele se enfureceu. "Cinquenta por cento desse país é de analfabetos. Quero dizer, ninguém vai a lugar nenhum sendo analfabeto. Esse é o país mais rico do mundo. Como podem aceitar isso? Eles formam pessoas na escola, e eles continuam analfabetos... A culpa é da administração desse país, por não formar cidadãos melhores. Eles também pagam quase nada aos professores, certo? Quero dizer, os alunos levam armas para a escola. Isso é um comportamento insano. Perdemos o controle! Se eles estão levando armas para escola, então como é que um professor pode ter qualquer autoridade? A não ser que ele tenha uma arma também! Eu não vejo muita esperança nisso. É tarde demais. Quero dizer, há muitas armas circulando por lá. Você nunca vai conseguir recuperar todas de volta. É uma coisa do mal essa história de armas. Porque você não precisa de uma arma para a sua vida cotidiana. Se os criminosos não tivessem, a polícia não iria precisar também."

Toda essa desconfiança havia dado a Lemmy uma consciência saudável de quando as pessoas estavam tentando manipulá-lo. Perguntado pela Grindline se ele achava que existiam muitos "vampiros psicológicos tentando sugar suas energias", ele replicou: "Bem, se é uma mulher, eu não me importo que ela me sugue. Mas você aprende a reconhecê-los. Sempre desconfia, mas você nunca sabe com certeza. Alguns te enganam bem, são realmente convincentes. As pessoas chegam com cara de inocente, você confia nelas para sempre e nunca acha que elas vão te foder, e depois lá estão elas com a faca na mão novamente. Um punhado de 'olás' e um bocado de 'não se preocupe'... Eu não sei. Se você é famoso, as pessoas agarram-se a você. Eles não querem nada de você em especial. Eles só querem estar lá quando você está lá. Sugar a sua glória, seu *glamour* ou algo assim. Embora não exista muito *glamour* ou glória no Motörhead nos últimos anos... Mas eles não têm nada. Eles vêm do nada e não têm para onde ir, então eles agarram-se a você. É por isso que todo mundo quer uma foto sua hoje em dia".

Talvez o humor de Lemmy tenha melhorado um pouco com o lançamento do excelente álbum *The Wörld Is Yours*, que apareceu no final de 2010, encartado numa edição dedicada a eles da revista Classic Rock. O formato funcionou bem para um álbum lançado por Slash no início daquele ano, visando os leitores (muitos dos quais eram fãs do Motörhead, por razões óbvias) em vez de tentar promover o álbum junto ao público em geral (que andava meio desinteressado). *The Wörld Is Yours* foi o quarto álbum gravado com Cameron Webb como produtor e foi mais uma prova de que, depois de 20 discos, o Motörhead estava com tudo. Lemmy continuava agradavelmente sarcástico para um cara que deveria ter parado de se importar com tudo há pelo menos duas décadas. Uma música, "Get Back In Line", foi uma facada cáustica em belicistas e autoridades religiosas, "Bye Bye Bitch Bye Bye" destilava um veneno quase tangível, e "I Know How To Die" demonstrou, de uma vez por todas, a postura dura e poderosa da banda. Se Lemmy ainda queria ser um guerreiro, *The Wörld Is Yours* provou que ele era exatamente isso.

Capítulo 20

2011 e Além

No início de 2011 foi lançado um filme chamado *Lemmy: 49% Motherfucker, 51% Son Of A Bitch*. Produzido pelos cineastas Greg Olliver e Wes Orshoski durante um período de três anos, o filme conseguiu a façanha admirável de retratar o vocalista do Motörhead como ele realmente é, apesar do seu título clichê.

E o que é Lemmy? Hoje, é um homem de 67 anos de idade, com alguns pequenos problemas de saúde, que trabalha extremamente duro, bebe e fuma pesadamente e vê o mundo com uma combinação de prazer mórbido e rigor intelectual. No filme, vemos Lemmy respirando ruidosamente enquanto se move em seu apartamento cheio de lixo, explicando as peças de sua coleção de *memorabilia* nazista com orgulho, cozinhando batatas e recebendo a bajulação de diversos astros do rock com um aceno de cabeça impassível. Ele é quem ele é.

Lemmy é também mais do que um terço do Motörhead. Enquanto Phil Campbell e Mikkey Dee merecem enorme respeito pela sua solidez como músicos e lealdade como amigos – e a mesma cortesia deve ser estendida para Phil Taylor, Eddie Clarke e os outros que vieram e foram ao longo dos anos –, o Motörhead é a banda de Lemmy, e Lemmy é o Motörhead. Você já ouviu essas afirmações antes, não poucas vezes neste livro, mas elas são completamente verdadeiras: a música que o

Motörhead faz é uma expressão de sua visão particular do mundo. O mundo não é bonito ou divertido nem mesmo fundamentalmente alegre: daí músicas como "1916", "Killed By Death" e "Overkill".

Tudo isso aparece nesse filme/biografia. Sua aprovação do mesmo aparece quando, inesperadamente, diz: "Ah, tudo bem. Eu não fiquei envergonhado, sabe? Isso é legal. A parte com a Corey Park [ex-baixista do Nashville Pussy] foi muito boa. Vou deixar que vocês tentem descobrir o ela quer dizer. Ela conta uma historinha. Tirando isso, tudo bem, entende o que quero dizer? Abrange a maioria dos aspectos da minha vida... Eles são caras legais, são de Nova York. Simplesmente apareceram dizendo: 'Podemos fazer o filme?'. E dissemos 'Sim'. Eles ficaram com a gente por três turnês, acho – no ônibus, filmando os bastidores e zoando ao nosso redor. Entrevistaram uma porrada de gente: você não acredita quantas pessoas eles entrevistaram. Pessoas que esqueci que eu conhecia!".

Uma vez que Lemmy despreza *reality shows* com veemência e rotineiramente recusa pedidos para aparecer em programas que considera abaixo de sua dignidade (ou simplesmente falsos), o relato de como Olliver e Orshoski persuadiram-no a deixar que invadissem parte de sua vida pessoal é interessante. Como colocou Orshoski: "Entramos em contato com o empresário dele, Todd Singerman, que, junto com o consultor da banda, Steffan Chirazi, fez uma espécie de entrevista com o Greg e comigo pelo telefone umas duas vezes... Basicamente fizemos um teste com eles e Lemmy. Eles nos disseram que quatro ou cinco pessoas já tinham se aproximado deles nos dois anos anteriores com a mesma ideia, mas tinham recusado. Acho que foi uma combinação de nossas personalidades, a paixão e a experiência que convenceu a eles e Lemmy". Olliver acrescentou: "Ele foi muito aberto nas entrevistas desde o primeiro dia. Foi surpreendente a princípio, mas depois você percebe que é exatamente como ele é. É exatamente o oposto de um político, que são pessoas com as quais você fica imaginando as engrenagens girando dentro de suas cabeças enquanto forçam a saída da resposta mais ridícula, quase uma não resposta. Lemmy te deixa chocado mais rápido do que a maioria das pessoas consegue pensar no que dizer, por isso tem de ser genuíno... A parte mais difícil é comunicar-se com ele quando ele está jogando trívia ou caça-níqueis. É realmente incrível ver como ele fica focado em seus jogos".

Questionado sobre quais lembranças da filmagem marcaram mais, Orshoski respondeu: "Foram tantas. Quando voamos para Moscou em um avião com a banda inteira. Quando subimos no palco do Hammersmith. Jogando videogames no sofá da casa do Lemmy, e ele ficou com raiva de mim porque eu não estava levando o jogo a sério... Toda a experiência foi surreal, sendo um garoto que cresceu adorando metal e gravando o programa *Headbanger's Ball* todo sábado à noite no videocassete. A coisa toda, cada parte dela, é muito surreal para mim. Eu me sinto incrivelmente sortudo. Tivemos algumas das melhores experiências de nossas vidas fazendo este filme – verdadeiramente grandes experiências de vida, para as quais não temos como agradecer o suficiente ao Lemmy. Uma das melhores coisas foi fazer amizade com a banda e a equipe, amizades que espero que durem a vida toda... Aprendemos muita merda, algumas que podemos mencionar, outras que nunca serão ditas. Uma das coisas mais engraçadas é que Lemmy ama Kinder Ovo, esses ovos de chocolate com pequenos brinquedos dentro. São feitos na Europa e têm pequenos brinquedos que você tem que montar. O Lemmy não come o chocolate, só gosta de montar os brinquedos".

Uma série de entrevistados aparecem no filme – tanto do tipo meio falso e sorridente quanto pessoas que são realmente relevantes para a história de Lemmy. Orshoski falou sobre o envolvimento deles: "Alguns foram super fáceis de arranjar... Enviamos uma mensagem para o empresário do Dave Grohl dois ou três dias antes do dia em que queríamos entrevistá-lo – em Newcastle, na Inglaterra –, e ele disse sim imediatamente. Para outros foi necessário incomodar, persuadir e até implorar. Foi muito importante marcar uma entrevista com Stacia, uma das ex-companheiras de Lemmy no Hawkwind. Ela está completamente afastada da indústria da música e ficou bastante tímida. Por anos as pessoas pediram a ela para participar de documentários do Hawkwind, mas quase sempre recusou. Depois que ela surpreendentemente apareceu em um show em Berlim, basicamente passei cinco horas tentando sutilmente convencê-la a falar e fazer a nossa entrevista. É uma mulher muito interessante e talentosa, além de pintora em tempo integral nos dias de hoje. Também tive que implorar para o Captain Sensible do The Damned, que ficava queixando-se que sua memória não era confiável. Mas no final ele foi incrível na frente da câmera – um dos meus favoritos, na verdade".

Perguntado sobre como se sentia sobre as reverências prestadas a ele na tela por seus contemporâneos, Lemmy disse: "É muito bom. É um prazer ser reconhecido. Porque todo mundo nos dava seis meses de vida quando começamos. Portanto, a minha teimosia natural não deixou que a banda acabasse antes que eles se calassem. Acho que eles calaram a boca, por isso agora não vou acabar com a banda!".

Ele também está bem consciente dos perigos de se tornar um tesouro nacional no estilo de John Lydon, ou então um *bad boy* se fazendo de bonzinho. Questionado sobre os bonecos [*action figure*] do Lemmy e outras bizarrices que existem por aí, rosnou: "Bem, você não tem nenhum controle sobre isso, não é? As pessoas estão apenas fazendo essas coisas, porque ganham dinheiro as suas custas, você tem que perceber isso. Não é porque te amam. Querem ganhar algum dinheiro com você, por isso fazem essas coisas. O que você vai fazer? Não tem como parar. É como discos, você não consegue impedir as pessoas de fazê-los, e camisetas não oficiais – você pode bater neles, mas eles vão descer a rua uns 50 metros e vender novamente, não pode detê-los. Melhor sorrir e aguentar".

A edição final do filme não agradou Phil Campbell, que quase não aparece. Como disse à *Radio Metal*, "Fala com os caras que fizeram o filme! Ficamos putos com isso. Passaram três anos seguindo Mikkey e eu por aí, todos nós, você sabe, três malditos anos, e a melhor imagem minha é a que apareço dormindo no ônibus com *Family Guy* aparecendo na TV ao fundo! O filme é sobre o Lemmy, mas é realmente um insulto para nós. Que bando de idiotas!". Lemmy respondeu a isso dizendo numa entrevista ao site *Artisan News Service*: "O que aconteceu é que eles estão olhando para o filme através dos olhos do Motörhead, entende? Mas era um filme sobre mim. Então, tentei explicar isso para eles, mas não deu certo. Então pedi para os diretores do filme explicarem para o Mikkey e o Phil. Ponha a culpa neles. Não tenho controle sobre o que eles pensam sobre isso. Porque não somos esse tipo de banda".

Uma das cenas mais memoráveis do filme mostra Lemmy sendo entrevistado em seu apartamento em Hollywood, cercado por *memorabilia* nazista e outras porcarias. Ele está sentado ao lado do [seu filho] Paul Inder num sofá e é perguntado qual é a coisa mais preciosa no apartamento. Para a surpresa de Paul, Lemmy diz: "Meu filho". Por mais que tenha falado de forma indiferente, é um momento emocionante, especialmente quando Inder é perguntado sobre isso mais tarde e diz que foi a primeira vez que ele ouviu tal coisa de seu pai.

Esta é uma revelação para quem pensava que Lemmy não tinha um lado sensível. Claro que ele mantinha uma amizade com seu filho – que agora tem quase 40 anos – há alguns anos, mas uma declaração direta de afetividade paternal dessa natureza nunca tinha sido ouvida antes.

Parece que Lemmy nunca firmou um relacionamento com seu primeiro e terceiro filhos. O primeiro, você deve se lembrar, foi adotado no nascimento pois Lemmy e a menina eram menores de idade na época, e o terceiro é de paternidade incerta, segundo Lemmy. Ele disse ao jornal *The Guardian*, em 2004: "Eu e meu *roadie* saímos com a garota uma noite e na noite seguinte... Eu era jovem, um tolo. De qualquer forma ela chamou o menino de Lemmy, mas usa óculos, então não tenho certeza. E só fala francês. Eu o conheci quando tinha uns oito anos. Não se parece comigo. Mas ele não se parecia com o Graham (o *roadie*) também. Talvez fosse de um terceiro cara, que está na moita. Se for meu, vou pagar, não me importo. Acho que devo isso a ele".

Quanto ao futuro do Motörhead, é limitado apenas pela saúde de Lemmy. Ele parece estar comprometido com a banda pela vida inteira, e o público parece ter se comprometido com ele. Se o Motörhead continuar a trabalhar com Cameron Webb em seus álbuns, isso só pode ser uma coisa boa [nota do editor: o Motörhead de fato continuou trabalhando com Webb no seu mais recente álbum, *Aftershock*, lançado em 2013, dois anos depois da edição original desse livro]. Webb tira da banda o que ela pode fazer de melhor. Como disse ao autor, "O Motörhead está por aí há muito tempo, porque eles fazem o que querem fazer. Entram no estúdio e querem fazer as suas coisas de sua própria forma – e se você quiser que façam diferente, tem que convencê-los. Sabe como funciona? É como correr em linha reta em um tornado, haha! Eles fazem porque gostam. Olhe para o Lemmy, está com 65 anos. Gosta de sentar-se no estúdio, pegar o seu baixo e ligar o volume no 10. Adora entrar no estúdio para gravar os vocais e dizer 'Escrevi estas novas letras 10 segundos atrás, quero cantá-las agora. Aperte o botão de gravação!'. Se não gostassem, não fariam o que fazem... E outra coisa: ninguém consegue acompanhar Lemmy num concurso de quem bebe mais Jack Daniels".

Como temos consistentemente visto, os discos recentes do Motörhead (aqueles da era Webb, pelo menos) são tão memoráveis quanto qualquer coisa que gravaram em seus dias de glória. O fato de que muitas pessoas discordam é compreensível, como disse Lemmy: "Eles tinham 16 anos quando os primeiros álbuns saíram. Isso é o que pensam, sabe? As coisas que acontecem com alguém quando se têm 15 ou 16 anos são eternas. Nesse caso, é a melhor música que você já ouviu em sua vida. Você sempre volta a escutá-la, você sempre diz: 'É assim que deveria ser'. A garotada nem deve ter ouvido os discos novos porque não foram divulgados muito bem. É muito difícil algo decolar na América hoje em dia. Se fosse começar tudo hoje, não conseguiria estar numa banda de sucesso aqui".

Inevitavelmente, Lemmy passa muito de seu tempo hoje em dia esquivando-se de níveis embaraçosos de adulação e puxa-saquismo, especialmente do tipo: "Qual é a sensação de ser uma lenda/ícone/ astro do rock?". "O problema com as lendas é que elas estão mortas", respondeu rispidamente. "Para chamar alguém de lenda, você precisa ouvir seu material novo, entende? Não estou interessado em ser uma maldita lenda. Quero estar por perto para ser competitivo. Não quero ficar preso nessa besteira de lenda... Cometa seus próprios erros, fiz os meus. Não vou conseguir te dar todas as dicas sobre a sua banda, porque cada banda é diferente, e problemas são diferentes, e cada pessoa que você encontrar vai encarar de forma diferente do que eu. Você tem que trabalhar a sua própria estratégia: não há nenhuma maneira perfeita de estar em uma banda e fazer tudo isso. Se você realmente quer fazer, vai em frente de qualquer jeito. Tem que pagar suas dívidas e tem que aprender como fazer isso sozinho. A única coisa que diria é: leia as letras miúdas, esteja atento aos detalhes, porque é onde a merda está, sempre. Isso é sempre o mesmo. E arranje um advogado para melhorar o seu inglês antes de assinar qualquer coisa."

Ocasionalmente, solta uma pérola de conselho para quem realmente sente a necessidade de seguir os seus passos, como esta: "Tenha seu próprio advogado, e não alguém que está trabalhando para sua gravadora, ou tenha um contador, que é ainda melhor. Muitas vezes você não precisa nem de um advogado ou um empresário, mas você precisa de um contador para auditar esses merdas regularmente, porque eles escondem o dinheiro que você não vê. Não vão lhe falar disso, você tem que descobrir... Encontrei 25.000 libras num cofre de alguém lhes rendendo dinheiro. Enquanto estiver na conta deles, será interessante, e eles nunca vão dizer que está lá. Vão deixar lá até que você descubra. É assim que funciona, é por isso que não gosto de homens de negócios. Pau no cu deles! São umas sanguessugas".

Neste assunto, lembrou um empresário em particular que tentou "aliviar" algum dinheiro do Motörhead. "Ele estava nos roubando sem a gente perceber, não sabia como lidar com a administração das nossas coisas", lembrou. "Estava levando todo o dinheiro e ficando com ele. Nunca investia nenhuma parte daquilo na banda. Quando descobrimos, tiramos tudo dele. Agora, ele não tem ninguém para roubar, porque espalhamos por aí que é um ladrão. Então está fodido, e eu continuo faturando com meu trabalho. Além disso, me sinto acima dele porque sou moralmente melhor. Essa é a única razão para estar vivo, se você tem uma determinada estrutura moral, que é algo que, até onde percebo, determina o que é um ser humano decente. Nada vale a pena sem ela."

Acima de tudo, Lemmy é um homem de contradições, o que pode explicar (até certo ponto) os altos e baixos da carreira da sua banda. Sem dúvida é um verdadeiro rebelde num negócio no qual o rótulo é raramente, ou nunca, aplicado de forma merecida. Além disso, defende a rebelião para quem quiser ouvir: "Que porra é essa que você quer da vida? Só se vive uma vez... Assim que morrer, as pessoas vão lembrar-se de você por mais uns 20 anos ou um pouco mais. E é isso. Não importa. Dizem que o ser humano é um reflexão final da evolução. Não é. Estamos cortando nossos próprios pescoços e não vamos parar... Não dou à mínima. Acho engraçado. Acho que é engraçado que ainda estejam desmatando as florestas, e isso está por toda a mídia por quase

20 anos. Isso tudo vai nos matar e ainda estão fazendo isso por dinheiro. A ganância faz de você um estúpido, entende? Eles podem pegar todo o meu dinheiro, mas não podem tirar meu cérebro".

Apesar disso, a rebelião de Lemmy é educada: ele tende a não tomar decisões sem pensar primeiro. Por exemplo, poderia ser relativamente fácil para ele voltar com a chamada "formação clássica", com Clarke e Taylor, mas ele nunca o fará, não importa quanto dinheiro lhe ofereçam. "Estamos trabalhando muito duro nesta banda agora para deixar os outros membros atuais em *stand by* enquanto vou brincar com os outros dois antigos", raciocinou. "Sou leal. Eu era leal a Phil e Eddie também, até que foram desleais comigo." Lemmy também consegue manter a boca fechada quando necessário – e somente um homem verdadeiramente sábio sabe quando fazer isso. Questionado sobre quais as bandas com as quais não tinha gostado de fazer turnês, retrucou: "Não tenho opinião sobre isso. Costumava ter, mas agora não. Não vale a pena. De qualquer forma, há dois lados para cada história. Não conto vantagem. Acho que, se você estiver transando com alguém, isso deve ser algo pessoal, particular". Esse tipo de reação nos dias de hoje é a mesma quando ele é perguntado, como quase sempre é, sobre seus hábitos em relação a drogas. "Não promovemos o uso de drogas, são vocês quem as promovem quando fazem perguntas sobre elas! Se não me perguntassem, nunca diria nada. Depende de você ser responsável, não de mim. Não defendo drogas para ninguém. Um grande número de pessoas começa usando drogas mais leves e depois faz um *upgrade* para a heroína, eu não fiz. A maioria das pessoas o faz, e morre. Portanto, cabe a você ser o responsável pelo que publica."

A contradição inerente a ele depende sempre do contexto, e no contexto certo ele vai dizer o que quiser. Um assunto do qual fala com empolgação é o fumo, sobre o qual já teve a coragem de dizer: "Prefiro morrer de câncer a parar de fumar! É a minha escolha". E acrescentou: "Gosto de fumar desde que tinha 10 anos. Faz-me tossir, isso é tudo. Quero dizer, com essa idade prefiro ganhar uma chupada do Rock Hudson do que parar de fumar! Não é tão fácil parar, sabe? Toda a minha vida social se passa em bares, por isso não vejo parar de beber como uma opção viável também. Você nunca vai me ver ali de pé dizendo: 'Um suco de tomate, por favor!'... Por que deveria ter a consciência pesada? Por quê? Não comecei a fazer isso por mal, estava apenas fazendo o que todos da minha faixa etária faziam. Se não gostar, vá fazer outra coisa, esqueça-se de mim se quiser. O que você fez da vida não é importante de qualquer maneira, mas o que você vai fazer é".

Quando fala sobre drogas, fala com um grau de honestidade que é raro. "Acho que as pessoas fingem que nunca usaram drogas", disse numa entrevista à rádio *Kerrang!*. "Estou limpo agora, como se fosse uma coisa boa! É uma conquista pessoal, muita gente morreu, mas outros não, muita gente foi para clínicas de recuperação. É uma coisa pessoal, cabe a você... Eu estava sempre no controle. Não pode perder o controle. Se deixar a droga fazer coisas por você, vai chegar a um ponto em que pensa: 'não posso mover um músculo, se não algo vai acontecer', isso é muito ruim, a droga estará vencendo. A única droga que já vi matar alguém foi a heroína, e calmantes, que são usados para acalmar quem usa heroína. Nunca usei heroína, sempre tive consciência suficiente – bata na madeira – para ficar longe dela, porque ela matou minha garota e matou um monte de amigos meus, e não foi uma morte tranquila. Eles já estavam num estado deplorável. Primeiro ela te transforma num ladrão e, em seguida, te mata. É uma droga miserável, gostaria que as pessoas percebessem isso. Está na moda novamente agora, não está? Escapismo. Mas você só consegue escapar dela por um tempo. Quando acorda depois de achar que escapou, o problema ainda está lá, por isso é pior."

Será que ele vai se aposentar? Ele não apenas ouviu essa pergunta centenas de vezes antes, mas também criou uma lista de respostas divertidas que podem ser usadas à vontade, incluindo esta: "Se você for bonito como eu, por que não? Não me lembro de existir um limite de idade quando comecei a tocar. Ninguém devia viver além dos 59? Foda-se isso. A única coisa que vai me parar é se eu me tornar fisicamente incapaz. Mas o que me reserva a aposentadoria que poderia ser melhor do que o que eu faço? Você tem que viajar por todo o mundo, por lugares que as pessoas apenas sonham. Come mulheres de todas as formas, tamanhos, cores e credos religiosos. E faz as pessoas mais felizes. Não consigo pensar em algo melhor do que isso". E não é só isso, ele ainda precisa de dinheiro, e é sempre muito aberto sobre esse fato. "Eu poderia me dar ao luxo de viver três anos se me aposentasse", uma vez ele calculou. "Não existe plano de aposentadoria no rock'n'roll. Tenho minha coleção de *memorabilia* nazista que poderia vender. Tenho uns 250.000 dólares em coisas no meu apartamento. Isso mostra o quão rico eu sou – tenho um apartamento de dois quartos."

Felizmente, Lemmy continua quase tão durão fisicamente como sempre foi, apesar de um ou outro problema médico pelo caminho. Existe uma famosa piada sobre seu sangue ser tão contaminado pelas drogas que ele usou ao longo dos anos que seu DNA teria se transformado de algo totalmente humano em algo apenas parcialmente [humano]. Porém, não há como discutir com parâmetros da vida física real, tais como a dosagem de colesterol e as medidas da pressão arterial, e, em tais áreas, ele parece estar com a maioria dos cilindros funcionando. "Física e mentalmente sou muito duro", disse uma vez. "Nunca fiquei preocupado com a minha cabeça. Nunca pensei que estivesse exagerando ou que tivesse passado do limite. Mas isso não é algo que eu aconselho para os outros. Se você for colocar isso no seu artigo, coloque também que eu não aconselho ninguém a fazer algo parecido. Sou definitivamente uma exceção. Vi várias pessoas indo além do que poderiam aguentar apenas usando *speed*. Eles usam *speed* apenas por um mês e em seguida enlouquecem. Alienados." Na verdade, Lemmy realmente não devia ser tão saudável como ele é. Ele disse recentemente: "Como um monte de porcaria. Como sanduíches todos os dias e *junk food*. Sempre comi. Comida de estrada. Apenas fiz o que senti que seria certo para mim no momento. Não recomendaria isso necessariamente, embora nunca tive uma úlcera ou qualquer coisa assim. Espero que não tenha uma porra de uma úlcera, porque não vou parar de beber. Fiz um *checkup* em Berlim na semana passada. O cara disse que tenho o fígado de um bebê recém-nascido. E meus pulmões e rins estão bem. Isso vai deixar o pessoal que fica fazendo exercícios por aí loucos".

"Não faço nada para me manter em forma", acrescentou. "Como *junk food*, bebo durante o dia todo, eu ainda uso *speed*. Que porra é essa?! Acho que o segredo é descobrir o que funciona para você e depois usar apenas aquilo. Não estrague algo que funciona. Todo mundo que conheço que usava heroína ou tranquilizantes se fodeu. Ficavam dormindo. O principal é não perder cabelo. O meu está no meio do caminho, na parte de trás. Mas temos a tecnologia. E você sempre pode pintar o cabelo para disfarçar. E ajuda se você se mantiver magro também. Quantos músicos gordos existem por aí? Bem, na verdade existem bandas inteiras formadas por gordos."

Claro, os médicos deram alguns conselhos a Lemmy sobre a bebida. "Eu ainda bebo muito. Mais ou menos uma garrafa de Jack por dia", revelou. Isso representa cerca de três vezes a quantidade de álcool recomendada por semana. "Eles me disseram para diminuir", disse numa entrevista ao jornal *The Independent*, "mas pensei que posso muito bem morrer de alguma coisa que gosto. Quem quer viver até os 102 anos, afinal? Eu ficaria entediado pra caralho... Se morrer mais cedo, ficarei satisfeito com o que fiz. Tive uma boa vida, viajei ao redor do mundo, estive com todo tipo de gente. Fiz as pessoas rirem, transei com garotas de todos os tipos. Tirei muito proveito dessa vida de rock'n'roll, e o rock'n'roll tirou muito proveito de mim. Isso parece ser justo".

No final, ficamos com um personagem único, liderando uma banda única. Existem outros grupos que parecem com o Motörhead em maior ou menor grau, mas nenhum que têm a tradição, o carisma, o QI ou mesmo a popularidade deles. Em alguns aspectos, o Motörhead é o único refúgio para fãs de música à procura de certo tipo de experiência: a violenta aniquilação dos sentidos que é ao mesmo tempo afiada em sua inteligência, apesar de tratar sobre ódio e desprezo. Como Lemmy diz muito corretamente, o mundo lá fora é selvagem: "A vida não é segura, você não está seguro, você não pode estar seguro. Toda vez que sair de casa, não está seguro. Toda vez que entra numa loja, não está seguro. Toda vez que olhar para fora da janela... Quem sabe, um franco-atirador... Tem muita gente armada aqui. Podem te acertar a dois quilômetros de distância. Mira telescópica, bingo! Mais uma marca no cabo do revólver... Deixe-me dizer uma coisa: cada governo tem um exército. Defender-se deles quando resolverem te pegar? Esqueça. Você não pode se defender do governo. O governo vai acabar com você, sem pena". Talvez o Motörhead seja o melhor santuário contra esses perigos, porque quando você está imerso na sua música, se sente sobre-humano.

Quem trata o Lemmy simplesmente como uma figura interessante que distribui fatias de sagacidade e sabedoria, simplesmente porque ele gosta do som da sua própria voz, está fazendo um desserviço: ele é mais do que isso. A verdadeira sabedoria vem da experimentação com o mundo, e ninguém que você conhece viu mais do mundo do que ele. A filosofia moderna não é um assunto inacessível: ela vem direto da boca de pessoas como Lemmy.

"A maior sabedoria do mundo é uma frase muito simples", disse ele, "E é muito ingênua, suponho, mas 'Trate as pessoas como gostaria de ser tratado' é a coisa básica. Sempre achei isso absolutamente verdadeiro, cara, é o melhor conselho que existe. Por que achar que é melhor que os outros? Você não é!".

E acrescentou: "É muito simples. Faça o que parece ser uma boa ideia, até que aquilo deixe de ser uma boa ideia. Em seguida, passe para outra coisa. Se olhar para você mesmo e perceber que aquela é uma ideia suficientemente boa para a sua vida, faça aquilo por toda a vida e depois morra. E não faça mal a ninguém ao fazer essa tal coisa... Se possível. Faça o que realmente tem que fazer, entende? Há algumas coisas na vida que você precisa fazer e coisas que faz porque gosta".

De forma talvez mais transparente, Lemmy ponderou: "Você ganha algumas, perde outras: aprende coisas que não teria aprendido, mas também deixa de aprender coisas que poderiam ser importantes se não tiver experiência na vida. Então, fica tudo empatado. A única coisa que aprendi é que tenho muita sorte de estar fazendo um trabalho que faria mesmo que fosse de graça, e estou sendo pago por isso. Você vai lá para tocar música porque ama fazer isso, entende? Não para receber o pagamento no fim do mês. E então descobre: 'Uau, faço isso e ainda ganho dinheiro?'. Isso é muita sorte, costumava trabalhar numa fábrica antes de estar na banda e era horroroso. As pessoas devem enlouquecer lá, você tem que tentar ficar alienado de tudo que está ao seu redor para fazer esse tipo de trabalho. Sou muito feliz por não ter que fazer alguma coisa assim na minha vida – estou feliz por ter esse privilégio e poder fugir dessa outra realidade, porque era terrível... Queria ser um explorador quando era mais jovem. Mas você faz escolhas na vida, e vive de acordo com essas escolhas. Sou muito feliz fazendo o que faço, tem sido uma boa vida, não estou reclamando".

É hora de traçar uma linha e finalizar essa história francamente louca, e vamos fazer isso com mais um pouco de sabedoria ao estilo Motörhead. "Prefiro ser um batalhador, porque os ícones não existem mais", disse Lemmy. "Pela própria natureza de um ícone, ele está morto. Não quero estar morto. Não estou morto. Estou vivo, filhos da puta, aprendam a lidar com isso!"

Mais uma? "Gostaria de morrer logo após um orgasmo com, uh, deixe-me ver, acho que... Halle Berry seria bom. 'Ah, isso foi ótimo, baby! Adeus'." E finalmente: "Curto um entretenimento de nível baixo e superficial. Não olho para o sentido profundo da vida. Conheço o sentido profundo da vida. Eu já vi tudo".

A ideia do rock'n'roll sem um Lemmy ativo, fazendo turnês, como será um dia (dizem até 2020 no máximo), é triste. Então vamos seguir o seu conselho, viver o dia de hoje e dar atenção às suas palavras sobre o poder duradouro da música: "O rock'n'roll sempre volta, entende? Não lute contra esse fato. E essas pessoas que pensam que podem matar o rock'n'roll, elas poderiam muito bem tentar parar o dilúvio. Não há como fazer isso. Ele sempre volta porque haverá sempre pessoas querendo ouvir música alta e irritante. É emocionante. Eu reconheço a porra do rock'n'roll quando o escuto. Ouço rock desde os 12 anos, entende? Então vá se foder!".

Discografia do Motörhead

Álbuns de Estúdio	**Gravadora**	**Ano**
Motörhead	Chiswick	1977
Overkill	Bronze	1979
Bomber	Bronze	1979
Ace Of Spades	Bronze	1980
Iron Fist	Bronze	1982
Another Perfect Day	Bronze	1983
Orgasmatron	GWR	1986
Rock'N'Roll	GWR	1987
1916	WTG	1991
March ör Die	WTG	1992
Bastards	ZYX	1993
Sacrifice	CMC	1995
Overnight Sensation	CMC	1996
Snake Bite Love	CMC	1998
We Are Motörhead	CMC	2000
Hammered	Steamhammer	2002
Inferno	Steamhammer	2004
Kiss of Death	Steamhammer	2006
Motörizer	Steamhammer	2008
The Wörld Is Yours	EMI	2010
Aftershock	Classic Rock	2013

Álbuns ao Vivo	**Gravadora**	**Ano**
No Sleep 'Til Hammersmith	Bronze	1981
No Sleep at All	GWR	1988
Everything Louder Than Everyone Else	SPV	1999
Live At Brixton Academy	Steamhammer	2003
Better Motörhead Than Dead: Live At Hammersmith	Steamhammer	2007

EPs		
The Golden Years	Bronze	1980
St. Valentine's Day Massacre	Bronze	1981
Stand By Your Man	Bronze	1982
'92 Tour EP	WTG	1992

Singles		
Leaving Here (não foi lançado oficialmente)	Stiff	1977
Motörhead	Chiswick	1978
Louie Louie	Bronze	1978
Overkill	Bronze	1979
No Class	Bronze	1979
Bomber	Bronze	1979
Ace Of Spades	Bronze	1980
Motörhead (Live)	Bronze	1981
Iron Fist	Bronze	1982
I Got Mine	Bronze	1983
Shine	Bronze	1983
Killed By Death	Bronze	1984
Deaf Forever	GWR	1986
Eat The Rich	GWR	1987
Ace Of Spades	GWR	1988
The One To Sing The Blues	WTG	1991
Hellraiser	WTG	1992
Don't Let Daddy Kiss Me	WTG	1993
Born to Raise Hell	Arista	1994
God Save The Queen	Steamhammer	2000
Get Back In Line	EMI	2010
Heartbreaker	Motörhead Music	2013

Fontes

Entrevistas realizadas pelo autor: Lemmy em 1999, 2003 e 2005; entrevista com Cameron Webb para a *Classic Rock Presents Motörhead* em 2010; entrevistas com Joe Petagno, Ginger, John Lydon, Girlschool, Kris Needs, Ed Stasium, Alan Burridge e Mick Stevenson entre 2005 e 2010.

Outras fontes: Steven Dalton, Kris Needs, Philip Byrne, Dr. Brian Damage, Emma Brockes/*The Guardian*, Rock City, Mat Snow/*Q*, James Doorne/*Bizarre*, Christine Natanael, Paul Du Noyer, Roger Lotring, Keith Carman, *Calgary Herald*, Robin Fleming, David Wilson, *Vice*, Diego Silva, *Rolling Stone*, Grindline, Contactmusic.com, *Kerrang! Radio*, John Mendelsohn, Jim Markunas/CWG, Scott Heller, Nick Duerden/*The Independent*, *The Telegraph*, Chris Salewicz, *Sunday Times*, Philip Byrne, Grindline, Sarah L. Myers, Matt Pike/*Revolver*, Valerie Potter, Dave Thompson/*Goldmine*, Garry Bushell/*Sounds*, Geoff Barton/*Sounds*, Scott Adams, Joy Williams, Andrew Dansby/*Rolling Stone*, Pete Silverton, StayThirstyMedia.com, Gary James, Mat Scanlan e Dave Bourgoin, *Over The Top fanzine* número 1, Pete Makowski/*Classic Rock*, Adam Sweeting, David Necro/Crypt, Sylvie Simmons, Brian Harrigan/*Melody Maker*, Sandy Robertson, Don Snowden/*Los Angeles Times*, *The Age*, Rockconfidential.com, IMWT, K2K, *Roadie Crew*, *Classic Rock Revisited*, *Creem-Metal*, Roger Lotring, Inked, Big Shout, Marko Syrjala, Samuel Barker, Joe Garden/*The Onion*, *Belfast Telegraph*, *Riverfront Times*, Fajsz

Deaky, Steve Appleford/*LA Times* (história sobre o sopro no coração), Gary James, *NME*, BBC, Pop-Rock Candy Mountain, AMZ, Melanie Falina, *Noisecreep*, *Metal Hammer*, *Record Collector*, *Bass Guitar Magazine*, *Slow Blues*, Ultimateguitar.com, *Stay Thirsty*, *Guitar International*, *Metal Edge*, *Metal Maniacs*, Todd Brown/*Twitch*, *Radio Metal*, *Artisan News Service*. Citações de Kris Needs, Mat Snow, Stephen Dalton, Pete Makowski, Marko Syrjala, Steven Rosen e Dave Ling usadas sob permissão.

Agradecimentos

Emma, Alice, Tom, Robin e Kate, Dad, John e Jen, Naomi Alderman, David Barraclough, Scott Bartlett, Chris Barnes, Terry Bezer, Jacqui Black, Alex Burrows, Chas Chandler, Chris Charlesworth, Ben Cooper, Stephen Dalton, Claire Davies, Malcolm Dome, Helen Donlon, John Doran, Jason Draper, John Dryland, Steve Earles, Mark Eglinton, David Ellefson, Jerry Ewing, Caren Gibson, Ross Halfin, Matthew Hamilton, Sara Harding, Vanessa Hards, Charlie Harris, Alex Herron, Matt Higham, Glenn Hughes, Ken Hunt, Roland Hyams, Bill Irwin, Talita Jenman, Michelle Kerr, Sarah Lees, Alan Lewis, Dave Ling, Frank Livadaros, Sian Llewellyn, Rachel Mann, Joe Matera, Patrizia Mazzuocolo, Alex Milas, Greg Moffitt, Eugenio Monti, Bob Nalbandian, Kris Needs, Martin Popoff, Dave Pybus, Raz Rauf, Steven Rosen, Scott Rowley, Nick Ruskell, Jonathan Selzer, Mat Snow, Kirsten Sprinks, Louise Sugrue, Carl Swann, Mick Wall, Jeff Waters, Alex Webster, Nick Wells e as famílias Bhardwaj, Bowles, Cadette, Cooper, Edwards, Ellis, Freed, Harrington, Hoare, Hogben, Houston-Miller, Knight, Lamond, Lamont, Legerton, Leim, Maynard, Mendonça, Miles, Parr, Sendall e Woollard, e todos aqueles que visitam o www.joelmciver.co.uk e o www.facebook.com/joelmciver.

O mundo era deles em 08 de fevereiro de 1979: Eddie Clarke, Phil "Philthy" Taylor e Lemmy posando em frente a um mural Warpig, em Paddington, Londres. (Foto: Paul Slattery)

Lemmy com Lucas Fox, que tocou bateria no Motörhead durante os primeiros seis meses de carreira da banda. (Foto: Ian Dickson)

A primeira formação do Motörhead, em 1975: Lemmy, o baterista Lucas Fox e o guitarrista Larry Wallis [no fundo]. (Foto: Cortesia do fã clube Motorheadbangers)

Clarke e Taylor fazendo fumaça no camarim do Electric Circus, em Londres. (Foto: Paul Welsh/Redferns

Apresentação do Motörhead no programa *Top Of The Pops*, em 1979.
(Foto: Andre Csillag/Rex Features)

Encarando uma grande plateia no Reading Festival, em 1979. (Foto: Paul Slattery)

Um equipamento de iluminação em forma de um bombardeiro? Só pode ser a fase do Heavy Metal Holocaust, em 1981 - embora Lemmy sempre tenha dito que o Motörhead não é uma banda de heavy metal. (Foto: Paul Slattery)

Lemmy, Clarke e Phil Taylor. (Foto: Paul Cox/LFI)

O Black Sabbath não apareceu para esse show, alegando que já tinha outros compromissos - mas Lemm achou que isso era apenas uma desculpa para não dividir o palco com seu antigo vocalista, Ozzy Osbourr

No programa *Tiswas*: nunca uma manhã de sábado tinha sido tão anárquica na TV inglesa. A partir da esquerda, Rick Wakeman, Phil Taylor e Toyah Wilcox, além de outros convidados não identificados. (Foto: ITV/Rex Features)

O Motörhead com Brian Robertson [direita]. Estaria Lemmy pensando "Por favor, Deus... sem o sapato de balé essa noite..."

Twisted Sister em uma jam com Lemmy e Pete Way (da banda UFO). Reading Festival, 1982. (Foto: Andre Csillag/Rex Features)

Lemmy com a saudosa guitarrista da banda Girlschool, Kelly Johnson. O Motörhead e o Girlschool eram e continuam sendo bons companheiros, em um tipo de negócio onde a lealdade é bem rara. (Foto: Music Sales Archive)

Lemmy com uma admiradora. Pela sua expressão, ela teria uma longa noite pela fren (Foto: Ray Stevenson)

Motörhead no *The Young Ones*, em 1982. Uma geração inteira de garotos ingleses se recorda da inusitada aparição da banda no programa, ao lado de Nigel "Neil" Planer e Rik "Rick" Mayall.
(Foto: BBC Motion Gallery)

Eddie e Lemmy no Nomis Studios (Londres), em setembro de 1984, fazendo uma jam com a banda de thrash metal Exciter, pouco antes das duas bandas saírem em turnê. Apesar do Motörhead não ter inventado o thrash metal, sua influência nesse tipo de som era óbvia (Foto: PG Brunelli/Livepix)

Em algum lugar aí embaixo estão Lemmy, Wurzel, Phil Campbell e Pete Gill do Motörhead, amontoados entre garotas. Foto tirada em Kilburn, Londres, em Outubro de 1984. (Foto: PG Brunelli/Livepix)

o vivo no Hammersmith Odeon, em 29 de Junho de 1985. Não havia jeito melhor de comemorar o décimo aniversário da banda. (Foto: PG Brunelli/Livepix)

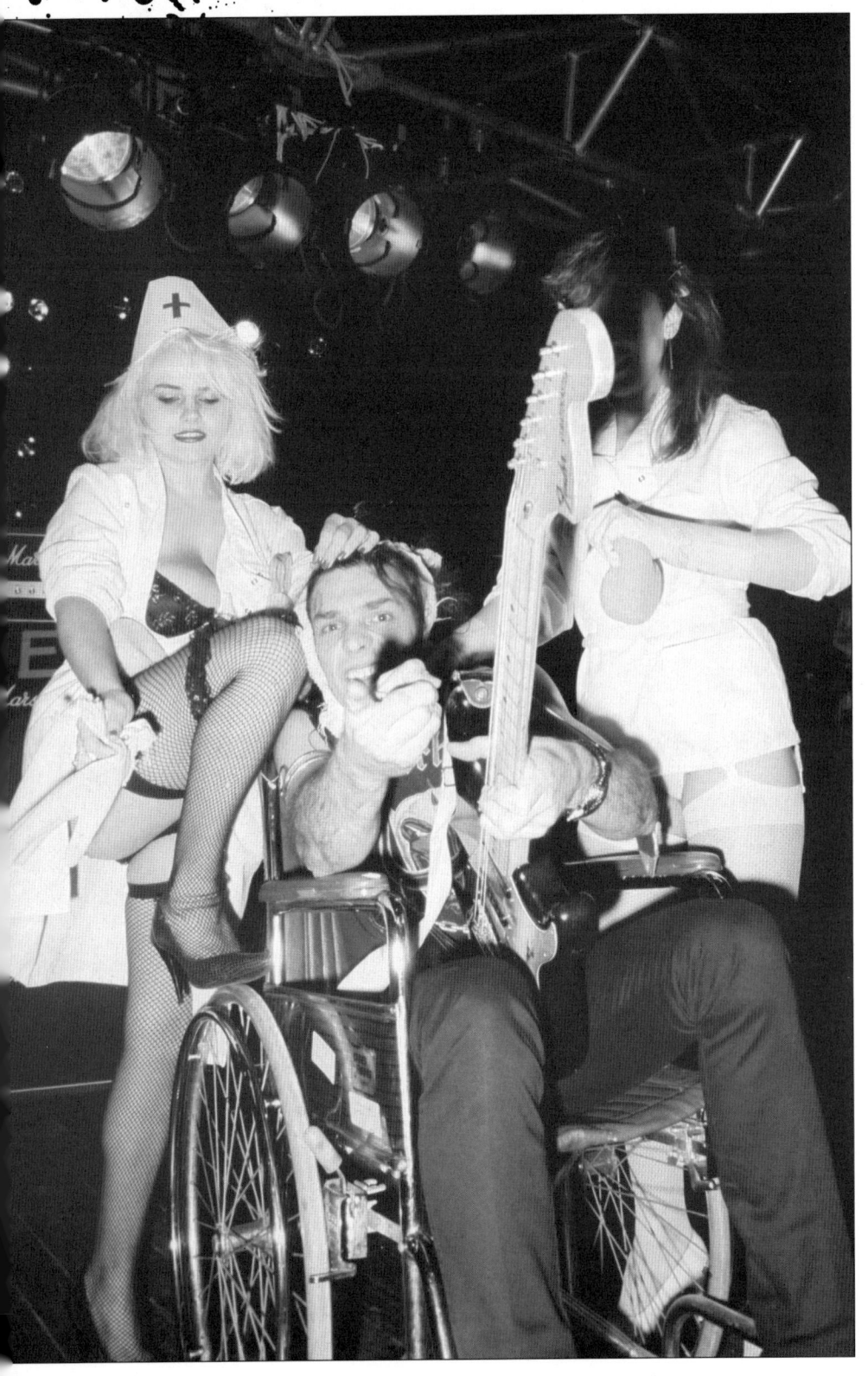

Eddie Clarke e Phil Lynott (Thin Lizzy) fazendo uma jam no show de comemoração do décimo aniversário do Motörhead. Isso é o que chamamos de um super grupo! (Foto: PG Brunelli/Livepix)

A versão de Lemmy de pendurar-se no lustre.
(Foto: PG Brunelli/Livepix)

Phil Taylor dando autógrafos do lado de fora do lendário Hammersmith Odeon.
(Foto: PG Brunelli/Livepix)

Wurzel, Lemmy, Phil Taylor e Phil Campbell promovendo o álbum *Rock'n'Roll*, em 1987.
(Foto: George Chin)

Lemmy atirando com seu baixo no The Ritz, em New York. 06 de Março de 1988. (Foto: Eddie Mall

Phil Taylor num raro momento de reflexão, no Aragon Ballroom em Chicago. Novembro de 1988. (Foto: Gene Ambo)

Lemmy é todo ouvidos no Aragon Ballroom, em 1988. (Foto: Gene Ambo)

Lemmy e Sam Fox (a modelo que se tornou vocalista) no estúdio. (Foto: Allan Ballard)

Ozzy Osbourne e Lemmy no backstage do Hammersmith Odeon, em Maio de 1989. Quem diria que esses lunáticos sairiam do hospício e se tornariam os senhores mais conhecidos do Rock Britânico? (Foto: George Chin/IconicPix)

Motörhead tocando no programa de TV The Tube. (Foto: Rex Features)

O novo baterista Mikkey Dee [o segundo a partir da esquerda], pagando de bonitão do Motörhead, 1992. A banda funcionou durante um bom tempo como quarteto. (Foto: Eddie Malluk)

Phil Campbell e Lemmy: já não tão novos quanto costumavam ser, mas ainda quebrando tudo. (Foto: John McMurtrie/Retna UK)

Girlschool e Motörhead no Brixton Academy, Londres, em 2005. (Foto: Joe Bangay/LFI)

Ao vivo no Brixton Academy, em 2006: e longe de dizer adeus! (Foto: George Chin)

Lemmy é o rock'n'roll personificado. Quando ele se for, ninguém ocupará seu lugar.
(Foto: Gene Ambo/Retna)

A história não contada do
notörhead

Joel McIver

EDIÇÕES ideal